权威·前沿·原创

皮书系列为
"十二五""十三五"国家重点图书出版规划项目

北京市哲学社会科学研究基地智库报告系列丛书

首都文化贸易蓝皮书

BLUE BOOK OF BEIJING
INTERNATIONAL CULTURAL TRADE

首都文化贸易发展报告（2019）

RESEARCH REPORT OF BEIJING INTERNATIONAL
CULTURAL TRADE (2019)

主　编／李嘉珊

社会科学文献出版社
SOCIAL SCIENCES ACADEMIC PRESS（CHINA）

图书在版编目（CIP）数据

首都文化贸易发展报告. 2019 / 李嘉珊主编. －－北

京：社会科学文献出版社，2019. 12

（首都文化贸易蓝皮书）

ISBN 978 - 7 - 5201 - 5852 - 7

Ⅰ. ①首… Ⅱ. ①李… Ⅲ. ①文化产业 - 研究报告 -

北京 - 2019 Ⅳ. ①G124

中国版本图书馆 CIP 数据核字（2019）第 278936 号

首都文化贸易蓝皮书
首都文化贸易发展报告（2019）

主　　编 / 李嘉珊

出 版 人 / 谢寿光
责任编辑 / 丁阿丽
文稿编辑 / 李小琪

出　　版 / 社会科学文献出版社·皮书研究院（010）59367026
　　　　　　地址：北京市北三环中路甲 29 号院华龙大厦　邮编：100029
　　　　　　网址：www. ssap. com. cn
发　　行 / 市场营销中心（010）59367081　59367083
印　　装 / 天津千鹤文化传播有限公司

规　　格 / 开　本：787mm × 1092mm　1/16
　　　　　　印　张：20.25　字　数：300 千字
版　　次 / 2019 年 12 月第 1 版　2019 年 12 月第 1 次印刷
书　　号 / ISBN 978 - 7 - 5201 - 5852 - 7
定　　价 / 128.00 元

为贯彻落实中共中央和北京市委关于繁荣发展哲学社会科学的指示精神，北京市社科规划办和北京市教委自2004年以来，依托首都高校、科研机构的优势学科和研究特色，建设了一批北京市哲学社会科学研究基地。研究基地在优化整合社科资源、资政育人、体制创新、服务首都改革发展等方面发挥了重要作用，为首都新型智库建设进行了积极探索，做出了突出贡献。

　　围绕新时期首都改革发展的重点热点难点问题，北京市社科联、北京市社科规划办、北京市教委与社会科学文献出版社联合推出"北京市哲学社会科学研究基地智库报告系列丛书"，旨在推动研究基地成果深度转化，打造首都新型智库拳头产品。

《首都文化贸易发展报告（2019）》
编 委 会

主　编　李嘉珊

编撰单位　北京第二外国语学院国家文化发展国际战略研究院

　　　　　中国服务贸易研究院

　　　　　首都对外文化贸易研究基地

　　　　　国家文化贸易学术研究平台

学术顾问　（按姓氏笔画排序）

　　　　　曲如晓　北京师范大学

　　　　　刘建昌　对外经济贸易大学

　　　　　李　钢　商务部国际贸易经济合作研究院

　　　　　李小牧　北京第二外国语学院

　　　　　李怀亮　中国传媒大学

　　　　　张　平　北京舞蹈学院

　　　　　蔡继辉　中国社会科学院社会科学文献出版社

撰　稿（按姓氏笔画排序）

马宜斐　王　曦　王洪波　王海文　卢晨妍

包诺敏　吕俊松　刘　航　刘佳鑫　江　南

孙　静　孙俊新　李继东　李嘉珊　吴　茜

张　平　张　伟　张变革　张喜华　陈子璋

林建勇　郑晓云　秦文博　高梦彤　唐　薇

程相宾

主要编撰者简介

李嘉珊 教授，北京第二外国语学院首都国际交往中心研究院执行院长，中国服务贸易研究院常务副院长，国家文化发展国际战略研究院常务副院长，首都对外文化贸易研究基地首席专家，国家文化贸易学术研究平台专家兼秘书长，京剧传承与发展（国际）研究中心主任。兼任中国国际贸易学会服务贸易专业委员会秘书长，中国国际贸易学会专家委员会副主任、常务理事，英国纽卡斯尔大学、伦敦大学金史密斯学院客座研究员。

作为负责人主持并完成国家社会科学基金艺术学项目"国有表演艺术院团改革及其国际化发展战略研究"、北京市哲学社会科学规划重点项目"京津冀一体化背景下的对外文化贸易发展模式协同创新研究"、北京市哲学社会科学规划项目"首都文化贸易现状及发展对策研究"等20余项，多项研究成果被采纳。出版学术专著《国际文化贸易论》《国际文化贸易研究》，主编社会科学文献出版社蓝皮书《中国国际文化贸易发展报告》《首都文化贸易发展年度报告》（2008年至2019年）等，并作为总主编策划、组织、编撰"'一带一路'沿线主要国家文化市场研究系列丛书"，编著《中国文化贸易经典案例研究》《各国驰名院团发展研究——改革与创新》等，编著高等教育出版社国际文化贸易系列教材《中国对外文化贸易概论》《国际文化贸易实训》等。发表学术论文《演艺进出口：贸易标的独特属性及发展趋势》《"一带一路"倡议背景下中国对外文化投资的机遇与挑战》《新时代构建我国对外文化贸易新格局的有效策略》等30余篇。学术专著《国际文化贸易论》荣获"商务发展研究成果奖（2017）"论著类二等奖。

摘　要

本报告主要以 2018 年首都文化贸易的理论探索与发展实践为研究对象，结合北京作为全国文化中心的特殊优势、京津冀一体化的实施进程、"一带一路"倡议以及贸易摩擦带来的机遇与挑战，从宏观和微观两个层面分析首都文化贸易的发展状况并提出针对性建议，以期提高首都文化贸易的国际影响力和竞争力，打造首都文化名片，使北京成为向全世界展示中华文化的重要窗口。

《首都文化贸易发展报告（2019）》基于交叉学科视角，关注首都文化贸易发展，以 2018 年首都文化贸易发展总报告为开篇，概述了首都文化贸易发展的总体情况，总结出发展特点并提出首都文化贸易的发展展望。在此基础上，通过行业篇、政策篇、专题篇和比较与借鉴篇四个部分，综合运用实地考察与典型案例研究、文献数据分析与比较研究等方法，对首都文化贸易理论与实践中的热点问题进行剖析与探讨。

行业篇从广播影视、图书版权、演艺、游戏产业、动漫产业、文化旅游服务、艺术品七个核心领域展开研究。总体而言，2018 年北京上述七个行业领域发展势头向好，在对外贸易中各具特色和亮点，但仍然存在人才供给不足、顶层设计不完善等问题，本部分在进行分析研判的基础上，给出具有针对性的意见和建议，以进一步促进首都核心文化贸易领域的发展。政策篇包括首都图书版权对外贸易、北京市文化出口重点企业文化贸易趋势研究。专题篇选取中国国标舞、中国图书创新型版权贸易、原创手游等北京具有国际影响力的文化贸易热点问题进行深度研究。比较与借鉴篇选取了纽约、纽卡斯尔、杜塞尔多夫三个城市的文化发展成功案例，为北京作为国际化、特大型首都的高质量发展提供了重要借鉴。

关键词： 文化贸易　文化产业　文化政策　首都发展

序　言

2018 年是实施"十三五"规划承上启下的关键一年，是举国上下贯彻落实十九大精神的开局之年，中国经济朝着高质量、高速增长的方向发展。经过多年来的积累和发展，文化产业已经进入新的发展阶段，从文化产品供给内容质量、数字经济的辐射型发展等可以看到文化产业未来高质量发展的广阔前景。互联网新业态的快速发展大力促进了文化企业加速升级，改变了文化产业发展格局，文化消费需求的提高促进了内容产业的提质增效。

国家持续出台了一系列文化产业支持政策，2018 年 2 月，中共中央办公厅、国务院办公厅印发《关于加强知识产权审判领域改革创新若干问题的意见》，同年 3 月，国家广播电视总局发布《关于做好 2018 年优秀国产纪录片推荐播映工作的通知》，文化产业监管制度更加严格规范，政策倒逼投机资本逐渐退场。文化和旅游部批准统筹各文化产业和旅游资源，推动了文化领域的优化布局，促进了文化产业和旅游业等多个行业的深度融合与发展。中国文化产业在未来升级中将更加深入大众、开创生活、面向未来，也将成为中国乃至全球新一轮创新发展的核心驱动力之一。

我国对外文化贸易增长迅速，据商务部统计数据，2018 年我国文化贸易规模不断扩大，文化产品和服务进出口总额达 1370.1 亿美元，较上年增长 8.3%。文化贸易的结构不断优化，服务贸易实现高速增长，文化领域投资较 2017 年出现恢复性回升。我国对"一带一路"沿线国家文化产品出口总额达 162.9 亿美元，为历年最高水平。但中国在文化产品和服务的进出口方面也存在很大的问题，随着贸易规模的不断扩大，文化服务贸易与文化产品贸易之间的差距也越来越明显。文化贸易结构整体表现不均衡、文化产品和服务的内容质量和附加值普遍不高、生产效率与国际水平相比还有很大距

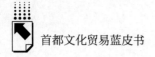

离、人才培养和管理等方面仍存在明显的问题，文化产业发展存在难以突破的瓶颈。

当今国际经济政治形势错综复杂，世界经济和贸易保持高速增长态势并且增速不断加快，但同时出现的风险也在增多，我国文化贸易面临着不同程度的机遇和挑战。"一带一路"倡议逐渐获得世界 140 多个国家和地区的认可和积极响应，为中国与沿线国家的贸易合作制造了新机遇。数字化、信息化、大数据、区块链等对贸易经济产生了不同程度的规模性影响，同时为文化产品形态与业态创新带来了新的机遇。世界经济正在经历由传统产业向新兴产业融合发展的转型，在此阶段要积极吸纳国际优秀人才、促进相关产业的联结、加快完善文化创新体系、催化新业态的形成。同时吸纳国际优质资金、人才资源，激发内生力量和创新优势，促进产业优化升级，进一步拉动文化消费，通过需求倒逼供给侧向高质量、高效率的水平改革。中国本着开放包容的姿态，抓住全球化深入发展的外在战略机遇和新技术革命不断深化的机遇，推动文化产业的成熟，有效应对贸易摩擦带来的挑战，深度融入贸易全球化，逐渐掌握解决国际贸易摩擦和制定争端解决机制的主动权。

《中国国际文化贸易发展报告（2019）》和《首都文化贸易发展报告（2019）》由以北京第二外国语学院为主体的多学科研究团队编撰。分别从国家和首都文化市场建设和贸易发展的视角，总结了集中在过去一年文化领域发生的热点话题，汇集了各界专家学者对文化贸易发展的深度思考和战略研判。北京第二外国语学院自 2003 年起即开启了对文化贸易理论与实践的研究，紧密结合国家文化发展的国际战略，以国家文化发展国际战略研究院为核心，相继组建国家文化贸易学术研究平台、首都对外文化贸易研究基地、首都对外文化贸易与文化交流协同创新中心以及京剧传承与发展（国际）研究中心，逐渐形成国际化、综合性的学术研究与服务综合体。学术机构积极发挥"学术外交"的独特功能，推动文化"走出去"理论的探索与发展、加快文化"走出去"实践步伐、创新人才培养模式，促进中国文化产业品牌在国际领域获得更大影响力。

目 录

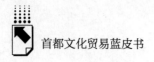
Ⅳ　政策篇

Ⅴ　比较与借鉴篇

皮书数据库阅读**使用指南**

总 报 告

General Report

B.1
首都文化贸易发展报告（2019）

李嘉珊*

摘 要： 2018 年北京市文化贸易发展态势稳中有升，持续发挥全国文化中心功能和国际交往中心功能，文化贸易发展在全国范围内更具前瞻性和引领性。现阶段北京市牢牢把握首都城市战略定位，加强政策引导，促进文化市场和资本市场的有机融合，扩大市场主体，集中力量解决首都文化产业发展中供需错位、产能过剩、有效供给不足等结构性问题，夯实文化企业基础实力，进而提高北京市文化贸易的国际影响力和竞争力，打造北京文化名片。遵循北京市文化贸易发展战略，从范围更加广泛的国际化平台参与贸易合作与竞争，使北京成

---

* 李嘉珊，北京第二外国语学院教授，中国服务贸易研究院常务副院长，国家文化发展国际战略研究院常务副院长，首都国际交往中心研究院执行院长，首都对外文化贸易研究基地首席专家，国家文化贸易学术研究平台专家兼秘书长，研究领域为国际文化贸易等。

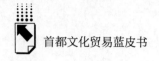

为推动中国特色文化向世界传播的重要窗口。

关键词： 全国文化中心　文化贸易　文化产业

北京市在城市文化竞争力、文化软实力、文化影响力等方面的排名一直处于国内前列，文化贸易规模化和市场化发展进程不断加快。作为全国文化中心，北京市文化发展建设对全国文化发展建设具有引领作用。在文化市场领域，北京市持续深化体制改革，放宽政府管制、提升市场运作能力、激发企业创新发展、提高社会参与度。在国际文化交流进程中，北京市充分利用全国文化中心的定位优势，深化文明交流、促进文明互鉴，统筹推进多领域国际人文交流合作。在文化贸易领域，北京市持续发挥国际性文化展会平台作用，汇集全球优秀文化资源，培育一批具有国际竞争力的外向型文化企业，打造一系列高质量文化产品和服务、首都特色文化品牌，提升我国文化产业核心竞争力和国际影响力。在新时代背景下，北京市应进一步深化区位优势，全面激发市场核心创造力，形成健康贸易环境，创新跨境消费模式，守正创新，引领北京文化贸易由"高速度"向"高质量"发展的结构化转变，从而带动全国文化贸易向更高水平发展。

一　北京对外文化贸易发展概况

2018 年北京市文化产品贸易总额达 15.6 亿美元，同比增长 20.8%，文化服务贸易总额达 76.8 亿美元，同比增长 23.9%。其中，文化贸易出口额为 27 亿美元，实现 0.21% 的增幅，进口额为 65.4 亿美元，实现 0.51% 增长（见图 1）。

2018 年，北京市文化服务贸易额明显超过文化产品贸易额，文化服务贸易在文化贸易中的比重明显提升。

根据 2017～2018 年国家文化出口重点企业和重点项目认定结果，北京

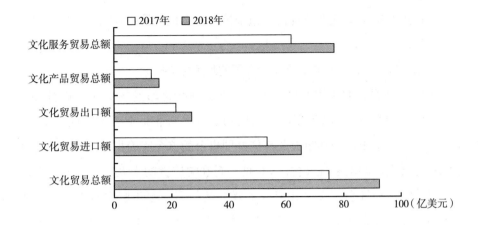

图1 2017～2018年北京市文化贸易进出口额对比

资料来源：中华人民共和国商务部。

市共有37家企业获评2017～2018年国家文化出口重点企业，占全国文化出口重点企业总数的12.5%，18项项目获评国家文化出口重点项目，占全国文化出口重点项目的16.7%。2018年6月14日，商务部、中宣部、文化和旅游部、国家广播电视总局共同认定的全国首批13家国家文化出口基地发布，北京天竺综合保税区位列其中。同时，2018年北京市文化贸易产业基础不断巩固，规模以上文化产业实现收入突破万亿元，达到10703亿元，同比增长11.9%。文化企业共有190家，其中，中央文化企业共计29家，民营企业共计161家。①

二 北京对外文化贸易发展特点

（一）政策扶持始终是有力保障

2018年北京市连续出台了一系列与文化产业和文化贸易相关的务实政

---

① 张婷：《北京文化贸易发展态势持续向好》，《中国文化报》2019年6月17日，第7版。

策，为推进北京市文化产业规模的稳步扩大和文化贸易的开拓性发展提供了坚实的保障。

1. 出台首个促进文化与金融融合发展的政策性文件

2018 年 2 月，北京银监局、北京市文资办联合印发《关于促进首都文化金融发展的意见》（以下简称《意见》），这是自北京市明确"四个中心"定位以来，北京银监局和市有关部门共同出台的首个明确指出实现文化与金融深度融合发展的政策性文件。《意见》旨在响应党的十九大提出的"坚定文化自信，推动社会主义文化繁荣兴盛"的号召，逐步解决首都人民对美好生活向往与金融服务不充分不平衡的矛盾，落实全国文化中心的战略定位，实现金融与文化两种不同资源的有效融合，实现金融产业与文化产业的联合发展，提升文化产业金融服务的获得感，推动首都文化事业和文化产业发展。《意见》包含强化文化金融政策支持、搭建文化金融组织服务体系、助力培育"文化+"产业融合发展新业态、加大对文化产业的资金投入、加快文化金融服务产品创新、优化文化金融业务流程和管理模式、塑造首都文化产业金融服务平台、协同建设首都文化金融良好生态圈共八个方面。各金融机构应积极借力政策支持，及时总结文化金融工作相关经验，定期组织风险性评估，向有关部门反馈行业运行困难和发展成效，协同建设首都文化金融健康生态圈，打造国家文化金融创新高地。

2. 大力推动北京市文化创意产业转型升级

为加快北京市文化创意产业转型升级，助力全国文化中心建设和构建高精尖经济结构，2018 年 7 月，中共北京市委、北京市人民政府印发《关于推进文化创意产业创新发展的意见》①。该意见中重点提到了文化消费提升、文化贸易促进、文化金融创新、文创品牌集成、文创人才兴业等领域的发展，对于加快各大文化行业的功能性流转、创新性发展和创意化改造具有重要的指导意义。政策的推动，有助于企业加速打造文创品牌、深化品牌内涵、加大品牌影响力、激发品牌内在价值，进而形成企业文创品牌体系一体化。

---

① 刘昕：《推进文化创意产业创新发展》，《国际商报》2018 年 7 月 11 日，第 A3 版。

3. 发挥保税区对文化贸易的推动作用

为充分发挥北京天竺综合保税区的政策功能优势，提高北京市文化贸易规模，促进海外文物回流①，助力全国文化中心建设，2018 年 6 月，北京市文化局、北京市文资办等 9 部门联合印发了《深化服务业开放改革促进北京天竺综合保税区文化贸易发展的支持措施》，涉及对财政支持、艺术品保税等方面发展的政策支持。北京天竺综合保税区具有地理优势、区位优势、交通优势、政策优势和资源优势，有利于吸引外资和人才流入，着力推动文化企业的对外经济合作，促进文化产品和服务的进出口。

（二）文化产业园区增添文化贸易发展新动能

2018 年北京市公布了首批北京市文化创意产业园区（以下简称文创园区）名单，共 33 家（见表 1）。

表 1　首批北京市文化创意产业园区名单（排名不分先后）

序号	名称
1	751D·PARK 北京时尚设计广场
2	768 创意产业园
3	77 文创园（包括美术馆、雍和宫、国子监 3 家）
4	798 艺术区
5	北京城乡文化科技园
6	北京 DRC 工业设计创意产业基地
7	北京大兴新媒体产业基地
8	北京德必 WE" 国际文化创意中心（龙潭）
9	北京电影学院影视文化产业创新园平房园区
10	北京懋隆文化产业创意园
11	北京塞隆国际文化创意园
12	北京天桥演艺区
13	北京文化创新工场车公庄核心示范区
14	东亿国际传媒产业园
15	恒通国际创新园

---

① 刘昕：《推进文化创意产业创新发展》，《国际商报》2018 年 7 月 11 日，第 A3 版。

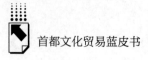

续表

序号	名称
16	弘祥 1979 文化创意园
17	嘉诚胡同创意工场(包括嘉诚有树、科玛斯车间、东城文化人才创业园、嘉诚印象、菊儿胡同 7 号)
18	莱锦文化创意产业园
19	郎园 Vintage 文化创意产业园
20	清华科技园
21	尚 8 国际广告园
22	数码庄园文化创意产业园
23	腾讯众创空间(北京)文化创意产业园
24	天宁 1 号文化科技创新园
25	西什库 31 号
26	西海四十八文化创意产业园区
27	"新华 1949"文化金融与创新产业园
28	星光影视园
29	中关村东升科技园
30	中关村软件园
31	中关村数字电视产业园
32	中关村雍和航星科技园
33	中国北京出版创意产业园

文化产业作为一项可持续发展的产业，满足首都经济高质量发展的要求，符合北京城市转型发展的历史趋势，是全国文化中心建设的重要方面。同时，作为疏解非首都功能、促进城市经济结构升级和提质增效的关键部分，文化产业也是提升居民文化获得感和幸福感的重要途径，对首都经济高质量发展的引领和推动作用逐渐显著。2018 年 1 ~ 11 月，全市规模以上文化产业法人单位实现收入 9250. 1 亿元，同比增长 13. 1%，有力带动了首都经济高质量发展。① 2018 年北京市在"中国省市文化产业发展指数"和"中国文化消费指数"这两大指数排行榜中均排名领先。目前，北京市孕育了众多特征显著、文化色彩浓厚的文化产业园区，形成了文化产业集聚发展

---

① 李洋：《33 家首批市文创产业园区出炉》，《北京日报》2019 年 1 月 26 日，第 5 版。

和规模化发展的根基。首次上榜的 33 家文化产业园区，是北京市具有代表性的文化产业园区，涵盖不同领域文化企业、不同规模产业基地、不同文化产品和服务特色，被认定为北京市发展文化产业园区的典范。

1. 园区分类差异性明显

根据性质的不同，文创园区可分为产业型、混合型、艺术型、休闲娱乐型和地方特色型。

产业型文创园区在发展形式上或是集群效应发展比较独立，或是依托高校发展，总体态势比较成熟，已经初步形成了较为完备的市场体系，并具有一定的规模效应。混合型文创园区对其他相关产业依赖性较强，需要借助园区内优势产业力量增强发展能力。艺术型文创园区发展优势显著，具有很强的原创能力，但其产业化程度较低，比如北京大山子艺术园区，尽管目前发展规模相对较小，但只要利用好原创优势，厚积薄发，有望取得突破性发展。休闲娱乐型文创园区符合当地居民和外来游客对于文化产品和服务消费的需要，如北京长安街文化演艺集聚区，这类园区内人流量较多，经济效益明显。地方特色型文创园区是在该区域传统文化资源的基础上，自发形成或者在政府的推动下形成的文创园区，比如北京高碑店传统民俗文化创意产业园。

由于文化创意产业园在我国还属于新生事物，发展迅速但不稳定，园区类型划分的界限并不是很明晰，未来还会有其他类型的园区形成或转化。但可以肯定的是，随着城市文化创意产业园区发展进一步优化，类别划分将逐渐完善。

2. 空间布局各具特色

文化产业未来发展，空间载体的支撑必不可少。2018 年上榜的文化产业园区名单中，地理区位呈现各类空间布局，最常见的区位布局以旧厂房和仓库、高校附近、开发区和传统特色文化社区为主。

选择旧厂房和仓库的文化产业园区享有租金优势，这些园区地理位置相对偏僻，距离城市金融和文化中心较远，反而能够更大限度地获取低廉的成本价格。这种模式最先在国外开始被采用，并且取得了空前的成功。北京市以798艺术区为代表的文化产业园区就沿用了这种发展模式，利用现有建筑打造成文化创意产业发展的天然平台，既节约成本、低碳环保，又保留了历史文化遗址，实现了文化产业与工业历史建筑的有益结合，达成建筑价值、历史价值、文化价值和经济价值的完美融合。

学校是新技术的集聚区，选择高校附近区域作为文化产业园区的发展基地，除了能够利用各类优质资源，还可以激发园区的创造力。因为大学往往是该区域的创意中心，是各专业人才的集聚地，高校的多元化环境能够为文化产业园区的发展提供源源不断的动力。

无论如何选址，文化产业园区的形成具有自然落地的特点，未来的发展也将依赖不同地理位置的天然优势，孵化越来越符合市场化、大众化的文化产品和服务，为提高全民文化消费水平释放能量。

（三）"旅游+演艺"成为重要增长点

根据北京市文化和旅游局、北京市演出行业协会统计数据，2018年北京市演出市场规模呈现继续增长态势，演出场次和观众数量都有所增加，经济效益持续上涨。截至2018年底，全市演出场次达24684场，同比上升0.5%；观众数量为1120.2万人次，同比上升4.1%；票房收入为17.76亿元，同比增加3.4%。全年北京市共举办营业性演出24684场。北京市文化和旅游局大力推广北京文艺演出，以进一步开展"秀北京"文旅演艺活动，通过发布《北京旅游演艺推介手册》等方式助力北京演艺市场的繁荣[1]，形成多个演艺品牌、杂技品牌、曲艺品牌等。

为发展新的消费群体，培育良好的演出市场环境，北京市文化和旅游局通过出售低价票、发放补贴、办公益演出等方式，使市场群体享受到更多优惠政策。各区相关管理部门、演出团体、演出场馆积极跟随北京市政策，举办惠民演出活动，文化普惠格局初步形成。以持续实施了7年的"北京惠

---

① 卢扬、穆慕：《2018年北京演出市场观众规模超1100万》，《北京商报》2019年1月11日，第B2版。

民低价票演出补贴项目"为例，北京市已累计补贴上万场演出，卖出近300万张100元以下的低价票，对市场产生了积极的推动作用，提升上座率，2018年专业剧场上座率再次增加1.4个百分点，演艺市场取得良性发展，旅游演艺已成为北京演艺市场的一个重要增长点。

三 北京对外文化贸易发展的机遇

（一）城市外交全球布局带动文化交流与合作

20世纪90年代中期，北京市提出"首都经济"，北京作为首都，是国内外交往的中心，经济发展与城市建设成为当前阶段的重点。2005年之后，北京市制定"世界城市"发展战略，其外交外事管理体系进一步完善。2003～2007年，北京缔结友好城市数量快速增长。截至2018年底，北京市已与世界51个国家的56个城市建立友好城市关系，遍布全球各大洲，其中以亚洲和欧洲为主要缔结区域，形成布局合理的城市外交体系。

北京友好城市规划战略在全球范围内建立国际友好城市的"朋友圈"，形成对外开放的重要平台，是政府对外交流合作的重要渠道，并且成为服务北京城市特色与传统文化的重要工具。北京拥有3000多年的发展历史，众多名胜古迹和人文景观在国际上具有很强的辨识度。缔结友好城市给北京市对外交往开放了新窗口，在提升国际化发展水平和聚集国际高端要素等方面发挥了不可替代的作用。随着全方位、多渠道、立体化的对外交流与合作不断展开，我国居民与其他国家和地区居民的文化交流程度和文化认同程度进一步加深，文化品牌宣传和信息传播更加迅速，国际文化需求与消费偏好得到有效培养。2018年北京"魅力科隆"、莫斯科"北京日"、圣彼得堡"北京旅游推介日"、墨西哥"北京文创周"等众多国际交流活动，向世界人民呈现北京的文化特色风貌，展示大国风采，为在世界范围内推介北京文化做贡献，成为北京文化产品和服务国际化转型的重要助力。

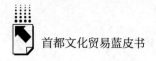

（二）天竺综保区助力全国文化中心建设

2018 年 1 月 29 日，天竺综合保税区被纳入一般纳税人资格试点的区域范围。5 月 25 日，北京天竺综合保税区跨境电商体验中心启动运营。6 月 14 日，北京天竺综合保税区获全国首批国家文化出口基地授牌，位列全国被认定的 13 个基地之首。北京天竺综合保税区是我国第一家空港型综合保税区，也是北京市仅有的海关特殊监管区域，是首都开放型经济的重要战略基础设施。2018 年正值天竺综保区获国务院批复设立 10 周年，在国家相关部委、北京市委市政府及有关部门的大力支持下，天竺综保区在通关便利化、跨境贸易发展等方面创新实施了一系列政策措施，为航空、医药、文化、特色金融、跨境电商融合发展创造了得天独厚的条件。天竺综保区被商务部、中宣部等 4 部门共同认定为国家文化出口基地，北京市委、市政府将制订国家文化出口基地建设方案，完善配套政策措施，持续提升空港口岸通关便利化水平，优化文化贸易发展环境，深度挖掘首都及周边区域文化资源，加速文化贸易高端要素在园区集聚，为助力全国文化中心建设构建良好的产业生态环境。①

（三）新兴技术优势增加新型贸易模式

数字文化产业是数字文化产品创作、传播和交流的重要阵地，也是掌握全球文化市场话语权的重要工具。近年来，我国数字文化产业发展迅速，逐步形成了大规模互联网用户、相对完备的通信系统，涌现大量精通互联网技术和生产软件的文化企业，这些领域新兴技术的运用使得文化产品和服务出口在文化市场中抢占先机。鼓励开发首都优秀数字内容的文化产品和服务，推动国内优秀企业积极打通全球文化贸易渠道。

借助北京地区新媒体业迅速发展带来的机遇，创新对外交流模式和方法，增强互联网和新媒体技术对优秀传统文化的传播力度，积极创新

---

① 刘旭：《天竺综合保税区国家文化出口基地揭牌》，《新农村商报》2018 年 8 月 1 日。

媒体传播方式、搭建互联网虚拟传播平台。加快推进对外宣传媒体的数字化产业布局，借力互联网运营下的便利特征，形成新媒体运营的新模式：开拓各国不同文化环境下的消费者市场，加快增强文化产品核心竞争力；鼓励北京地区文化企业"走出去"，积极搭建国际新媒体舆论纽带；加强媒体企业的外宣能力，支持重点媒体成立海外分公司开展市场化运作；加快互联网企业通过各种渠道建立自己的发行模式，促进文化对外传播。

四 北京对外文化贸易发展展望

（一）完善文化产业空间布局

北京市文化产业资源具有种类多、质量高的特点，目前北京市内的文化布局尚未完善，重点开发的文化资源较为集中，文化产业地理区域分布略显分散，制度创新和政策规划有待加强。北京市应发挥政策引导作用，加快国内外文化市场资源整合，发挥文化中心建设优势，疏解非首都功能，构建国际文化贸易发展新布局，建立以首都为中心的文化产品和服务出口的重要阵地。

针对北京地区文化创意产业发展不平衡和不充分的问题，海淀、朝阳、东城和西城的文化产业发展相对稳定，且优势明显，朝阳区相比较其他区域更具资源质量和文化企业数量优势，而其他区文化产业在增速和占比方面明显较弱，有待进一步加大相关弱势文化产业功能的支持和建设，进一步加强顶层设计和组织领导，完善相关政策体系和文化产业投融资体系，有力促进北京市文化产业的平衡发展和充分发展，整体提升北京市文化创意产业的水平。遵循北京"瘦身健体"的发展要求，北京市面临着空间和产业结构的调整，进一步加强北京市文化创意产业发展的体制机制建设，加强北京市文化产业发展的统筹协调，要关注各地区协同发展。为建设更加良好的城市文化发展环境，完善基础设施空间布局，要大力推进国际文化产品展示、仓储

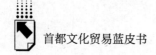

物流中心和国际文化产品贸易服务中心建设，加快国际文化贸易业务集群招商引资，完善国际文化产品交易和信息基础设施建设。

（二）进一步激发文化创意产业活力

文化创意产业作为北京市最具创新性和创造力的产业，得到政府的大力支持，文创领域聚焦文化生产前端，是文化贸易中最具活力的部分，对于建设"创意北京"具有重要的意义。鼓励创意、创新、创作和创造，建设"创意北京"，需要加强北京作为全国文化中心和科技创新中心的创新引领作用，持续为文化创意性和文化竞争力注入能量。持续遵循文化"走出去"战略，提升文创企业在国际文化市场上的竞争力和品牌影响力，打造北京在国际文化市场中的友好城市和创意之都形象。协调文化创意产业发展的协调联动机制，主动联系和对接大型央企、央属高校、科研院所等中央在京单位，不断完善文化产业决策咨询机制，营造良好政策环境，加大政策红利，制定北京文化创意人才队伍建设的中长期规划，确保推动文化创造、创新、创意发展的人才队伍。

（三）提高文化创新核心竞争力

利用市场在文化资源配置中发挥的积极作用，协调各类文化创新资源，打造高端文化贸易平台。坚持以出口为导向的文化贸易战略，适当把文化创新成果商业化，提高文化创新能力和文化商品带来的经济福利，振兴文化市场。坚持开放、包容的原则，更广泛地参与到全球文化竞争与合作当中去，为弘扬首都文化、提高文化软实力和核心竞争力做足准备。

发展和完善符合海外国际标准并且适应社会主义市场经济体制的文化贸易人才培养和统筹机制，建设人才济济、具备文化创新能力的文化贸易人才库，储备适应新兴产业发展的国际化领先人才。借助"全球专家招聘计划"和"国家高级人才特别支持计划"等重点国家人才计划，培养文化创意产业的高端人才和专业化团队。

（四）大力发展跨境文化电子商务

利用云计算、大数据、物联网、移动互联网等新兴信息技术，融入数字经济的发展大环境，积极探索跨境电子商务新模式，为快速安全的跨境文化电子商务开拓新思路，提供电子商务信息传递、跨境支付、清关、检验检疫、税收、外汇、仓储物流和国际金融一体化服务。通过建立国际文化贸易云数据中心和国际文化贸易云服务中心联系跨境交易文化企业。

在提高信息化服务的同时，必须加强跨境文化电子商务的交易和服务质量。一方面，努力提高商业活动中保护和管理知识产权的能力，鼓励文化企业申请专利、注册商标，协助文化企业和北京文化创意产业功能区协会建立并注册专业电子网络，提升 IP 保护和管理的便利化程度，有利于打造北京市文化的专属名片，增强文化创新创意竞争力；另一方面，建立文化艺术、广播影视、新媒体、文化展览等重点行业的文化标准，鼓励文化企业、高等教育机构和各界产业组织积极向国际化发展转型，文化标准以促进文化和创意产业发展为目的，重点在于鼓励整个产业链中的文化企业建立外向型发展战略，促进相关技术和产品的应用和推广。最终优化知识产权信息和公共服务平台建设，形成知识产权数据库，整合专利、商标和版权相关信息资源共享。

2018 年正值改革开放 40 周年，在这重要的时代节点上，文化产业是推动经济发展的重要支撑。中国文化市场存在文化企业生产的产品类别单一、原创能力较弱、国际复合型人才资源稀缺等难题，北京市需加强文化法律体系建设，协调好各方优质资源，充分发挥首都功能优势，提升文化企业创造力，从而打造首都特色文化品牌，引领高质量的文化产品及服务向国际化发展。

参考文献

Suggestions of the Ministry of Culture of Beijing Municipal People's Government on

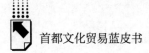
Accelerating the Establishment and Development of the National Base for International Cultural Trade（Beijing），国家对外文化贸易基地，2019 年 1 月 2 日，http：//www. bjfreeport. com/ en/Policies/2019/0102/335. html。

李嘉珊、王伯港：《新时代构建我国对外文化贸易新格局的有效策略简》，《国际贸易》2019 年第 3 期。

李嘉珊：《国际文化贸易论》，中国商务出版社，2016。

田蕾：《北京、上海、广东文化贸易比较分析》，《农村经济与科技》2018 年第 23 期。

田蕾：《"一带一路"背景下首都文化"走出去"的路径选择》，《市场论坛》2018 年第 10 期。

张京成、沈晓平、刘光宇：《北京市文化创意产业发展报告（2018）》，社会科学文献出版社，2018。

葛欣航：《北京国际文化贸易政策的分析与调整提议——基于深化有效制度供给视角》，《当代经济》2018 年第 9 期。

郭万超、王丽：《北京加强"一带一路"对外文化传播路径研究》，《科技智囊》2018 年第 4 期。

行业篇

Industry Reports

B.2
首都广播影视对外贸易发展报告

李继东　吴茜*

摘　要：　2018年北京实施了《北京市提升广播影视业国际传播力奖励扶持专项资金管理办法（试行）》《北京市提升广播影视业国际传播力奖励扶持专项资金评审办法（试行）》，建设了全国首个提升广播影视业国际传播力项目库，并将影视项目的申报由原来的"一年一审制"调整为"一年两审制"。在广播影视产业"走出去"的外贸机制方面，继续以外事活动、策划并参与影视节展以及合作合拍等方式推动，相关优质的影视产品也得以在对外传播的平台上展映。但同时，北京广播影视产业对外贸易也存在市场化乏力、缺少国际化视野等问题。需要在全球产业价值链建构、京津冀影视协同发展以及

---

* 李继东，中国传媒大学国家传播创新研究中心研究员、博士研究生导师，研究方向为国际传播、传播政策与制度等；吴茜，中国传媒大学传播研究院博士研究生。

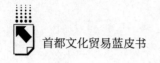

国际视野的影视人才培养方面继续发力。

关键词： 北京广播影视产业　对外贸易　一带一路　京津冀影视协同

近年来，北京市采取多项举措推动广播影视产业"走出去"，积极向世界讲好中国故事、讲好北京故事。北京地区拥有最雄厚的广播影视产业基础，囊括创意设计、生产制造、发行宣传、传播交流和装备制造。北京在电影院线、银幕刷量、广播电视持证机构数量上也居于全国首位。因此，北京是讲好中国故事的前沿阵地。

为推动中华文化"走出去"，北京目前已有"北京优秀影视剧海外展播季""北京国际图书节""北京国际电影节"等多座首都与世界进行文化沟通的桥梁。2018年，北京在现有广播影视对外贸易机制的基础上，开拓了新的国际文化品牌，继续推动中华文化"走出去"。

一　2018年北京广播影视对外贸易政策

《北京市国民经济和社会发展第十三个五年规划纲要》在发展目标中明确提出：要扩大文化交流传播，提高文化国际影响力。在"十三五"规划纲要的基础上，2018年北京市新闻出版广电局制定并实施了《北京市提升广播影视业国际传播力奖励扶持专项资金管理办法（试行）》《北京市提升广播影视业国际传播力奖励扶持专项资金评审办法（试行）》，建设了全国首个提升广播影视业国际传播力项目库。根据该政策，北京市新闻出版广电局主要对广播影视节目对外传播译制、广播影视节目版权输出、广播影视国际传播平台的建设进行资金支持，推动北京地区广播影视企业积极向国外输出版权，促进广播影视节目版权引进和输出平衡。对于成功输出优秀广播影视节目版权并产生较大影响的企业，经审核认定，按照不超过企业上一年度版权出口总额的30%进行奖励。

此外，2018 年北京影视出版创作基金在很多方面也做出了调整。为方便企业申报，结合影视项目体量大、项目多的特点，影视项目申报由原来的"一年一审制"调整为"一年两审制"，同时在原有对电影、广播电视、网络视听项目扶持的基础上，又将新闻报刊及所办新媒体出版、图书选题出版、数字出版纳入项目征集范围，资金体量更大、扶持范围更广、申报方式更灵活。

二　2018年北京广播影视产业的对外贸易成就

（一）2018年广播影视产业贸易基础数据

据数据统计，2018 年北京市规模以上文化产业收入破万亿元，达 10703 亿元，同比增长 11.9%。北京市广播电视节目制作经营持证机构有 9895 家，持信息网络传播视听节目许可证机构有 125 家。电影剧本（梗概）备案公示 1132 部，国产影片 410 部，电影院线 27 条，电影院 238 家，银幕 1675 块，座位 22.99 万个，电影票房收入 35.004 亿元；生产电视剧 51 部 2325 集，电视动画片 16 部 494 集 5196 分钟；网络剧备案 343 部，网络电影备案 3073 部，网络动画片备案 24 部，网络综艺备案 155 档，网络纪录片备案 3 部。北京市影视机构数量和产业规模位列全国第一，其影视创意设计、生产制造、发行宣传、传播中心的地位凸显。[①]

而自实施了《北京市提升广播影视业国际传播力奖励扶持专项资金管理办法（试行）》《北京市提升广播影视业国际传播力奖励扶持专项资金评审办法（试行）》，并建设了全国首个提升广播影视业国际传播力项目库以来，2018 年北京市申报单位中涵盖 6 家国有企业和 17 家民营企业，入库项目 106 个，经过严格评审，最终确定了 43 个奖励扶持项目。其中，广播影视节目对外传播译制 24 个，广播影视节目版权输出 15 个，广播影视国际平

---

① 李夏至：《"影视十条"综合施策，精准促进北京影视业发展》，人民网，2019 年 2 月 15 日，http://media.people.com.cn/n1/2019/0215/c40606-30676644.html。

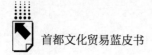

台建设 4 个。获得扶持的项目题材广泛、内容丰富，涵盖纪录片、电视栏目、动画片、电视剧、电影等，作品内容主要为响应国家"一带一路"倡议、弘扬中华优秀传统文化等。[①]

（二）2018年首都广播影视产业对外贸易优质作品

2018 年，北京广播影视产业对外贸易输出的优质内容涵盖纪录片、动画片、电影、电视剧、书籍以及游戏等。优质纪录片如《北京味道》《我在故宫修文物》《了不起的匠人2》等，分别从美食烹饪、文物修复、手工艺制作等角度传播北京人文特色，也间接扩大了中华传统文化影响力。电视剧《情满四合院》《青年医生》《警花与警犬》《最美的青春》《楚乔传》等分别从传统、现代、中年群体、青年群体、现实主义、网络架空等多个角度讲述中国故事，体现出北京影视产业的创造力。动画片值得一提的是《京剧猫》，将梦想、正义等具有个人价值的元素与功夫、京剧相融合。"京剧猫"的主要功夫以京剧中的"做""念""唱""打"为主，做到了中国题材的国际表达。电影《羞羞的铁拳》《前任3：再见前任》《非凡任务》《年少轻狂》《父子情》等涵盖喜剧、爱情、警匪、家庭伦理等多个题材，从小视角、普通人的生活经历与情感角度讲述当代中国人的故事。在电影合拍合作方面，近年来的警匪动作片《湄公河行动》《红海行动》《非凡任务》等体现出了香港与北京影人共同创作的优势。以香港成熟的影视运作模式与叙事模式，类型化内地本土的经验故事，使得内地制作的电影有了更多的故事性，更符合市场的要求。在电影的对外传播中，也更容易和国际化的影视话语接轨。

（三）2018年广播影视对外贸易多元化机制

第一，外事活动。北京广播影视产业继续通过政府的外交访问、外事活动等方式推动产业"走出去"。2018 年北京市委常委、宣传部部长杜飞进在出访孟买的过程中建议，继续加强两国在影视产业方面的合作，合作方式包

[①] 资料来源：北京广播电视局官网。

括：一是加强影视节展合作，建立工作机制，互办电影周，共同开发国际市场；二是加强影视合拍，推动北京优秀影视剧海外展播等项目落地；三是加强影视高层互访和学术交流，增进了解和互信，推动"一带一路"人文交流。[①]

2018 年 5 月，北京市新闻出版广电局党组书记、局长杨烁应希腊数字政策、通信和媒体部总秘书长克莱索斯邀请访问该部，希腊希望中国影视企业能够赴希腊拍摄电影、电视剧、纪录片和动漫等，并希望进一步促成希腊与中国在拍摄方面的更多合作。此外，2018 年 6 月，在由中国国家广播电视总局主办、北京市新闻出版广电局承办的第四届中非媒体合作论坛上，中非媒体共签署了 12 项合作协议。

第二，影视节展。为推动广播影视产业"走出去"，北京策划主办了一系列品牌文化活动，包括成立中国（北京）影视译制基地，举办北京优秀影视剧海外展播季、北京电影之夜等活动。

2018 年 5 月，"北京优秀影视剧海外展播季"希腊段活动在雅典举行，26 部极具北京特色、弘扬中国传统文化的影视作品在展播季上播出。包括纪录片《我在故宫修文物》《北京味道》《了不起的匠人 2》，电视剧《情满四合院》《警花与警犬》《最美的青春》《楚乔传》，电影《羞羞的铁拳》《非凡任务》《智取威虎山》《前任 3：再见前任》《父子情》《年少轻狂》，动画片《京剧猫》等。"北京优秀影视剧海外展播季"系列活动还在英国伦敦举办，由北京影视企业选送的 26 部影视作品也在英国普罗派乐卫视 Sky185 频道黄金时段 8～10 点集中展播。在展播季开幕式上，还挂牌成立了"中英版权交易中心暨北京新闻出版影视企业海外服务基地"。

2018 年 4 月，戛纳春季电视片交易会（MIPTV）在法国戛纳影节宫举行，有 20 多家北京影视公司参会，并在会上推介 30 余部作品，包括《最美的青春》《情满四合院》《归去来》《外科医生》等。此外，北京市新闻出版广电局还组织了由 19 家北京影视企业组成的代表团参加新加坡亚洲电视论坛（ATF）并举办推介会，推出参展作品 50 余部。

---

① 《孟买北京电影之夜成功举办 杜飞进出席北京电影之夜活动》，北京市人民政府，2018 年 10 月 24 日，http://www.beijing.gov.cn/zfxxgk/110090/gzdt53/2018 - 11/20/content dqf 104ecac3748e490979e828ae13b4d.shtml。

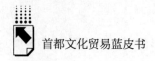

2018 年 4 月，第八届北京国际电影节在北京开幕，电影市场项目创投共征集到电影项目 722 个，马来西亚、新加坡、美国、法国等优秀华语电影人也积极参与。电影节上共有 79 家企业的 38 个重点项目达成签约合作，总金额达到 260.825 亿元，同比增长 49%。八年时间，北京国际电影节电影市场签约额累计达到 1010.36 亿元，签约项目覆盖全产业链。①

在图书博览会方面，2018 年北京举办了第二十五届北京国际图书博览会暨第十六届北京国际图书节。展会上共有来自 93 个国家和地区的 1520 家海外参展商参展，在 2500 家参展商中占比约 61%。其中，拉丁美洲的 14 个国家首次以联合展台的形象参展，英国成为展台数量最多的国家，展览面积达 850 平方米。②

北京市新闻出版广电局还组织北京出版单位参与了 2018 年法兰克福书展。书展在北京展区特别设立"北京图书 40 年"主题展览，并举办"北京图书 40 年"分享交流活动。

2018 年 5 月，2018 年美国书展在美国纽约贾维茨会展中心举行。由北京市新闻出版广电局组织的北京出版代表团设立了北京出版联合展区。在此次展会上，北京联合出版有限责任公司与美国贝尔伦克雷出版社达成合作协议，将推进北京出版创意产业园区图书的海外推广和海外本土化出版。

在游戏推广方面，北京市新闻出版广电局组织企业参展了在美国洛杉矶开幕的全球最大电子娱乐展览会（The Electronic Entertainment Expo 也称 E3 展）。共有 10 家北京优秀游戏企业参展，在 E3 展上设置了专门的北京展区，借助国际游戏平台向世界宣推中国各种游戏产品、服务和公司。在此次展会上，还举办了"北京游戏推介会"。360 的精品游戏战略、完美世界的《新诛仙世界》《完美世界主机版》《梦间集天鹅座》《烈火如歌》《神雕侠 2》《我的起源》、掌趣的《拳皇 98》《英雄无敌》《奇迹觉醒》《街头篮球》《塔防三国志》等吸引了众多海外游戏商家，打造了北京优秀游戏品牌影响

---

① 资料来源：北京广播电视局官网。

② 资料来源：北京广播电视局官网。

力。美国 E3 游戏大展结束后，北京游戏参展团考察了墨西哥游戏产业发展情况，并开展了一对一的洽谈合作。

三　北京广播影视对外贸易发展政策建议

北京作为全国政治、文化中心，在广播影视产业发展方面具有其他地区无法比拟的优势。全国 70% 的文化产业聚集在北京，北京在政策、金融、人才方面哺育广电影视产业。为推动广电影视产业"走出去"，政府一方面积极通过外事活动、参与并举办国际影视节展、合拍合作等方式推动；另一方面，也需要广播影视产业发挥产业集群效能，实行国际化影视人才战略，提升作品的文化价值、思想内涵等。从目前广播影视产业的国际影响力来看，影视作品的海外传播力主要依靠政府的政策扶持、行政推动，产业的市场化效应在国际贸易中还有待开发。虽然近年来国产电影票房有所提升，并且逐渐超过好莱坞大片，但国产电影在海外的票房仍寥寥无几。此外，北京广播影视产业虽然已发挥京津冀联动效应，但尚未形成类似于美国好莱坞、印度宝莱坞等影视产业集聚地的影响力。由于影视人才较缺乏国际视野，在影视作品的创造力方面也略有不足。产品在生产类型上容易扎堆、跟风，致使同一类型产品的受众产生审美疲劳。因此，对北京广播影视产业对外贸易的未来发展提出以下建议。

第一，建构北京广播影视全球产业价值链。目前，北京对比国际较具影响力的影视之都如纽约等仍有差距，要打造具有全球竞争力的影视产业链条，需要政府引导及产业升级的双重发力。首先，政府在政策引导方面，需将思维从管理型向服务型转变。除了通过外事访问、影视策展、合拍合作等方式促进影视产业"走出去"以外，还需为影视产业的国际发展提供更好的软性服务，包括税收的减免、融资、投贷便利等。其次，影视产业在投资、创作、发行放映及衍生品开发方面需拓宽视野，进行国际化合作，打造具有国际视野的影视产品，以更符合影视作品的海外传播规律。

第二，培养具有国际视野的影视人才，提升影视创造力。近年来，北京地区影视制作公司所出产的影视作品海外传播力愈见提高,《湄公河行动》《战狼2》《流浪地球》等越来越体现国际化影视作品的特点。但不可忽视的是,诸多影视机构的创造力仍有待提高,这需要从业人员具有国际化的创作视野。目前影视作品分为两类:一类以类型化叙事讲述中国本土经验的故事,主要借鉴好莱坞叙事模式,但作品因为缺少原创力,有跟风之嫌,海外市场的收益也略显不佳;另一类为讲述中国本土经验的故事,具有一定的人文深度,但由于作品的类型化、市场化程度不够,无法在市场上获得相应收益。为扭转这样的状况,需要从业人员开阔视野,站在国际化的高度来进行影视作品创作。既能创作出符合市场化要求的类型叙事,又能对类型进行创新,同时还加入具有中国特色或者展现当代中国人生活面貌的元素。

第三,发挥京津冀影视协同区位优势。促进各区域产业深度融合,协同京津冀影视业创新发展。对京津冀地区影视产业的整体发展进行布局规划,打造承德、廊坊、怀柔的北京影视外景基地。各地区各有自己的产业分工,分别以影视技术、影视金融、影视制作、影视创作、影视拍摄等功能进行区域规划,形成各具特色且优势互补、互相协作的局面。

总之,在北京广播影视产业对外发展的过程中,需要政府政策、资金、金融等方面的引导,更需要广播影视产业拓宽国际视野、提高创新水平。

参考文献

李霆钧:《北京市委宣传部副部长、北京市电影局局长陈名杰:坚持深化改革优化政策体系推动北京成为具有国际影响力的影视之都》,《中国电影报》2019年3月27日。

B.3
首都图书版权对外贸易发展报告[*]

孙俊新　唐　薇[**]

摘　要： 本报告通过对 2018 年首都图书版权业活动的整理，分析首都图书版权对外贸易发展的现状、特点以及存在的问题，并对首都的图书版权对外贸易发展提出相应的建议。2018 年，北京地区图书出版业数据与去年基本持平，时代契机造就中国主题图书海外出版热潮，企业参与文化市场成果日益显现，首都战略地位推动政府出台新政策，展会活动全方位发力推动"走出去"，资本要素活跃文化市场，版权保护如火如荼，网络文学表现不俗。但北京地区对于图书附属版权重视不足，图书版权出口地多元化欠缺，各出版单位的版权贸易水平不均衡。建议重视图书附属版权多元化经营，增加与版权出口地的文化联系，鼓励各级出版机构参与展会。

关键词： 图书出版　图书版权　版权贸易　版权输出　北京

---

[*] 本文得到教育部人文社会科学研究青年基金"文化距离对中国 OFDI 的影响：基于文化'走出去'的调节效应分析"（项目编号：17YJC790133）和 2018 年北京市属高校高水平教师队伍建设支持计划青年拔尖人才培育计划项目"文化'走出去'影响对外直接投资的机理研究"（项目编号：CIT&TCD201804061）的资助。

[**] 孙俊新，北京第二外国语学院经济学院副教授，首都对外文化贸易研究基地研究员、博士、系主任，研究方向为国际贸易与投资、国际文化贸易与投资；唐薇，北京第二外国语学院国际商务专业 2018 级硕士研究生，研究方向为国际文化贸易。

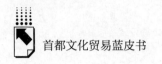
一 2018年首都图书版权对外贸易发展现状

2018年，在"十三五"规划和建设首都"四个中心"功能的大背景下，北京始终将图书版权定位为发展文化创意产业的一项主要任务，图书版权对外贸易也发展到了新的阶段，现概述如下。

（一）图书出版业发展概况

从表1可见，2017年的各项指标较2016年均有变动，但多数变动不大，其中变化最为明显的是新闻出版营业收入和出版印刷企业数量，新闻出版营业收入额同比增长5.58%，出版印刷企业数量同比下降7.18%。

表1　2016~2017年北京地区图书出版情况

指标名称	2016年	2017年	同比变化（%）
新闻出版营业收入额（亿元）	1274.84	1345.95	5.58
书刊发行网点数量（处）	9031	8922	-1.21
出版印刷企业数量（家）	780	724	-7.18
网络出版服务持证单位数量（家）	342	350	2.34
图书出版单位数量（家）	238	239	0.42
音像出版单位数量（家）	154	160	3.90
电子出版单位数量（家）	141	144	2.13
出版图书种类（万种）	21.24	21.78	2.54
印刷图书数量（亿册）	26.93	26.74	-0.71

资料来源：北京市新闻出版广电局：《2018年北京图书出版业发展分析报告》。

在版权的引进与输出方面，2017年，北京市共引进图书版权9375项，同比下降7.95%；输出版权5554项，同比增长3.87%，引进输出比为1.69∶1，同比下降11.1%（见表2）。

表2 2016～2017年北京地区版权贸易情况

指标名称	2016年	2017年	同比变化(%)
版权引进(项)	10185	9375	-7.95
版权输出(项)	5347	5554	3.87
引进与输出比	1.90∶1	1.69∶1	-11.1

资料来源：北京市新闻出版广电局：《2018年北京图书出版业发展分析报告》。

（二）中国主题图书海外出版热潮持续

图书出版业承担着传承文明、教育人民、服务社会的功能，要讲好中国故事、传播中华文化，尤其是在2017年这个关键节点上，不仅是党的十九大开局之年、"一带一路"国际合作高峰论坛年，也是香港回归20周年、全民族抗战爆发80周年和建军90周年，这些都为北京市新闻出版业创作精品、发行佳作提供了契机，也使北京图书版权业得以朝着高质量、内涵式的方向发展。

2017年，北京图书出版业出版了《习近平讲故事》《习近平谈治国理政》《平易近人——习近平的语言力量》《中华文明史》等一批具有鲜明主题和突出特色的图书，这些图书是当之无愧的主题出版"领头羊"。以《习近平谈治国理政》一书为例，截至2017年底，该书第一卷就累计出版24个语种、27个版本并销往全球160多个国家和地区，发行量超过660万册。

（三）企业参与文化市场成果日益显现

随着优秀作品的诞生，文学作品版权的对外贸易取得一系列成绩。以中国教育图书进出口有限公司（以下简称"中教图"）为例，该公司是国内教育系统唯一的大型图书进出口企业，在长篇连载的科幻文章《三体》和《暗黑者》受到读者的追捧并出版后，中教图在2014～2015年分别与美国、土耳其、法国、泰国、匈牙利和德国当地名列前茅的出版社完成了《三体》英语版、土耳其语版、法语版、泰语版、匈牙利语版和德语版全球出版合同的全部签署程序并落户；2017年，中教图又将《暗

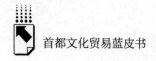
黑者》在北美地区和英联邦地区的英文版权分别授权给了美、英两国的知名出版社。

（四）图书对外贸易推动"四个中心"建设

为加快北京市作为"四个中心"的功能建设，国务院和北京市政府相继出台新政策强化北京市作为全国文化中心的独特优势。

2018 年 6 月，国务院对商务部提出的《深化服务贸易创新发展试点总体方案》进行了批复，同意在北京、天津、上海、海南、深圳、哈尔滨、南京、杭州、武汉、广州、成都、苏州、威海和河北雄安新区、重庆两江新区、贵州贵安新区、陕西西咸新区等省市（区域）深化服务贸易创新发展试点。① 批复发布后，北京市人民政府结合北京市服务贸易的实际情况制定了《北京市服务贸易创新发展试点工作实施方案》（以下简称《实施方案》）。在文化创意方面，《实施方案》将支持宋庄文化创意产业集聚区等发展对外文化贸易，进一步加强北京与"一带一路"沿线国家和地区及重点城市的服务贸易往来，积极开拓新兴服务贸易市场。

在机构改革方面，配合中共中央、国务院批准的《北京市人民政府机构改革方案》，2018 年 11 月，原北京市新闻出版广电局（北京市版权局）的新闻出版管理职责和电影管理职责划入北京市委宣传部统一管理；在原北京市新闻出版广电局广播电视管理职责的基础上组建北京市广播电视局，为市政府的直属机构。②

（五）展会活动全方位推动"走出去"

在过去的一年中，北京继续积极承办、开展国内外大型展会活动，促进中外文化交流及版权贸易，为图书版权对外贸易贡献力量。2018 年 8 月 22～26

---

① 《国务院关于同意深化服务贸易创新发展试点的批复》，中华人民共和国中央人民政府，2018 年 6 月 8 日，http://www.gov.cn/zhengce/content/2018－06/08/content_5297239.htm。
② 《北京市广播电视局挂牌》，国家广播电视总局，2018 年 11 月 20 日，http://www.nrta.gov.cn/art/2018/11/20/art_114_39741.html。

日，第 25 届北京国际图书博览会（以下简称"图博会"）顺利举行，共达成中外版权贸易协议 5678 项，同比增长 7.9%，其中各类版权输出与合作出版意向和协议达成 3610 项，同比增长 11.28%；引进意向和协议达成 2068 项，同比增长 2.48%，引进输出比为 1∶1.74，输出数量继续大于引进数量。本届图博会核心指标稳步增长，国际影响力持续提升：书展展览面积达 9.77 万平方米，比去年提升 5%；参展国家和地区达 93 个，比去年新增 4 个，巴拿马、委内瑞拉、吉尔吉斯斯坦、黎巴嫩首次参展，拉美 14 国首次设置联合展台；国内外展商达 2500 多家，其中海外展商 1520 家①，占所有展商比例的 60.8%。图博会的展馆数量首次达到 8 个，多个新设展区取得不俗成绩。

2018 中韩（北京）图书版权交易会于 2018 年 12 月 13 ~ 14 日在北京举行，这次活动为韩国和中国的出版社提供了沟通和交流的机会，帮助双方了解各自出版市场及图书版权贸易现状，为两国在图书出版领域的中长期合作打下基础。两天的活动包含开幕式、中韩图书展、出版机构介绍、一对一商务洽谈、中韩出版界专家讨论等环节，汇集了中韩双方优秀的出版企业，参展图书涉及文学、历史、美术、音乐、人文、儿童等多个领域。在这次活动的商务洽谈中，中韩双方达成了很多合作意向，成果丰硕。②

2018 年 3 月 26 ~ 29 日，中国作为主宾国亮相博洛尼亚童书展，与来自世界各地的童书出版人共聚一堂。除中国童书市场发展趋势报告会、中国主宾国原创插画展等主宾国重点活动之外，展览现场展出 22 个语种的中国原创精品图书，版权输出到 28 个国家，彰显了中国原创少儿图书"走出去"的丰硕成果。③ 在第 25 届图博会上首次设立的北京国际童书展也吸引了数万名家长和小朋友前来参观。

---

① 《第二十五届北京国际图书博览会闭幕》，人民网，2018 年 8 月 27 日，http：//media. people. com. cn/n1/2018/0827/c40606 – 30251881. html。

② 《2018 中韩（北京）图书版权交易会在北京圆满落幕》，搜狐网，2018 年 12 月 20 日，http：//www. sohu. com/a/283388879_ 99942962。

③ 《北京阅读季博洛尼亚童书展位迎大咖》，搜狐网，2018 年 4 月 1 日，http：//www. sohu. com/a/226928562_ 210950。

2018 年 8 月 23～29 日，由北京国际图书博览会主办的第三届北京出版交流周在北京举行。交流周邀请了来自英国、美国、法国、瑞典、以色列、西班牙、墨西哥、塞尔维亚、澳大利亚和印度尼西亚的 10 名高级版权从业人员与中国同行就如何出售版权进行交流，并新增"国内外出版社书目资料线上展示"单元，用于集中展示出版社及其主要参考书目，增加版权交易的机会。北京出版交流周还举办了 3 场专业公开讲座，从翻译、书籍传播和原创版权推广三个方面与公众分享版权如何成功进入世界的案例和经验。

北京出版交流周通过让国际嘉宾深入了解中国出版市场，不仅向更多对中国出版业缺乏了解的人进行了介绍，它还使中国出版商能够更好地了解国际版权业务，并在版权贸易方面变得更加国际化。通过促进个人之间的深入沟通和理解，建立了强大的国内外版权合作网络，使北京成为国际出版交流活动的重要基地。

（六）资本要素活跃文化市场

2017 年是出版业上市的"大年"，相关数据统计，2017 年共有 7 家融合传统出版和新兴技术如大数据、AR 等的企业在 A 股及港股上市，国有企业和民营企业均有优秀表现，市场活跃度和接受度持续上升。

北京地区的 4 家出版企业——中国科技出版传媒股份有限公司、新经典文化股份有限公司、中国出版传媒股份有限公司及掌阅科技，均于 2017 年在上海证券交易所成功上市。加上 2015 年深圳证券交易所上市的中文在线，北京地区的上市出版企业达到了 5 家，占全国的 23.8%。5 家上市公司 2017 年营业收入总计 100.37 亿元，利润总计 13.36 亿元，利润率高于国内上市出版企业平均水平 2 个百分点[①]，国有图书企业和民营图书企业的上市将进一步推动北京市图书出版业的发展。

---

① 《〈北京传媒蓝皮书〉发布展现北京新闻出版业三大发展亮点》，中国新闻出版广电网，2018 年 12 月 5 日，http://data.chinaxwcb.com/epaper2018/epaper/d6888/d2b/201812/934 18.html。

（七）版权保护欣欣向荣

党的十八大以来，以习近平同志为核心的党中央高度重视知识产权保护。习近平总书记出席博鳌亚洲论坛 2018 年年会开幕式并发表题为《开放 共创繁荣　创新引领未来》的主旨演讲，宣布在扩大开放方面，中国将采取重大举措，第三条就是加强知识产权保护①。北京市历来高度重视版权工作，2018 年更是在会议活动和立法执法方面"两手抓"，努力建成全国版权保护的首善之区。2018 年 4 月 26 日，时值第 18 个世界知识产权日，国家版权局在北京举办了 2018 中国网络版权保护大会，来自相关政府部门、司法部门、权利人、版权产业界、学术界、法律实务界的代表，围绕"保护创作，推进运用"主题，就网络版权创作、保护和运用开展了广泛研讨。②

互联网时代为版权保护提出了更高的要求，北京出版界积极应对新的挑战。2018 年 9 月 15 日，由国家新闻出版广电总局、北京市人民政府指导，北京市新闻出版广电局（北京市版权局）主办的 2018 第二届中国"网络文学＋"大会平行主题论坛——网络文学版权保护论坛在京召开。此次论坛重点关注网络文学和文学热点，重点关注当前网络文学作品的创作、传播、改编以及知识产权运营和交易中的版权保护问题，以促进网络文学版权保护和行业健康发展。③ 2018 年 9 月 9 日，北京市挂牌成立了互联网法院，目的是响应互联网时代崭新的司法需求，集中管辖北京市辖区内应当由基层人民法院受理的第一审特定类型互联网案件，其中也包括互联网著作权权属和侵权纠纷。

---

① 《习近平扩大开放四大举措解读系列之三：从五个角度读懂"加强知识产权保护"》，人民网，2018 年 4 月 13 日，http：//finance. people. com. cn/n1/2018/0413/c1004 – 29925534. html。

② 《大会概览》，2018 中国网络版权保护大会，2018 年 4 月 26 日，http：//www. ncac. gov. cn/chinacopyright/contents/11175/372451. html。

③ 《网络文学版权保护论坛探讨行业热点话题》，中国知识产权资讯网，2018 年 9 月 17 日，http：//www. cipnews. com. cn/Index_ NewsContent. aspx？ newsId ＝111147。

法制建设进一步强化。2018 年 4 月，北京市高级人民法院发布《侵害著作权案件审理指南》，涉及基本规定、权利客体、权利归属、侵权认定、抗辩事由等 11 个方面问题；同年 12 月，最高人民法院发布《最高人民法院关于审查知识产权纠纷行为保全案件适用法律若干问题的规定》，包括程序性规则、实体性规则、行为保全申请错误认定与处理、行为保全措施的解除等 4 个方面内容。国家和地方一系列司法相关规则的出台，对于提升包括版权在内知识产权案件的审判质量具有重要意义。2018 年 10 月 30 日，著名作家金庸先生逝世，盗版金庸作品图书乘机牟利，北京等地的版权执法部门集中查处了多起销售盗版金庸作品图书案件并移送公安机关立案侦查，有效保护了金庸作品版权。其中，北京顺义查获盗版金庸图书 18 万余册。①

由此可见，政府十分重视版权保护，旨在通过这些行动提高侵权成本，设置版权保护红线，向国际版权保护看齐，建设更加健全的版权保护体系，净化版权工作的大环境。

（八）网络文学表现不俗

据中国商业研究院统计，截至 2017 年 12 月，已有 500 多种网络文学作品被翻译成十几种语言，包括英语、韩语、日语和德语，引起了外国读者对中国网络文学作品市场的空前关注。截至 2018 年 12 月，网络文学读者达到 4.32 亿人，同比增长 14.4%。北京作为网络文学发展的"排头兵"，其网络文学平台及网站的数量约占总量的六成，其中阅文集团和晋江文学两大主力每年输出的网络文学作品超过 400 项，阅文集团 2017 年的输出量为北京地区总量的 3.71%，晋江文学则占到总量的 2.39%。② 随着版权贸易环境的不断改善、有利政策的陆续出台、优秀内容的不断挖掘，网络文学将开辟出特色愈加鲜明的道路。

---

① 《2018 年中国版权十件大事》，国家知识产权战略网，2019 年 3 月 19 日，http：//www. nipso. cn/onews. asp？id=45939。

② 《领跑全国版权输出的北京这份报告的信息量很大》，中国作家网，2018 年 7 月 30 日，http：//www. chinawriter. com. cn/n1/2018/0730/c403994 – 30176954. html。

二 2018年首都图书版权对外贸易发展特点

（一）出版业发展领跑全国，主要市场集中度提升

2017年，北京市新闻出版广电业整体呈稳健态势，在规模和数量上依然首屈一指。从中国新闻出版研究院调研采集到的数据显示，2017年全年版权输出量排名前十的机构里，在京单位有8家，版权输出之和占全国的26.6%，中国教育出版传媒集团有限公司、中国科技出版传媒股份有限公司、中国国际出版集团、中国出版集团以及北京出版集团5家公司的输出数据占据了北京总输出数据的约40%。

（二）国有企业主动承担社会责任

据统计，截至2018年，北京文化企业共计190家，其中，中央企业共计29家，北京市属企业共计161家。

以中教图为首的中央对外文化贸易企业在搭建中国类型文学"走出去"平台和推动文化的传播上做出了重要贡献，尤其是推动中国科幻文学和中国悬疑文学的代表作成功销往世界各地：截至2015年底，《三体》系列第一部的英文版在全球销量已超过11万册，销售所得逾200万美元，而这仅仅距离该书英文版的全球首发约1年时间；《暗黑者》英文版在英、美两国同步上市后，迅速引发海外热议，成为继《三体》之后又一部引发国际关注的中国类型小说。

北京出版集团有限责任公司是北京市属大型国有独资的文化企业，近年来一直致力于加大企业"走出去"力度，培育"品读北京"海外书展与文化交流活动品牌，先后在中国香港、新西兰、马来西亚、新加坡、中国台湾、英国、澳大利亚等国家和地区独立举办了精品图书展和文化活动，充分展示了北京出版集团的出版实力和整体形象。① 集团自2015年起开始建立

---

① 资料来源于北京出版集团官网，http：//www.bph.com.cn/group/jtjs.jsp。

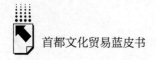
和运营"十月作家居住地",集版权贸易、图书展示和作家交流于一体,用文学讲述中国故事、传递中国声音、打造中国品牌。

国有企业不仅承担了传播文化的社会责任,在如何"走出去"的方式上也进行了诸多探索和尝试,除了常见的在海外设置分支机构、海外并购、开展国际合作等,一些出版企业与海外公司还合作设立了新兴的国际编辑部,其中较有代表性的是中国出版集团,其旗下的中国大百科全书出版社、中国民主法制出版社、中译出版社和商务印书馆等自 2016 年以来已经与英国、印度、越南、尼泊尔等国家的 13 家海外出版商成立 20 多家中国主题国际编辑部。2018 年 8 月 20 日,中国出版集团还召开了首届国际编辑部年会,现场展示出版成果,将海外传播做优做实。

(三)民营企业凸显市场活力

近年来,随着社会的发展,民营出版企业也为北京市出版业做出了很大贡献。与国有企业形成互补,民营企业在市场上更多地发挥了企业活力。截至 2018 年 12 月,A 股市场已经有 3 家民营书业企业来自北京地区——主板有新经典、掌阅,创业板有中文在线。2018 年,新经典共实现营业收入 9.26 亿元,同比下降 1.90%,实现归属于上市公司股东的净利润 2.41 亿元,同比增长 3.65%[①];掌阅共实现营业收入 19.03 亿元,同比增长 14.17%,实现归属于上市公司股东的净利润 1.39 亿元,同比增长 12.62%。[②]

除了可观的营业收入,这些民营企业也收获了社会的认可和良好的口碑。2018 年 7 月 26 日,在北京举办的 2017~2018 年数字出版推介授牌仪式上,中文在线荣获"优秀展示单位",掌阅等公司获得优秀品牌奖,在图书零售领域,北京开卷信息技术有限公司 2019 年初发布的《全球背景下的中

---

① 《新经典文化股份有限公司 2018 年年度报告》,https://pdf.dfcfw.com/pdf/H2_AN201904191320898365_1.pdf。
② 《掌阅科技股份有限公司 2018 年年度报告》,http://pg.jrj.com.cn/acc/CN_DISC/STOCK_TIME/2019/04/20/603533_nb_1206062648.PDF。

国图书零售市场》报告显示，在领先出版公司 Top10 中，北京磨铁图书有限公司赫然在列。[①] 在 2018 年 11 月举办的中国改革开放 40 年图书发行业致敬活动中，当当网创始人李国庆、北京天人书店董事长邹进获得"致敬影响力人物"，北京万圣书园图书有限责任公司、北京单向街文化有限公司、北京雨枫文化传播有限公司等民营书店获得"致敬影响力民营品牌"。

（四）政府持续发力推动图书版权"走出去"

北京是全国的新闻出版中心，是新闻出版业政策制定的发源地，对全国新闻出版业具有极强的影响力和辐射力。

2017 年，北京市新闻出版行政主管部门继续加大对图书出版业的支持力度，通过重点图书选题扶持项目、优秀长篇小说创作出版扶持项目，鼓励出版单位多出精品力作；通过确定首批 20 家媒体融合发展重点实验室，鼓励包括出版社在内的媒体单位转型升级、融合发展；通过设立"提升出版业国际传播力奖励扶持专项资金"，鼓励出版单位走出国门。在良好的产业环境中，北京图书出版业积极进取、开拓创新，取得了一系列成绩，也呈现诸多新亮点。

（五）版权输出重点语种集中

从中国新闻出版研究院调研采集到的 2017 年中央在京及北京地区出版单位版权输出数据发现，2017 年北京图书出版业继续加大国际交流与合作力度，版权输出重点语种集中在"一带一路"沿线国家，阿拉伯文、越南文、泰文、俄文、吉尔吉斯文 5 个语种的输出比例达到了 24.42%。其中，阿拉伯文版权输出量最大，占比为 7.43%，成为英文和繁体中文之后第三大输出语种（见表 3）。[②]

[①] 张志强、杨阳：《2018 年我国民营出版发展态势和特点分析》，《出版广角》2019 年第 4 期。

[②] 《领跑全国版权输出的北京这份报告的信息量很大》，中国作家网，2018 年 7 月 30 日，http：//www.chinawriter.com.cn/n1/2018/0730/c403994–30176954.html。

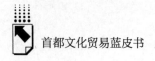

表3　2017年北京地区图书版权输出量排名前九的语种

单位：%

语种	比例	语种	比例
英文	20.66	韩文	4.73
繁体中文	17.61	俄文	3.22
阿拉伯文	7.43	日文	2.17
越南文	6.43	吉尔吉斯文	2.16
泰文	5.18		

资料来源：中国新闻出版研究院。

（六）互联网推动网文版权输出

2018年8月22～23日，网络文学迎来了走向海外的巅峰时刻——阅文集团和掌阅科技分别公开了旗下网文输出海外的最新进展——阅文集团的海外用户逾千万，掌阅海外版的用户则分布在"一带一路"沿线的40多个国家和地区。大型国有企业中国图书进出口（集团）总公司也加入了助力中国出版内容走向海外的队伍，与上述两家企业分别成为合作伙伴。

目前，阅文集团已经上线的英文翻译作品有150多部，用户访问量累计逾千万次。此外，阅文还向日、韩、泰、越、美、英、法、土耳其等多个国家和地区授权7个语种和300多部数字和实体图书作品的出版。

掌阅海外版已上线的语种版本则有14个，包括英、韩、俄、法、泰、印尼、阿拉伯、乌尔都等，百余部原创网络文学作品已完成海外授权和翻译，在多国的阅读类畅销榜上排名首位，在海外华语区引发了众多讨论和参与。

另外，中文在线投资的武侠世界（Wuxia World）也已发展成为英文世界最大的中国文学网站，在北美的读者数量超过总人口的1/3，覆盖的用户人群超过100个国家，其在美国市场推出的"视觉小说平台"（Chapters），目前注册用户已达500万，成为全球第三、中国最大的海外视觉小说平台。①

---

① 张志强、杨阳：《2018年我国民营出版发展态势和特点分析》，《出版广角》2019年第4期。

三 2018年首都图书版权对外贸易发展存在的不足

（一）对图书附属版权重视不足

目前，北京的多数图书出版社依然受传统观念禁锢，图书版权的对外贸易也依然以输出翻译版权为主，对于图书附属版权——包括连载权、大众市场版权、图书俱乐部、外国版权、有声读物版权、电影版权、缩写本版权、精装重印书版权、电子版权和形象使用权则不够重视，无法充分开发并很好地经营这些资源，更无法最大限度地创造出应有的利润，这在很大程度上造成了版权资源的浪费。而版权资源对出版活动是起决定性作用的，它是出版机构经营和竞争的立足点，如果继续忽视图书的附属版权，首都图书版权的对外贸易很难进一步做大做强。

（二）图书版权出口地多元化欠缺

在版权贸易的地区分布上，北京地区图书版权的主要引进地仍然为美国、英国、日本、法国、德国，图书版权主要出口地为我国台湾地区、美国、韩国、德国、英国。如果图书版权的引进与输出始终集中在这些国家或地区，将不利于图书版权对外贸易的多元化发展，尤其是图书版权的输出如果局限在特定的国家，将无法持续扩大中国图书的影响力，不利于我们的图书版权进一步走出国门、广泛覆盖。

截至2018年，北京作为"四个中心"，已经与全球51个国家的56个城市建立了国际友好城市关系，但从图书版权出口地的统计结果来看，在图书版权的对外贸易方面，显然很多友好城市还有巨大的潜力有待挖掘。

（三）各出版单位的版权贸易水平不均衡

在北京图书版权的对外贸易中，中央级出版社的版权贸易数量居于全国领先地位，但一些民营出版机构几乎不开展对外贸易活动。如上文所述，2017年

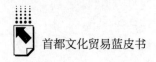
仅中国科技出版传媒股份有限公司、中国教育出版传媒集团有限公司、中国国际出版集团、中国出版集团以及北京出版集团5家公司的输出数据就占据了约半数的北京总输出数据，其中中国出版集团的输出数据又在这5家公司中独占鳌头。

中央级出版社在知名度和影响力上有民营企业尤其是中小型民营企业所无法比拟的优势，它们在国际会展活动中消息灵通，且更有主动权和话语权，能够依托展会获取大量订单，而中小型民营企业很可能会因为消息闭塞而错过这些有利于图书版权对外贸易的活动，这是造成出版单位的版权贸易水平不均衡的重要原因之一。

四 2019年首都图书版权对外贸易发展建议

（一）重视图书附属版权多元化经营

在国外，附属版权市场已经十分成熟，不仅能为出版机构持续创收，还能扩大其影响力，图书附属版权的经营已经成为图书版权经营中重要的一分子。在国内，相对更具可操作性的图书附属版权是外国版权、连载权、有声读物版权、电影版权、精装重印本版权和电子版权，因为这些版权的主动权更多为出版机构所掌握，受外界因素影响较少。

北京地区的出版业作为国内出版业的先行者，可以组织北京图书出版从业人员深入学习国外先进的图书附属版权经验，抓其内核而非仅仅学其皮毛。畅销全球的《哈利·波特》在图书附属版权的多元化经营上就是非常值得学习的成功典范，从中汲取经验为己所用，但也要注意文化差异，在实践过程中要注重结合不同的国家情况和城市情况进行灵活变通。

（二）增强与出口地的文化联系

如上文所述，在图书版权的对外贸易上，还有很多城市存在巨大的潜力，尤其是国际友好城市。

截至2018年，北京已经与全球51个国家的56个城市建立了国际友好城市关系，这些城市遍布各个大洲，都是国家首都或者重要城市，其中欧洲共计 24 个城市与北京成为友好城市，亚洲则有 16 个城市与北京建立了友好关系。① 国际友好城市为双方的文化交流提供了很多机会，同时也为文化产品的贸易做好了铺垫。

北京地区可以增加与目标国家和地区（包括潜在出口地）的文化交流，加强北京对出口地的文化吸引力，让目标地区的读者和出版商想要对北京文化更加了解，从而有更加强烈的意愿来采购和引进特色鲜明的"京味儿"图书。

以德国柏林为例，1994 年 4 月 5 日，柏林与北京正式结为友好城市。在之后的 20 多年里，柏林与北京的文化交流越发深入，两个城市之间的文化关联日益紧密，我们可以利用两个城市之间的文化交流活动如"德中科教年"、"世界孔子学院日"德国孔院系列活动和"'一带一路'文化旅游论坛"等释放信息，酝酿图书版权的输出。

（三）鼓励各级出版机构参与展会

为改善北京地区出版单位版权贸易发展水平参差不齐的局面，政府可以出台相应的政策引导中小型机构和民营机构积极参与有利于开展图书版权贸易的会展活动，给予民营机构一定比例的参会名额，提高中小型机构和民营机构参会及贸易的积极性，并可根据表现予以一定的表彰。

此外，民营机构也应提高自身实力和主动性，向中央级出版单位学习图书版权对外贸易经验，寻找与优秀国有企业的对接点，创造机会进行合作，提升自身对外贸易量。

参考文献

张志强、杨阳：《2018 年我国民营出版发展态势和特点分析》，《出版广角》2019 年

---

① 资料来源：北京市人民政府外事办公室统计。

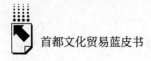
第 4 期。

陈凤兰、徐耀华：《"十二五"期间北京地区图书版权贸易调查分析》，《出版参考》2018 年第 5 期。

徐耀华：《北京地区图书版权输出现状报告》，硕士学位论文，北京印刷学院，2017。

蔡晨骜：《在"文化走出去"背景下探讨北京图博会版权贸易的变迁》，《出版与印刷》2017 年第 3 期。

张宏：《全球视野下的中国出版走出去：话语权和传播力构建》，博士学位论文，上海外国语大学，2014。

刘建：《北京国际图书博览会发展研究》，硕士学位论文，河北大学，2013。

路小静：《中国出版业"走出去"战略研究》，博士学位论文，武汉大学，2010。

《领跑全国版权输出的北京这份报告的信息量很大》，中国作家网，2018 年 7 月 30 日，http：//www. chinawriter. com. cn/n1/2018/0730/c403994 – 30176954. html。

《2018 年中国版权十件大事》，国家知识产权战略网，2019 年 3 月 19 日，http：//www. nipso. cn/onews. asp？id = 45939。

《中国图书："走出去"更要"走进去"》，新华网，2017 年 2 月 15 日，http：//www. xinhuanet. com//silkroad/2017 – 02/15/c_ 129480121. htm。

《阅文集团发布〈2018 网络文学发展报告〉》，中国新闻网，2019 年 2 月 18 日，https：//baijiahao. baidu. com/s？id = 1625816353286393140&wfr = spider&for = pc。

《从北京国际图书博览会看我国的图书版权贸易》，文创案例库，https：//mp. weixin. qq. com/s/odk4M8fHfFAVUJy2OERifg。

《中国图书进出口（集团）总公司：唱好国内外图书版权交易大戏》，中华人民共和国国家版权局，2018 年 11 月 6 日，http：//www. gapp. gov. cn/chinacopyright/contents/4509/389452. html。

B.4
首都演艺对外贸易发展报告

张 伟 高梦彤*

摘 要： 北京市作为全国文化中心，是汇聚大型演艺院团和著名演艺节目表演的国际性场所，是联结中外演艺经济合作的重要纽带，是促进国内外演艺主体互动交流和开放贸易的平台。2018年北京市演出市场再创新高，演出行业规模和经济收益大幅提高，观演群体培育成效明显，上座率显著提高，小剧场发展势头迅猛。2018年首都演艺行业对外贸易发展特点显著，旅游演艺成为重要增长点，以音乐剧为代表，版权进口远超出口，节庆活动成为联结国际音乐市场的纽带。北京市人口密集，居民对文化产品的消费需求和消费水平也排在国内极高位置，积极推动首都演艺贸易的发展，有助于加快全国文化产业发展进程，提升国产演艺剧目在国际舞台上的竞争力。

关键词： 演艺市场 首都文化贸易 文化中心

一 首都演艺市场发展概况

北京市作为历史文明城市拥有丰富的历史文化资源，作为全国政治中心、文化中心、国际交往中心和科技创新中心，长期以来一直是多种产业要素的

---

* 张伟，华谊兄弟实景娱乐发展合作部项目主管，研究领域为演艺对外贸易等；高梦彤，北京第二外国语学院国际文化贸易专业硕士研究生，国家文化发展国际战略研究院项目研究助理。

聚集地。国家对于首都文化中心建设也表示极大关注，2018 年 10 月北京市发改委发布《北京市推进共建"一带一路"三年行动计划（2018～2020 年)》，提出要充分发挥历史文化名城和文化资源优势，建设运营好雅典中国文化中心，积极参与丝路书香、丝绸之路影视桥等工程，推动北京表演艺术、视觉艺术、文学影视等优秀作品在海外展播展销，展现中华文化魅力。在《关于推进文化创意产业创新发展的意见》中提到，要着力发展演出剧目创作、舞美设计、演出经纪、演出票务等演艺产业关键环节，重点扶持代表北京地域特色、展现京味文化的经典剧目展演，全面繁荣演出市场。加强文化设施盘活利用，推动现有演艺基础设施升级改造，发展文艺演出院线。推动歌舞娱乐、游戏游艺等传统文化娱乐行业转型升级，增强体验式服务，鼓励规范化连锁经营。

（一）演艺市场规模持续扩大，市场收入再创新高

据北京市文化和旅游局、北京市演出行业协会数据统计，2018 年北京市演出市场收入再创新高，演出行业规模持续扩大，其中累计演出场次增加至 24684 场，比 2017 年增长了 0.52%，观众数量累计达到 1120.2 万人次，比 2017 年增长 4.13%，演出票房收入累计增加至 17.76 亿元，比 2017 年增长 3.44%（见图 1）。

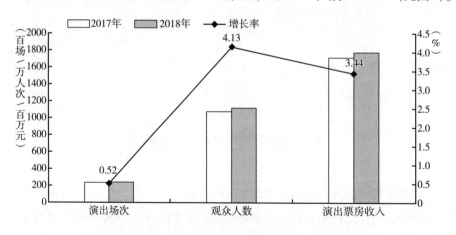

图 1　首都演艺市场经济规模变化

资料来源：北京市文化和旅游局、北京市演出行业协会。

戏剧类和音乐类演出是票房增长的主要来源，占整体票房的80%。其中，全年戏剧演出共达12217场，接近演艺市场总场次的一半，观演人数达467.7万人次，票房收入超过6亿元，占总票房收入的33.9%。话剧、马戏、杂技、儿童剧最受欢迎，观众人数占总人数的46.2%，音乐剧和歌剧的增长最为明显，音乐剧观众增长26.7%，总体达到42.9万人次，各细分市场也表现出不同程度的增长。2018年，北京市音乐会、音乐剧、演唱会、歌剧的演出场次分别为1358场、775场、294场、148场，分别比2017年增长了3.8%、16.9%、4.1%和11.5%。中国戏曲文化周、京津冀戏曲院团新春演出季等活动火热开展，持续推动优秀戏曲剧目的创新繁荣。

（二）观演群体培育成效明显，上座率显著提高

北京演艺市场经过长时间的飞速发展，已经形成了稳定的观演群体，大部分剧目的上座率能够达到八成。其中，大、中、小剧场的发展势头良好，如海淀剧场、首都剧场、天桥剧场、世纪剧院大剧场、红点星空云剧场、蜂巢剧场、国话先锋剧场、假日经典小剧场、蓬蒿剧场、菊隐剧场等。

北京市政府实施文化惠民政策，利用低价补贴、公益演出等方式培养大众的文化消费偏好，2017年北京市共有55个剧场，推出共2721场惠民演出，售出59.2万张100元以下的低票价，其中有2856场演出的23.3万张低价票得到政府补贴。[①] 为了充实群众文化生活，提高欣赏演出的水平，北京市文化局积极举办基层公益演出，推行惠民演出政策，激发各剧场在大众化演艺方面的发展，为营造良性的文化城市环境铺路。

（三）小剧场发展势头迅猛

小剧场演出场次约占总演出场次的1/3，并有持续上升的趋势。2017年演出场次超过200场的小剧场多达18家，包括繁星戏剧村壹剧场、雷剧场等；年度演出场次超过100场的小剧场达31家，占小剧场总数的

---

① 资料来源：《2017年北京市演出市场统计与分析》。

50%以上，为活跃北京演出市场做出了重要贡献。①儿童剧市场始终维持稳定发展态势，演出类别更加多样化，不再局限于传统的话剧类型，而是已经涉足音乐会、戏曲、舞蹈等领域，设计适合儿童或亲子观看的演出。

北京演出市场的发展给民营院团及小剧场营造了健康的发展环境，民营院团与国有院团良性竞争，凭借自身优势释放创作活力，合力构筑演艺产品营销体系、设立产品专卖店。在北京市委宣传部的指导下，由北京市文化局主办，搭建北京市剧院运营服务平台，市场化运作成为演出市场持续繁荣的重要引擎，大力扶持民营院团。根据北京市文化局公示名单统计，在北京文化艺术基金2018年扶持的59个大型舞台艺术作品资助项目中，有30家来自民营院团（见表1）。

表1　大型舞台艺术作品资助项目

大型舞台艺术作品		
序号	项目名称	申报主体名称
1	昆曲《荆钗记》(加工提高)	北方昆曲剧院
2	评剧《钟离剑》(加工提高)	中国评剧院有限责任公司
3	曲剧《翦氏夫人》	北京市曲剧团有限责任公司
4	京剧《哑女告状》(加工提高)	北京市京剧昆曲振兴协会
5	评剧《老烧锅》	北京凌空评剧团
6	昆曲《夜雨梧桐长生殿》	真嵘洗平(北京)文化艺术中心
7	舞剧《天路》	国家大剧院
8	芭蕾舞剧《九色鹿》	中央芭蕾舞团
9	民族传统乐舞集《沉香·伍》	北京舞蹈学院
10	音乐剧《故宫里的大怪兽之吻兽使命》	北京市演出有限责任公司
11	舞剧《匆匆那年》	首都师范大学
12	音乐剧《与君陶然——高君宇与石评梅》	北京北青文化艺术公司
13	音乐剧《天地运河情》	北京歌德永乐文化发展有限公司
14	舞剧《北京·我们》	北京现代舞团
15	话剧《涛声依旧》	北京演艺集团

---

① 资料来源：《2017年北京市演出市场统计与分析》。

大型舞台艺术作品		
序号	项目名称	申报主体名称
16	话剧《你还弹吉他吗》	北京央华时代文化发展有限公司
17	话剧《潜伏》	北京保利演出有限公司
18	话剧《除夕》	北京五十六号文化传媒有限公司
19	话剧《老舍赶集》	北京市演出有限责任公司
20	话剧《好角儿的代价》	北京风雷京剧团
21	话剧《手心手背》	北京桂湘文化艺术发展股份有限公司
22	话剧《天命》	北京市西城区第一文化馆
23	话剧《青春之歌》	北京联合大学
24	话剧《西花厅故事》	中国铁路文工团
25	话剧《冬皇》	北京由甲申文化传播有限公司
26	话剧《京西那一片晚霞》	北京一九九八国际青年艺术剧团
27	儿童剧《锛儿头小辫儿之疯狂的唐诗》	北京缤纷无限儿童艺术剧团
28	儿童剧《冰雪城堡》	北京北青文化艺术公司
29	儿童剧《花果山漫游》	北京桂湘文化艺术发展股份有限公司
30	儿童剧《哈姆雷特别事儿》	北京昀阳文化传播有限公司
31	音乐剧《跳舞吧！咚吧嘟吧》	北京师范大学
32	儿童剧《逆风飞翔》	翰墨青衣(北京)文化传媒有限公司
33	民族管弦乐《燕京八景》	北京民族乐团有限责任公司
34	交响乐《北京颂歌》	北京歌舞剧院有限责任公司
35	跨界融合相声剧《风吹水面层层浪》	中国广播艺术团
36	小剧场昆曲《画堂春》	京昆国际文化传播发展(北京)有限公司
37	跨界融合舞台剧《光影年华》	北京皮影剧团
38	跨界融合舞台剧《奇怪的狗》	北京至乐汇粹文化传播有限公司
39	跨界融合舞台剧《清平乐·大都吟》	北京歌舞剧院有限责任公司
40	跨界融合综艺《琴芳梅兰》	北京琴宗文化艺术有限责任公司
41	跨界融合舞台剧《西游记》	北京福寿里文化传播有限公司
42	小剧场京剧《十二楼》	百纳嘉利(北京)剧场管理有限公司
43	跨界融合舞台剧《童谣影映》	北京万方荣辉文化发展有限公司

小型剧(节)目和作品		
序号	项目名称	申报主体名称
1	杆技《九级浪》	中国杂技团有限公司
2	歌舞《YONG-Ⅰ-Ⅱ-Ⅲ》	北京斌韬文化传播有限公司
3	合唱《我们的声音》	中央音乐学院

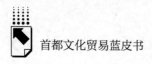

续表

小型剧（节）目和作品		
序号	项目名称	申报主体名称
4	京歌《二月兰》	中国戏曲学院
5	小舞剧《茶山风情园》	北京舞蹈学院

演出奖励项目		
序号	项目名称	申报主体名称
1	小剧场戏剧《两只蚂蚁在路上》	哲腾（北京）文化传播有限公司
2	音乐剧《音乐之声》（中文版）	七幕人生文化产业投资（北京）有限公司
3	儿童剧《稚子行——熊猫的家》	北京立里空间文化传媒有限公司
4	河北梆子《抗日英雄小白龙》	北京乡缘情艺术团有限公司
5	儿童剧《猪探长》	北京央华时代文化发展有限公司
6	儿童剧《小王子》	北京丑小鸭剧团文化股份有限公司
7	儿童剧《老人与海》	北京丑小鸭剧团文化股份有限公司
8	话剧《最美家庭》	北京厚浪文化传媒有限公司
9	儿童剧《小羊肖恩》	北京手拉手儿童艺术剧团有限责任公司
10	话剧《莎士比亚别生气》	北京开心麻花娱乐文化传媒股份有限公司

配套奖励项目		
序号	项目名称	申报主体名称
1	杆技《九级浪》配套奖励	中国杂技团有限公司

资料来源：北京市文化局。

二 首都演艺行业对外贸易发展特点

（一）旅游演艺成为重要增长点

北京市人民政府办公厅印发的《北京市加快供给侧结构性改革扩大旅游消费行动计划（2018～2020年)》通知中提到要促进产业融合，丰富文化旅游产品。推动北京演艺业与旅游业融合发展，打造具有首都文化、京味文化、红色文化特色的精品旅游演出剧目。受益于政府积极推动文旅融合发展，旅游演艺成为北京演出市场的一个重要增长点。天创国际的原创剧目《功夫传奇》，讲述《梦归琴岛》和《马可·波罗传奇》两部演出作品如何通过国际化语言、多民族文化元素的贯穿连接，借助多种舞台手段，实现市场开拓的效果。

（二）以音乐剧为代表，版权进口远超出口

近年来，国内音乐剧市场规模不断扩大，音乐剧数量急剧上升，音乐剧版权进口剧目仍占国内市场的主要部分，进口引入包括原版引入、版权引进改编和本土原创三种主要方式。

原版音乐剧引入（见表2）是指该音乐剧主供方提供所有演员、舞台布景、灯光、设计以及伴奏乐队，演艺团队在国内进行驻场演出。原版引入的成本低、风险小，是国内经常采用的方式。

表2　2012～2018年原版音乐剧引入

音乐剧名称	出品方（引进方）	演出年份	演出城市
《悲惨世界》	法（原创）伦敦西区，百老汇	2012（英）2018（法）	西安、上海
《魔法坏女巫》	百老汇（聚橙音乐剧）	2017	北京、上海、广州
《修女也疯狂》	百老汇（罗盘文化）	2015、2017	广州、深圳、上海、北京等
《人鬼情未了》	伦敦西区（上海新可风文化传播有限公司）	2015	郑州、沈阳、北京、东莞等
《泽西男孩》	百老汇（永乐演艺）	2017	北京、上海、广州
《保镖》	伦敦西区（北京保利剧院、上海新可风文化）	2017	武汉、上海、北京
《律政俏佳人》	百老汇（罗盘文化）	2017	北京、上海
《西区故事》	百老汇（上汽上海文化广场）	2015、2017	北京、上海
《摇滚莫扎特》法语	法国（九维文化）	2017	北京、上海、天津
《猫》	伦敦西区（聚橙音乐剧）	2018	北京、南京、苏州等
《歌剧魅影》	伦敦西区（北京四海一家）	2015	北京、广州
《芝加哥》	百老汇（上海文化广场）	2017	广州、武汉、厦门、重庆等
《吉屋出租》	百老汇（聚橙音乐剧）	2018	杭州、广州、深圳、成都等
《金牌制作人》	百老汇（罗盘文化）	2017	上海、厦门、北京等
《窈窕淑女》	百老汇（罗盘文化）	2016	北京、广州、重庆、厦门等
《巴黎圣母院》	法国（九维文化）	2012（英）、2013（英）、2016（法）	青岛、北京、重庆、广州等
《长靴皇后》	百老汇（上海华人文化）	2017	上海、广州、北京

资料来源：王壹溥：《〈妈妈咪呀〉的"爆款"引进能否带动国产音乐剧的发展？》，文化产业评论，https：//mp.weixin.qq.com/s/fkrzLPjpA33XPYKSJh9MYA。

版权引进是中国购买国外音乐剧版权，然后自己提供财力、人力资本，对音乐剧产品进行本土化改造。版权引进的特点是成本高、操作难度大，根据制作的大小不同具体实施起来也不同。大制作版权方一般为了保留原创作品效果不会对舞台设计、剧情、台词等做大的改动；而对于小型音乐剧，在故事情节基本保持不变的基础上，会在其他方面做适当调整。2011～2018年版权音乐剧引进见表3。

表3　2011～2018年版权音乐剧引进

音乐剧名称	出品方（引进方）	演出年份	演出城市
《妈妈咪呀》	百老汇（亚洲联创）	2011、2018	北京、上海、广州等
《危险游戏》	百老汇（上海华人希杰文化）	2016	上海
《变身怪医》	百老汇（上海华人希杰文化）	2017	北京、上海、大连、重庆等
《音乐之声》	百老汇（七幕人生）	2017	北京、上海、深圳、广州
《我,堂吉诃德》	百老汇（七幕人生）	2017、2018	北京、上海、深圳
《我的遗愿清单》	韩国（上汽上海文化广场）	2017	北京、上海
《近乎正常》	百老汇（七幕人生）	2017	上海、北京
《一步登天》	百老汇（七幕人生）	2015	上海、北京
《Q大道》	百老汇（七幕人生）	2013、2014	上海、北京、广州、深圳
《洗衣服》	韩国（龙马社、北京保利演出公司）	2017	上海、北京
《灰姑娘》	百老汇（七幕人生）	2018	北京、深圳

资料来源：王壹溥：《〈妈妈咪呀〉的"爆款"引进能否带动国产音乐剧的发展?》，文化产业评论，https：//mp. weixin. qq. com/s/fkrzLPjpA33XPYKSJh9MYA。

本土原创则是由本土团队独立完成，作曲、编剧、演员以及舞台设计等方面由国内院团完成，音乐剧版权也属于国内团队。其特点是成本较高、风险较大。2011～2018年本土原创音乐剧见表4。

表4　2011～2018年本土原创音乐剧

音乐剧名称	出品方	演出年份	演出城市
《爱上邓丽君》	鹭天龙文化产业发展（李盾）	2012、2014、2015	北京（驻场）、哈尔滨等地巡演
《妈妈再爱我一次》	塘厦音乐剧原创（李盾）	2013	北京、广州等
《狂奔的拖鞋》	至汇乐	2016、2017	上海、北京、杭州、南京
《犹太人在上海》	上海恒源祥戏剧发展有限公司	2015、2016	北京、上海

续表

音乐剧名称	出品方	演出年份	演出城市
《啊,鼓岭》	国家艺术基金(李盾)	2015、2016	淮安、丽水、东莞重庆等
《酒干倘卖无》	(李盾)	2017、2018	深圳、武汉、成都、上海等
《高手》	至乐汇	2017	北京、上海、保定、重庆等
《国王游戏》	幸符梦工场	2017	上海

资料来源:王壹溥:《〈妈妈咪呀〉的"爆款"引进能否带动国产音乐剧的发展?》,文化产业评论,https://mp.weixin.qq.com/s/fkrzLPjpA33XPYKSJh9MYA。

由于原版引进音乐剧具有成本优势和稳定性,现阶段音乐剧市场对于原版引进仍具有依赖性,在音乐剧产业链尚不完善的条件下,原版引进仍是演艺主体规避风险、降低制作成本的重要渠道。根据 2018 年国际音乐剧产业高峰论坛上的数据,2017 年音乐剧票房高达 2.55 亿元,其中原版引进音乐剧创下了 1.16 亿元的票房(占 47% 左右),几乎占据了音乐剧产业的半壁江山。而版权引进改编和原创音乐剧票房就只达到 0.6 亿元和 0.79 亿元。在选择引进还是选择原创的问题上,国内演艺市场还是希望多一些原创音乐剧的出现,以此增强我国音乐剧发展的原生力量。

(三)"一站式服务"为文化进京演出保驾护航

对于演艺院团来讲,演出作品的前期投入和后期运营都需要很高的成本,并且需要投入巨大的人力,耗费大量的体力和精力。长期以来,外地演艺院团不断寻求进京路径以期拓宽营销渠道,扩大市场规模。为突破北京外地区演艺院团进京表演的困境,中国文化管理协会演艺工作委员会推出文化进京演出项目"一站式服务",为各地院团提供便利。

"一站式服务"使得院团演出成本大大降低,协会近几年连续与各个院团进行了多个环节的沟通,尝试将整个异地演出的流程包揽下来,为院团节省开支并可以高效监控演出质量,确保各个环节的顺利进行。该项服务的推出一定会解决行业内的很多问题,但院团顺利进京能否成功制胜,主要在于演出剧目的内容质量。演艺创作者应将更多精力投入内容制作,为观众呈现更优秀的精品剧目。

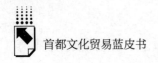
（四）节庆活动成为联结国际音乐市场的纽带

北京市作为国际交往的中心，是联结各国文化交流和经济往来的纽带，丰富的节庆展会活动为各国提供了深入了解各民族文化的平台。"北京之夜"音乐会是由北京市文化和旅游局举办，深入世界各大城市进行文化交流的一项特色服务。自创立以来，分别在英国伦敦、葡萄牙里斯本、希腊雅典、爱尔兰都柏林、摩洛哥拉巴特的穆哈默德等海外多个城市举办，表演曲目既包括中国传统经典文化音乐作品，又涵盖了当地演艺企业根据历史文化创作的经典音乐作品。盛大的演出受到当地群众的热烈欢迎，不少观演者表示了对北京带来的演艺节目的赞叹，以及期望能有更多音乐和其他演艺曲目上的交流与合作。"北京之夜"音乐会的举办，开创了中外演艺市场合作的新模式，通过艺术家们的精彩演出，有利于促进东西方文化的交流互通，推广开放包容、兼容并蓄发展理念，有助于国内外演艺院团相互借鉴，学习国际化院团管理机制，创新国际化曲目内容，开创演艺贸易的新局面，对中外文化交流产生更加深远的影响。

三 首都演艺业对外贸易发展策略建议

（一）推进演艺产业生态链全方位发展

演艺产业链是指整合创作、院团、剧场、经济等演艺资源而形成的，集剧本创作、演出策划、剧场经营、市场营销、演艺产品开发等多个环节的，紧密衔接、相互协作的产业链条。[①]

1. 大力推动演艺版权贸易发展

中国演艺产业贸易重在原版剧目贸易，即演出团体原班人马到海外进行巡

---

① 王广振、曹晋彰：《中国演艺产业发展反思与演艺产业链的构建》，《东岳论丛》2013 年第 4 期。

演、演员、剧情和舞台等均由国内演艺院团提供和设计。在版权贸易的进行方面没有健全的规章制度和管理模式，全球文化产业发展对版权的保护与开发均表现出极大的关注，版权保护是产业创新性发展的有力保障，也是产业链成熟的重要前提，版权贸易是新时期中国演艺产业对外贸易高质量发展的需求。对版权的重视是中国演出行业与国际接轨必须的要求，也是演艺行业价值延展的重要方式。

2. 加强演艺 IP 设计，拓宽贸易品类

好的 IP 可以打通各个产业链，形成产业综合体。目前中国最热门的文创产业包括动漫、影视、文旅、博物馆等领域的衍生品开发，演艺产业的 IP 设计从品类上和内容创新上还很匮乏。但演艺贸易不只是卖出一台剧目，IP 开发也不只是简单的文创产品，利用实体或虚拟的产品，实现时尚设计和演艺内容的有益结合，能够为演艺和文创开拓无限增值空间。

3. 引导演艺和资本的健康结合

文化产品和资本市场的健康融合，是产业链成熟的重要标志。当前演艺表演风险集中在财产损失风险、人身安全风险、侵权风险、自然风险等方面，比如公众所熟知的舞台装卸、演艺人员饮食交通等意外事故。政府相关部门应鼓励演艺企业进行商业融资，增加企业运营的灵活性，提高资金利用率；应鼓励保险行业开发金融投资类保险产品，降低资金投入风险，增加商企投资欲望，有效推动演艺企业规避风险、规范发展。

（二）推动演艺产品创新性发展和多样性转化

联合国教科文组织《文化多样性公约》的颁布，在某种意义上是对以美国为主的文化霸权行为的打压，尊重不同国家的文化多样性，尊重不同地区的文化传统，依从文化包容性，求同存异，兼容并蓄，越来越符合大多数国家保护本国文化、追求文化多样性的愿望。"一带一路"倡议能够获得全球诸多国家的认同，恰恰反映了这些国家与中国同样存在对文化多样化发展、打破欧美主流话语权限制的迫切需求。

中国传统文化中并不缺乏想象力，许多演艺作品的灵感都是在回顾历史和反复体会传统文化中的精华获得的。比如《窝头会馆》、陕西人艺版《白

鹿原》、四川话版《茶馆》等剧目都充满着中国文学的想象力。近年来，北京市演艺市场涌现了大量的创新作品，比如《三体》利用沉浸式体验技术实现了科技与文化的融合，吸引了大批科幻界的粉丝，再如《二马》结合当前主流元素，激起了群众对剧情的兴趣，紧密联系现实，为经典文化传承的现代化转化开拓了新的发展模式。

但是目前北京市演艺领域富有创意的产品并不多，像《三体》《二马》这样的剧目仿若昙花一现，国内演艺作品缺乏创造力，具有创新性价值的作品和创造性能力的人才都十分疲乏，复制、模仿的行为在市场上随处可见，过分关注商业效益和急功近利的运营模式只能导致文化的价值含量降低，低俗的文化消费观逐渐蔓延。

演艺领域发展的重点还在于带有中国特色、首都特色的传统文化，但是如果还保留过去的发展模式显然是不可行的，要把格局放大。北京演艺事业的发展要朝着国际化的方向演进，推动演艺产业的进一步创新，关键在于把握好国际主流演艺发展动向，把自身具备的优质资源和当下市场最大众化、最容易接受的元素结合起来。在演艺国际化发展的进程中，要弱化文化特殊性，强调能够被国际群体普遍接受的价值观，促进出口产品多样性发展。

（三）创造文化交流与文化贸易的互动转化

从社会、经济、文化资源和地理位置等条件分析，北京在搭建中外文化交流平台方面具有绝对性优势。由中国演出行业协会主办的"中国国际演出交易会"和由北京市文化局支持举办的"演艺北京"作为北京市两大著名品牌文化活动，举办多年以来为演艺企业和项目展示搭建了优质的服务平台。2018 年这两大平台合为一体——中国（北京）演艺博览会，并成为国内规格最高、规模和影响力最大的演艺行业盛会，持续为中国演艺事业的发展增加助力。2018 中国（北京）演艺博览会于 9 月 4 ~ 10 日在北京展览馆举办，汇聚了来自国内外的多名演艺界大亨、上千家演艺机构和数千名演艺从业人员。中国（北京）演艺博览会以打造国际一流演艺博览会、促进世界演艺创新成果聚合为目标，逐步培育成与首都功能定位相符的，集权威性、学术性、探索性、广泛性、参与性于一体的演艺行业的品牌活动。博览会包括展览交易、主题峰会、剧目展演等主题鲜明、内容丰富的模块。展区分为专业展区和公众展区，展示北京历年来获得国家级奖项的舞台艺术精品。专业展区为国内外上千家演艺机构进行演艺项目展示推广、发布品牌信息等活动提供便利。公众展区将面向社会开放，设有舞台、科技、动漫、儿童、戏曲等多个互动体验展区，观众不仅可以领略世界各地不同的艺术样式，更能亲身体验艺术与科技的相互碰撞，感受传统与时尚的魅力，增强观众参与的互动性和趣味性。演艺博览会充分发挥自身优势为中外演艺市场的互联互通构筑了桥梁，但是现有情况表明演艺博览会在增加贸易量方面的能力较为薄弱，主要体现在通过博览会增加的合作协议和签署的贸易订单非常少。因此，北京市不仅要关注演艺博览会等平台的文化交流作用，还要重视其对于演艺市场的经济属性，提高其在促进文化贸易合作方面的能力。

1. 促进演艺行业自身的提质增效

中国演出行业协会是在国家支持下由演出经营主体和演出从业人员自愿结成的全国性、行业性、非营利性社会组织，秉承服务会员、服务行业的宗旨。中国演出行业协会应合理利用财政拨款资金集结各项优质资源，为演艺行业倾注人才、资金等各方力量，打造优质演艺精品、厚积薄发，才是吸引合作伙伴并促成越来越多贸易合作的最根本因素。

2. 帮助完善文化市场制度和政策实施

中国演出行业协会站在国内外演艺院团和机构来往的衔接区，理应协助政府完善促进演艺企业"走进来"和"走出去"的规章制度，在市场环境允许的情况下，对企业进京演出减免赋税，降低市场准入，激发市场主体跨国合作信心，提供贸易保障，减少资金投入的风险。

3. 搭建与国际同类机构合作的桥梁

中国（北京）演艺博览会作为演艺行业发展的推动力量，一直致力于提高行业服务能力，搭建优质平台，推动演艺行业长足发展。通过以上几点建议，加大演艺博览会的功能性优势，为广大文化演艺机构提供交流对话的机会；搭建高效的合作洽谈平台，实现演艺产品交易的精准对接。

B.5
首都游戏产业对外贸易发展报告

孙 静*

摘 要: 2018 年,首都游戏对外贸易额持续增长,已成为中国文化海外传播的中坚力量。本报告从首都游戏的海外市场、主要游戏企业及代表性出海游戏作品出发,分析了 2018 年首都游戏文化国际贸易现状,并指出首都游戏出海存在的主要问题,最后从游戏学术研究、游戏教育体系以及游戏产品能效等方面提出了可行性建议,以提升首都游戏对外贸易产品的多样性和创新性。

关键词: 对外文化贸易 游戏产业 游戏文化 北京

一 2018年首都游戏产业现状

(一)首都海外游戏市场现状

根据权威数据机构统计,2018 年中国游戏市场总收入高达 2144.4 亿元(见图 1),海外游戏产品总收入增长至 382.13 亿美元(见图 2),同比增长 56.47%。在此过程中,北京地区依然是国内外游戏贸易的主力。根据北京市文化和旅游局、北京动漫游戏产业协会共同发布的数据,2018 年北京动

---

* 孙静,文学博士,社会科学文献出版社博士后科研工作站博士后,研究方向为游戏文化、新媒体与社会批判理论。

图1 2008～2018年中国游戏市场实际销售收入

资料来源：《2018年中国游戏产业报告（摘要版）》。

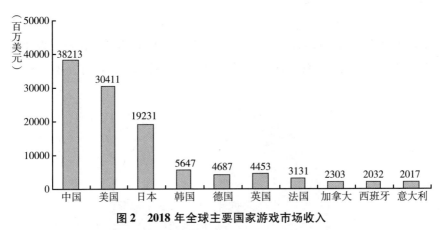

图2 2018年全球主要国家游戏市场收入

资料来源：2018Global Games Market Report（Free Version），此处中国市场额为原图中中国大陆及台湾地区数据总和。

漫游戏产业企业总产值达710亿元，与2017年相比增长约13%。其中，原创动漫游戏出口额攀升至182.47亿元，同比增长约57%，较2014年增长334%（见图3）。

（二）首都主要游戏公司及产品

2018年，中国上市游戏企业达到199家，其中北京游戏企业占39席，占

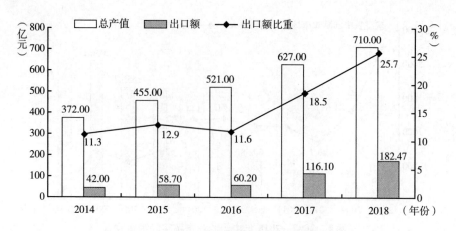

图 3   2014～2018 年北京动漫游戏产业发展态势

资料来源：2018 年相关数据来自《北京动漫游戏产业 2018 年总产值达 710 亿元》，往年数据及图标引自《首都游戏产业对外贸易发展报告》。

总数的 19.6%，全国排名仅次于广东（见图 4）。在 2018 年中国新三板挂牌企业中，北京企业占 51 家，占全国总数的 35.9%，高居全国榜首（见图 5）。

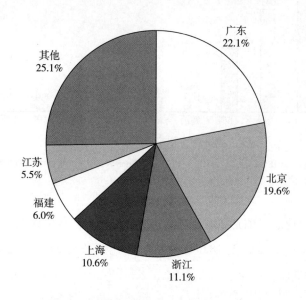

图 4   2018 年中国游戏上市企业地域分布

资料来源：《2018 年中国游戏产业报告（摘要版）》。

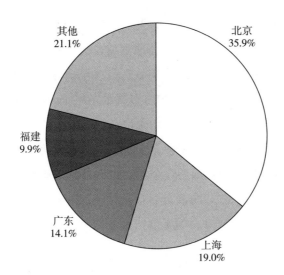

图5　2018年中国新三板挂牌游戏企业地域分布

资料来源：《2018年中国游戏产业报告（摘要版）》。

　　根据伽马数据等机构联合发布的产业报告，2018年共有11家中国游戏企业首次公开募股，北京地区有3家，约占27%；同期，有15家中国游戏企业终止新三板挂牌，北京地区亦有3家，占20%（见表1）。

表1　2018年首都游戏企业股权交易信息

2018年北京游戏企业发布首次公开募股（IPO）信息		
企业简称	证券市场类型	申请日期
华清飞扬	A股	2018年1月
乐元素	A股	2018年4月
柠檬微趣	A股	2018年4月
2018年北京终止挂牌新三板游戏企业		
企业简称	挂牌时间	终止时间
小奥互动	2016年2月	2018年1月
盖娅互娱	2015年9月	2018年5月
凯奇谷	2016年9月	2018年8月

根据北京市文化和旅游局公布的数字，在中国出海游戏收入前五名榜单中，首都游戏企业占据了两席，分别是掌趣科技和智明星通（见表2）。同时，首都企业自主研发的网络游戏产品已传播至全球100多个国家及地区，成为中国游戏出海的中坚力量。2018年末，在中国音像与数字出版协会、中共海南省委宣传部、海南省旅游和文化广电体育厅、海南省工业和信息化厅、海南省商务厅主办游戏工委联合主办的"2018年度中国游戏产业年会"上，以完美世界为代表的首都游戏企业表现不俗，尤其在游戏产品对外贸易方面取得了优异成绩。在"2018年度中国十大海外拓展游戏企业"奖项中，首都地区游戏企业占据50%（见表2）。

表2 2018年度中国游戏产业年会获奖游戏企业（北京地区）

2018年度中国十大游戏出版运营企业	完美世界(北京)软件科技发展有限公司
2018年度中国十大海外拓展游戏企业	完美世界(北京)软件科技发展有限公司
	北京智明星通科技股份有限公司
	北京昆仑万维科技股份有限公司
	北京掌趣科技股份有限公司
	北京龙创悦动网络科技有限公司

资料来源：《2018年度中国"游戏十强"获奖名单》，游戏产业网，http：//2018gametop.cgigc.com.cn/。

在谷歌发布的《2019年BrandZ中国出海品牌50强报告》中，共有10家游戏企业，其中首都游戏企业占6个席位（见表3）。

表3 2019年BrandZ中国出海品牌50强（游戏企业部分）

排名	品牌力	游戏企业
11	577	趣加科技
21	324	创智优品
35	229	智明星通
37	218	云图微动
47	150	掌趣科技
48	143	龙创悦动

资料来源：《2019中国出海品牌Top50》，金羊网，http：//3c.ycwb.com/2019-03/30/content_30229174.htm。

与 2017 年相比，智明星通、趣加科技、龙创悦动、掌趣科技连续两年榜上有名，而且趣加科技的品牌排名及品牌力有明显提升。最新上榜的首都游戏企业有创智优品和云图微动。①

（三）海外市场优秀游戏作品概览

在 2018 年中国游戏工委官网上的"游戏十强"评选中，小米游戏的《列王的纷争》、心动网络的《仙境传说：守护永恒的爱》和掌趣科技的《拳皇 98 终极之战 OL》三款北京游戏企业的作品获得年度最受海外欢迎游戏奖（见表 4）。

表 4　2018 年度十大最受海外欢迎游戏

产品名称	开发商	北京厂商
荒野行动	网易	否
列王的纷争	小米游戏	是
狂暴之翼	游族网络	否
崩坏 3	米哈游	否
永恒纪元	37GAMES	否
仙境传说：守护永恒的爱	心动网络	是
王国纪元	IGG	否
拳皇 98 终极之战 OL	掌趣科技	是
碧蓝航线	哔哩哔哩游戏	否
放置奇兵	Idle-Games	否

资料来源：《2018 年度中国"游戏十强"获奖名单》，游戏产业网，http：//2018gametop. cgigc. com. cn/。

在 2018 年 7 月进行的海外游戏消费排名中，多款首都游戏产品在对外贸易中表现不俗。在韩国，排名前 100 位的移动游戏中，有 12 款来自盖亚互娱、趣加科技、完美世界等多家北京游戏企业（见表 5）。即便是日本这样的游戏强国，也有《拳皇 98 终极之战》《偶像梦幻祭》《梅露可物语：痛

---

① 孙静：《中国游戏文化对外贸易发展报告》，参见李小牧主编《中国国际文化贸易发展报告（2018）》，社会科学文献出版社，2018，第 62 页。

术士与铃之旋律》等首都企业设计运营的游戏入选其百名榜（见表6）。值得关注的是，趣加科技和智明星通两家首都游戏企业在日韩、美国等国家及东南亚地区国家的表现极为出色（见表5至表10）。在新加坡 iOS 游戏畅销榜前50名榜单中，只有两家首都游戏企业的作品榜上有名，即趣加科技的《阿瓦隆之王》和智明星通的《列王的纷争》（见表8）。在美国免费游戏榜单中，入榜的三款游戏皆来自猎豹移动，分别是《钢琴块2》《滚动的天空》《砖块消消消》（见表10）。

表5　2018 年 7 月韩国畅销榜 Top100 游戏 （北京厂商）

厂商	产品	Google Play 排名	iOS 排名
盖亚互娱	永远的 7 日之都	5	12
盖亚互娱	光明大陆	21	19
天际时空	야망（野望）	33	19
趣加科技	火枪纪元	36	35
蓝港互动	大航海之路	39	49
祖龙娱乐	九州天空城	44	28
龙图游戏	热血江湖	68	32
华清飞扬	Navy 1942：Battleship	73	/
龙创悦动	末日争霸：最终之战	74	/
畅游	프리스타일 2：플라잉덩크（自由式2：花式灌篮）	/	60
完美世界	슈퍼 진화 스토리（超进化物语）	/	96
智明星通	列王的纷争	94	/

资料来源：手游那点事：《未来两年，中国游戏企业的市场红利在"海外"》，搜狐游戏，2018 年 7 月 22 日，https://www.sohu.com/a/240729281_114795。

表6　2018 年 7 月日本畅销榜 Top100 游戏 （北京厂商）

厂商	产品	排名
掌趣科技	拳皇 98 终极之战	25
乐元素	偶像梦幻祭	29
智明星通	列王的纷争	68
奇酷工厂	战舰帝国	71
趣加科技	阿瓦隆之王	76
乐元素	梅露可物语：痼术士与铃之旋律	85

资料来源：手游那点事：《未来两年，中国游戏企业的市场红利在"海外"》，搜狐游戏，2018 年 7 月 22 日，https://www.sohu.com/a/240729281_114795。

表7   2018 年 7 月越南 iOS 畅销榜 Top50 游戏（北京厂商）

厂商	产品	排名
趣加科技	火枪纪元	21
壳木软件	战火与秩序	44
趣加科技	阿瓦隆之王	46

资料来源：手游那点事：《未来两年，中国游戏企业的市场红利在"海外"》，搜狐游戏，2018 年 7 月 22 日，https：//www. sohu. com/a/240729281_ 114795。

表8   2018 年 7 月新加坡 iOS 畅销榜 Top50 游戏（北京厂商）

厂商	产品	排名
趣加科技	阿瓦隆之王	14
智明星通	列王的纷争	29

资料来源：手游那点事：《未来两年，中国游戏企业的市场红利在"海外"》，搜狐游戏，2018 年 7 月 22 日，https：//www. sohu. com/a/240729281_ 114795。

表9   2018 年 7 月泰国 iOS 畅销榜 Top50 游戏（北京厂商）

厂商	产品	排名
龙图游戏	热血江湖	3
趣加科技	火枪纪元	15
智明星通	列王的纷争	34
趣加科技	阿瓦隆之王	37
龙创悦动	末日争霸:最终之战	43

资料来源：手游那点事：《未来两年，中国游戏企业的市场红利在"海外"》，搜狐游戏，2018 年 7 月 22 日，https：//www. sohu. com/a/240729281_ 114795。

表10   2018 年 7 月美国 iOS 畅销榜 Top100 游戏（北京厂商）

厂商	产品	排名
	畅销榜	
趣加科技	火枪纪元	29
趣加科技	阿瓦隆之王	43
智明星通	奇迹暖暖	45
壳木软件	战火与秩序	80
中文在线	Chapters：Interactive Stories	86

续表

厂商	产品	排名
免费榜		
猎豹移动	钢琴块2	46
猎豹移动	滚动的天空	79
猎豹移动	砖块消消消	93

资料来源：手游那点事：《未来两年，中国游戏企业的市场红利在"海外"》，搜狐游戏，2018年7月22日，https://www.sohu.com/a/240729281_114795。

不难看出，一方面，首都游戏产品已经成为我国游戏对外贸易中的重要力量，在各个国家和地区均表现出色；另一方面，海外游戏市场对国产游戏类型及游戏产品的偏好也存在极大的地域差异。

二 首都游戏产业的主要问题

（一）理论视野空白，缺乏游戏学术研究

当前国内以首都游戏为主题的图书极为匮乏。如果在当当、亚马逊中国等网络书店上搜索，找不到任何2018年出版的首都游戏研究或普及型读物，更不用说与首都游戏出海相关的专著。在中国知网中，以"首都"、"北京"和"电子游戏"为关键词检索，能找到15条记录。其中，研究大多集中于"网络游戏"和"游戏化教学"两个话题。前者如黄佩等人的《北京网络游戏用户策略对媒体融合的启示》和蒋慧敏等人的《北京大学生参与网络游戏行为方式及学业影响分析》；后者多为会议综述或访谈，如刊登在《北京教育》（普教版）的《北京教育杂志社成功举办"游戏化学习让教育焕发生命的活力"教育论坛》一文等。2018年，只有一篇会议综述与首都游戏的主题相关，即发表在《现代教育技术》上的《"教育游戏发展现状"课题研讨会在北京召开》一文。

由此可见，国内针对首都游戏文化的学术研究还极为欠缺，尤其缺乏高水平的学术专著，缺少针对首都游戏文化的深入阐释。在这种情况下，当前

的研究成果无法给首都游戏文化的进一步发展提供有力的理论支撑及指导，严重影响了首都游戏产品的效能。

（二）游戏教育滞后，缺乏高水平游戏从业人才

根据伽马数据（CNG）与完美世界教育研究院联合发布的相关报告，2018 年中国游戏产业从业者约为 145 万人，人才缺口超过 40 万人。[①] 然而，首都地区的游戏教育却依然有待发展。在中国教育在线官网上检索首都地区开设游戏专业的本科院校，只能搜索出一家非重点高校，即开设游戏动漫专业的现代软件学院。具有相关专科层次项目的只有一个，即开设动画与游戏制作专业的北京汇佳职业学院。与此同时，也有少数重点高校在"数字媒体艺术"专业下开设了游戏相关课程，如中国传媒大学、北京邮电大学、北京师范大学、北京工业大学等，但依然缺乏更为成熟的游戏教育体系。

根据 2018 年底发布的《中国游戏教育人才培训行业分析与发展趋势》，当前国内存在三种游戏教育模式：第一，游戏企业内部培训，以适应各个游戏公司流水线工作的要求，但学习者的技能使用场景较为有限，很有可能无法满足其他公司的其他项目需要；第二，高校的游戏教育课程，虽然包括系统的通识教育，但其技术类课程和实际操作或多或少与产业需求相脱节，更新迭代较慢；第三，是职业培训机构的课程，学习者能够紧跟产业发展趋势，却过于注重技术训练，而忽视了通识课程和综合素质。因此，当前首都地区还需要努力探索以"产教融合"为特色的游戏教育模式。

（三）游戏产品单一，缺乏创新性作品

在 2018 年，虽然中国游戏对外贸易额呈现增长态势，但出口游戏的类型较为单一。根据伽马数据发布的《2018 年中国移动游戏出海报告》，在排

---

① 伽马数据、完美世界教育研究院：《中国游戏教育人才培训行业分析与发展趋势》，2018。

名前50位的作品中，有近半数为策略类游戏，角色扮演类游戏和射击类游戏数量分别位列第二和第三（如图6）。

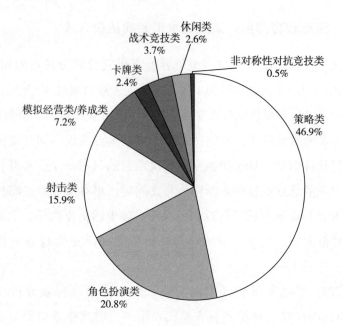

图6　2018年出口排名前50的移动游戏中各类型游戏数量占比

资料来源：《2018年中国移动游戏出海报告》。

　　就游戏品类而言，中国游戏对外贸易产品依然以娱乐游戏为主，鲜少涉及游戏的其他应用场景，缺乏成熟的功能游戏作品。完美世界教育研究院和伽马数据联合发布的《2019年中国功能游戏人才报告》，预计到2023年，全球功能游戏市场总值将达到91亿美元，包括教育课、商业、医疗等应用场景。[①] 近年来，虽然功能游戏已经成为产业关注的热点，但这一游戏类型依然停留在概念阶段。囿于开发经验不足，且本土开发者尚未找到功能游戏的赢利模式，国内的功能游戏发展极为落后，在该领域存在较大的贸易逆差。

---

① 《报告：功能游戏年增长率为19% 2023年市场达91亿美元》，新浪科技，2019年4月8日，https：//tech.sina.com.cn/i/2019－04－08/doc－ihvhiewr4102571.shtml。

此外，由于海外市场存在巨大的地域文化差异，因此，单一类型的游戏产品也会极大阻碍中国游戏对外贸易的效能。98%的泰国玩家更偏好动作类、策略类、角色扮演类等重度游戏，而在越南，近40%的玩家喜欢休闲游戏。① 如何理解海外地域的文化逻辑，从而针对不同地区精准输出游戏产品，如何将同一款游戏产品进行有效的本土化移植，这都是当前中国游戏文化出海亟待解决的问题。

三 促进首都游戏文化对外贸易发展的建议

作为中国游戏的引领者，首都游戏文化产业应尽快解决上述问题，从而提高北京游戏企业的生产能效，并为全国的游戏产业发展提供可行的参考。简言之，当前首都游戏文化对外贸易存在学术研究不足、教育体系欠缺以及创新力不足的问题，是因为缺乏游戏素养（game literacy）。"素养"来自语言学，原指"语言的输入（听和读）及输出（说和写）两类技能。著名学者詹姆斯·保罗·吉认为，电子游戏是一种融合多种媒体符号的互动语言，且游戏素养也包括'输入'（单向度地被动接受游戏内容）和'输出'（对游戏展开批判性的反思）"②。可以说，只有在生产和消费两个环节全面提升首都地区的游戏素养，才能切实推动中国游戏在国内外的传播及能效。

（一）推动游戏研究，为游戏产业出海提供理论支持

当前，国内学者已经开始有意识地探索游戏研究这一新话题。2018年10月，北京师范大学数字创意媒体研究中心主办了名为"数字游戏批评的理论与实践"的论坛，邀请了来自中国传媒大学、中国艺术研究院、北京

---

① 《2018中国移动游戏出海报告：累计创收超400亿元》，凤凰网游戏，2019年2月27日，http://games.ifeng.com/a/20190227/45319587_0.shtml。

② 孙佳山、孙静：《网游成瘾背后是游戏素养匮乏》，《中国青年报》2018年10月24日，第2版。

大学、北京师范大学、社会科学文献出版社、北京邮电大学等科研机构的青年游戏学者及文化学者参与圆桌讨论，针对游戏艺术的本体论、游戏的跨媒介融合、游戏素养与游戏教育等话题展开了深入讨论。同时，知名游戏研究学者汕头大学陈莱姬教授还对参会者进行了国际游戏期刊论文写作方法的指导，鼓励更多国内学者在国际平台分享研究成果。

与此同时，首都地区应加大对游戏研究的全方位支持，包括设立游戏研究专项基金，鼓励各学科学者运用传统学科资源，从不同角度针对游戏进行学术讨论；设立专门的游戏研究期刊，为游戏研究者提供分享学术成果的平台；译介国外优秀的游戏研究著作，借鉴国外成熟的游戏方法，同时鼓励国内学者以专著、论文等方式分享高水平的原创研究成果；开展国内外游戏学术会议，为国内外游戏研究者及产业从业者提供交流讨论游戏的平台等。

（二）发展游戏教育，为游戏产业出海提供人才保证

在游戏教育体系还不成熟的情况下，首都地区高校应选择性地参考国外高校的游戏教育课程，为学生提供更成熟、更专业的游戏生产及消费指导。在国外，尤其是在欧美国家，游戏教育已经发展成颇为成熟的专业学科，拥有本科、硕士、博士等不同层次的教育项目。根据电子游戏高等教育联盟（Higher Education Video Game Alliance）发布的最新报告，2018 年，美国有520 多家机构开设了超过 1200 个与游戏相关的学位项目，还有大量非学位项目。与此同时，加拿大高等教育学校中与游戏相关的项目比 2008 年增长了 9 倍。[①] 在该联盟发起的一项针对游戏教育的调查中，超过半数的受访者表示自己接受过游戏设计、游戏制作以及游戏编程的教育，超过 1/3 的受访者学习过 3D 建模、动画、关卡设计、项目管理、游戏与社会、游戏研究、游戏企业管理等课程（见表11）。

---

① Higher Education Video Game Alliance, 2019 Survey of Program Graduates, https：//hevga.org/wp – content/uploads/2019/03/HEVGA_ 2019_ Survey_ of_ Program_ Graduates. pdf.

表11　国外游戏教育课程概览

单位：人

课程名称	人数
游戏设计	284
游戏制作	215
游戏编程	208
3D 建模	188
动画	164
关卡设计	151
项目管理	146
游戏与社会	132
游戏研究	131
互动叙事/创意写作	129
批判性游戏研究	128
项目式学习	127
游戏与学习	124
游戏企业管理	123
游戏美术	115
游戏引擎脚本编程	113
功能游戏	102
声音设计	97
游戏化	92
游戏 AI	90
视觉设计	88
虚拟现实/增强现实	83
质量评估	82
概念美术	79
艺术	67
音乐	50
数据分析	42
游戏平台硬件结构	36

资料来源：Higher Education Video Game Alliance，2019 Survey of Program Graduates。

　　与国内相比，国外的游戏教育体系已经颇为成熟，已经开设了超过15种不同层次的学位项目，其层次从两年的资格证书到哲学博士学位，涉及计算机科学、应用科学、艺术学、音乐、美术、娱乐技术、互动技术等多个不同学科。其中，2019 年获得艺术学学士学位、计算机科学学士学位、科学学士学位、艺术硕士学位的游戏专业毕业生人数均有所增加（见表12）。

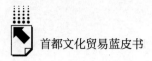

表 12　国外与游戏相关的学位教育项目概览

学位类型	2015 年 （受访者为 149 人）	2019 年 （受访者为 382 人）
两年期的资格证	无	5%
副学位(专科)	1%	1%
应用科学副学位	无	1%
艺术学学士学位	13%	20%
美术学士学位	无	6%
音乐学士学位	无	0%
计算机科学学士学位	10%	12%
科学学士学位	11%	18%
艺术硕士学位	2%	9%
工程硕士学位	9%	5%
娱乐技术硕士学位	14%	6%
互动技术硕士学位	无	4%
科学硕士学位	10%	8%
计算机科学硕士学位	6%	2%
哲学博士学位	8%	1%
其他	13%	0%

资料来源：Higher Education Video Game Alliance，2019 Survey of Program Graduates。

不仅如此，国外的游戏教育课程还极大惠及了教育、技术等非游戏行业，为咨询、食品、医疗卫生等传统产业输送了大量人才（见表13）。

表 13　非游戏行业从业者接受游戏教育的调查

单位：%

职位	占受访总数的百分比
广告	1
商业及金融	1
建筑	1
咨询	2
客户服务	1
教育	31
能源	1
娱乐	4

续表

职位	占受访总数的百分比
食品产业	6
政府、安全及国防	9
医疗卫生	3
保险	1
休闲	1
市场推广	1
媒体及娱乐	3
非营利组织	1
销售	1
技术	30
兽医	1

资料来源：Higher Education Video Game Alliance，2019 Survey of Program Graduates。

首都地区应成为游戏教育的先行者，参考国外课程逐步完善游戏教育体系，丰富游戏教育课程，推动全民游戏通识教育。如此一来，首都游戏对外贸易产品能够在艺术性、思想性、娱乐性等方面获得极大提升，最终提升首都游戏出海产品的竞争力，并推动中国文化的对外传播。

（三）拓展应用场景，推动游戏产品的多样性

简言之，中国游戏对外贸易应从以下两个方面提升游戏产品的多样性。其一，结合海外细分市场及用户群的研究，有针对性地推出相应的产品。如向泰国输出硬核玩家偏爱的重度游戏，针对越南市场投入一定比例的休闲游戏。在本土化的过程中，首都企业尤其要深入理解海外地域的文化逻辑和文化禁忌，从而精准输出中国游戏文化产品。

其二，探索游戏的严肃功能。随着电子游戏产业的成功及市场规模扩大，电子游戏已经与书籍、电影、电视等媒体媒介一样，成为我们日常生活中的重要组成部分。不仅如此，作为一种越发成熟的数字媒体，游戏早已经超出了纯粹娱乐，在多种场景下发挥着更为严肃的功能。国内已经有很多企业尝试将娱乐游戏作为一种媒介，向年轻人推广传统文化，并传达社会正能

量。例如，2018 年 4 月，首都地区知名游戏《完美世界》手游团队与潍坊风筝代表性传承人郭洪利进行了跨界合作。在位于三次元的潍坊国际风筝节上，整个团队以《完美世界》中的鲲为核心意象，联合打造了巨型风筝群。在二次元的游戏世界中，开发团队还把最具特色的传统风筝沙燕植入游戏。这种尝试极大地拓展了游戏的社会公益功能，成为文创产业的优秀范本。同年 7 月，故宫博物院与凤凰卫视合作，推出了互动科技艺术展《清明上河图 3.0》，通过看巨幅长卷、赏沉浸式全息剧场、观球幕电影等多种方式，以游戏思维提升中国传统文化的生命力。上述所有努力，都极大地拓展了游戏的严肃功能。

（四）扶持独立游戏，推动游戏产品的创新性

为独立游戏群体提供多样化的支持。根据伽马数据发布的报告，2018 年中国独立游戏用户将达到 2 亿人，几乎占全国游戏用户的 1/3。国内较为活跃的独立游戏团队有 600～700 个，普遍面临着盗版、资金困难和营收压力等问题。① 鉴于独立游戏是首都游戏产业创新的重要力量，我们应从政策、资金、发行运营等方面予以大力支持。

在政策支持方面，相关管理部门应设定独立游戏专项扶持基金，为针对优质的独立游戏作品提供资金支持；制定独立游戏版权保护的相关法律，维护原创作品的合法权益；设定独立游戏审核的绿色通道，降低独立游戏获取版号的时间成本。

在资金支持方面，除了政府专项资金支持，首都地区主要游戏企业也应承担一定的社会责任，尽可能为独立游戏团队提供资金支持。与此同时，优质的独立游戏作品还能成为大厂流水线产品的有力补充，能够有效整合企业和社会资源，从而共同提高首都地区游戏对外贸易的产能。

在发行运营方面，相关游戏企业应为独立游戏团队提供游戏发行的指

① 《2018 国内独立游戏大数据：市场规模达 2.1 亿，近六成团队少于 5 人》，搜狐游戏，2018 年 11 月 8 日，http://www.sohu.com/a/273982409_ 114795。

导。2018 年 6 月，国外知名游戏平台 Steam 宣布与首都游戏企业完美世界合作，推出 Steam 中国项目，旨在为中国独立游戏人提供包括字幕翻译、宣传推广等一系列支持。与此同时，国内首都游戏企业也可以借鉴任天堂、索尼、微软等大厂做法，每年专门开设独立游戏专区，将优秀的独立游戏作品吸引到自己的平台上来，用自身成熟的发行渠道来支持独立游戏群体。

综上所述，2018 年首都游戏文化对外贸易额依然持续增长，首都游戏企业也为中国游戏出海贡献了不少游戏作品，高校中也有一些游戏教育课程。但值得注意的是，首都游戏文化产品与育碧等欧美大厂以及任天堂、索尼等日本领军企业在产品的创新性、多样性等方面存在较大差异。与此同时，首都地区的游戏教育资源也极为有限，无法满足产业巨大的人才缺口。在这种情况下，只有大力发展游戏学术研究，构建科学成熟的游戏教育体系，拓展游戏及游戏思维的应用场景并扶持独立游戏开发者，才能切实提升首都游戏文化产品在全球市场的竞争力。

B.6
首都动漫产业对外贸易发展报告[*]

林建勇[**]

摘　要： 近年来，北京市动漫产业呈现爆发式的增长趋势，成为我国动漫产业对外贸易的主力军之一。当前北京市动漫产业对外贸易存在扶持政策不断推出、产业基础不断夯实、出口规模增长迅速等特点。但与此同时，北京市动漫产业对外贸易发展面临着动漫产品影响力有限、原创性不足、人才缺乏、知识产权保护力度有待加强、扶持政策有待优化等问题与挑战。为推动北京市动漫产业对外贸易的进一步发展，本报告提出了打造动漫品牌、优化人才结构、加强知识产权保护、优化产业扶持政策等相关建议。

关键词： 动漫产业　动漫品牌　知识产权　对外文化贸易

　　近年来，在国家政策、社会资本、市场需求以及新媒体等多重因素的推动下，我国的动漫产业发展迅猛，成为我国最具发展潜力的文化产业类别之一。2017 年我国动漫产业总产值同比增长 17.3%，达到 1536 亿元。2018 年预计将达到 1747 亿元。① 作为我国的首都，北京市凭借全国文化中心的优

* 本文为北京第二外国语学院 2019 年教育教学研究项目"服务'一带一路'的国际文化贸易人才培养研究"阶段性成果。

** 林建勇，博士，北京第二外国语学院经济学院讲师、首都对外文化贸易研究基地研究员，研究领域为国际文化贸易、跨国公司与对外直接投资等。

① 《2018 年中国动漫产业发展现状及趋势分析布局下游产业链实现 IP 价值最大化》，前瞻产业研究院，2019 年 1 月 18 日，https://bg.qianzhan.com/report/detail/459/190118 - fe2b5f87.html。

势，加之在系列政策措施的支持下，北京市动漫产业在近年呈现爆发式的增长趋势，成为我国动漫产业对外贸易的主力军之一。

一 首都动漫产业对外贸易的发展概况

（一）扶持政策相继出台

自 2006 年以来，北京市政府相继出台了一系列政策措施对动漫产业的发展给予了支持与引导。2006 年出台的《北京市促进文化创意产业发展的若干政策》提出，自 2006 年起采用贴息贷款、补贴、奖励等方式，每年为符合条件的文化创意产品、服务和项目提供 5 亿元的专项资金支持。2009 年发布的《北京市关于支持影视动画产业发展的实施办法（试行）》则提出对优秀原创动画予以前期资助，对在中央电视台、北京电视台等指定频道播出和在院线上映的影视动画作品予以奖励等多项奖励资助措施。在提供专项资金支持动漫企业发展的同时，北京市政府及区县政府也出台了相关政策措施积极推动北京市动漫产业集聚区的形成。2007 年通过的《北京市文化创意产业集聚区基础设施专项资金管理办法》提出 3 年投入 5 亿元专项资金用于支持经过北京市认定的产业集聚区的公共基础设施建设。2009 年出台的《北京市文化创意产业集聚区认定和管理办法（试行）》对于北京市文化创意产业集聚区的相关认定程序给予了明确规定。同年，北京市与文化部共建的中国动漫游戏城在石景山成立，包括趣游科技、蓝港在线、盛大无线、星爆国际等多家业界知名企业纷纷入驻园区。类似地，2014 年发布的《北京市文化创意产业功能区建设发展规划（2014 - 2020 年）》在优化北京市文化创意产业集聚区的空间布局方面提供了相关指导意见。由于文化创意产业为轻资产产业，按银行传统贷款方式，动漫企业等文化创意企业难以从银行贷款解决资金困难。为解决动漫企业等文化创意企业融资难问题，北京市政府于 2008 年出台《北京市文化创意产业贷款贴息管理办法（试行）》对文化创意企业进行贷款利息补贴。2009 年出台《北京市文化创意产业担保资金管理办法（试行）》，通过对担保机构的担保业务进行补贴等方式鼓励担保机构为动漫企业等文化创意企业的贷款进行担保。总体来看，近年来动漫产业的发展受到了北京市政府的高度关注，北京市各级政府部门持续推出了一系列动漫产业促进政策和措施，内容涵盖了资金扶持、产业规划、金融支持等方面。在这些政策的支持与推动下，北京市动漫产业发展迅速，成为北京市文化创意产业的重要组成部分。

在制定了一系列促进动漫产业发展的政策同时，北京市政府也出台了相关政策措施鼓励和支持动漫产品"走出去"。2009 年发布的《北京市关于支持影视动画产业发展的实施办法（试行）》，提出鼓励中国动漫企业与外国企业合作制作动漫产品，同时对在海外播放版权收入超过 300 万美元的北京原创动画影视作品给予 50 万～100 万元的奖励。为实现文化贸易的高质量发展，2017 年商务部等六部委启动了国家文化出口基地建设，北京市政府组织相关部门积极申报相关工作。2018 年北京天竺综合保税区被认定为全国首批全国文化出口基地之一。北京天竺综合保税区全国文化出口基地的设立为后续北京市培养具有国际竞争力的动漫企业和动漫产品提供了孵化平台。

（二）产业基础不断夯实

从动漫产业产值来看，根据北京市文化和旅游局（原北京市文化局）公布的统计数据，2014 年北京市动漫游戏产业总产值为 372 亿元，与 2013 年同期相比增长了 69%。在此后几年里，北京市动漫游戏产业呈持续快速增长态势，2018 年北京市动漫游戏产业总产值同比增长 13%，达到 710 亿元。2014～2018 年，北京市动漫产业总产值年增长率均在 10% 以上，成为北京市经济增长的一大亮点（见图 1）。

近年在动漫产业产值稳步增长的同时，北京市动漫产业也不断涌现出一些优秀动漫作品。在 2018 年 9 月国家新闻出版广电总局公布的《2017 年度推荐播出优秀动画片目录》中，由北京电视台、北京其欣然影视文化传播有限公司联

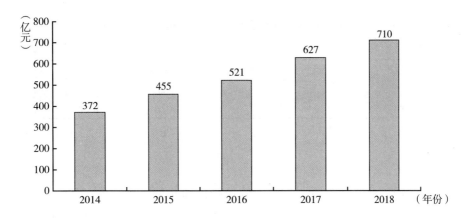

图1 2014～2018年北京市动漫游戏产业总产值

资料来源：作者根据北京市文化和旅游局（原北京市文化局）、北京动漫游戏产业协会历年公布数据整理得到。

合制作的《快乐集结号》、北京璀璨星空文化发展有限公司制作的《京剧猫之信念的冒险》等8部动画片被推荐全国播出，占全国总推荐数目的20%左右。[①]由表1可见，2013年至2017年，全国共计有250部动画片被推荐全国播出，其中北京市（含中直企业）共计有35部动画片获得推荐，占全国的14%。与此同时，北京市动漫企业的数目不断增加，形成了以卡酷动画卫视、若森数字等为代表的一批领军型企业，为推动北京市动漫产业的发展发挥了重要作用。根据2018年5月文化和旅游部公布的结果，2017年我国共计有79家动漫企业通过了文化和旅游部等三部委的相关认定，其中北京市有北京重磅动漫文化传媒有限公司、北京金丁美奇动画有限公司等16家动漫企业，约占全国的20%，数量位列全国第一。[②] 这些获得国家新闻出版广电总局推荐播出的优秀动漫作品和通过国家多部委认定的动漫企业反映了北京市动漫产业在全国的领先地位。

① 《国家广播电视总局关于2017年度全国电视动画片制作发行情况的通告》，国家新闻出版广电总局，2018年9月6日，http://www.sapprft.gov.cn/sapprft/govpublic/6956/384720.shtml。

② 《文化和旅游部、财政部、国家税务总局关于公布2017年通过认定动漫企业名单的通知》，中华人民共和国文化和旅游部，2018年5月15日，http://zwgk.mct.gov.cn/auto255/201806/t20180605_833129.html。

表1 2013~2017年全国和北京市推荐播出优秀动画片数目

单位：部

年份	2013	2014	2015	2016	2017	合计
全国	49	52	60	46	43	250
北京市（含中直）	9	6	6	6	8	35

资料来源：作者根据国家新闻出版广电总局历年公布的全国电视动画片制作发行情况的通告整理得到。

从动漫产业基地来看，在国家政策扶持和北京市各级政府的努力推动下，北京市动漫产业发展初步形成了以北京市文化创意产业集聚区国家动画产业基地、中国电影集团公司国家动画产业基地等为代表的产业集聚区。2018年末北京市文化创意产业促进中心发布的公告显示，包括中关村软件园、中关村雍和航星科技园等34家文化创意产业园区通过北京市认定，成为首批通过认定的产业园区。[①] 产业集聚区的形成为入驻园区的动漫企业之间合作和竞争提供了良好的条件和环境，对北京市动漫产业的发展起到了重要的促进作用。

（三）出口规模增长迅速

从出口规模来看，北京市文化和旅游局（原北京市文化局）公布的统计数据显示，2014年北京市动漫游戏产业出口额为42.30亿元，位居全国第一。在此后几年里北京市动漫游戏产业出口规模保持快速增长，特别是2017年同比增长约93%，达到116.09亿元，2018年则同比增长约57%，达到182.47亿元（见图2）。2014年至2018年，北京市动漫游戏产业出口规模的增长速度明显高于同期的动漫游戏产业产值增长速度，出口规模始终位居全国第一。

为鼓励和支持我国文化创意企业走出国门参与国际竞争，从而推动我国

---

① 《首批认定的北京市文化创意产业园区公示公告》，北京文化创意产业综合信息服务平台，2018年12月14日，http://www.bjci.gov.cn/cenep/bjci_portal/portal/cm_list/showinfo.jsp?code=001020&objid=896837fc93474ac3b0dbc93c27960539&cate=sy。

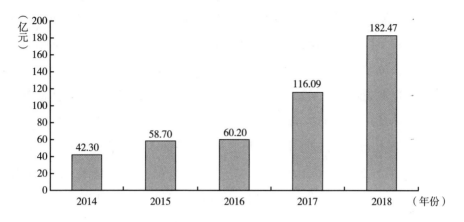

图2　2014～2018年北京市动漫游戏产业出口额

资料来源：作者根据北京市文化和旅游局（原北京市文化局）、北京动漫游戏产业协会历年公布数据整理得到。

文化产品和文化服务的出口，商务部等四部委于2007年设立了国家文化出口重点企业和重点项目。2018年，经过商务部等五部委的认定，共有298家企业入选国家文化出口重点企业，109个项目入选国家文化出口重点项目。就动漫企业来看，全国共计有41家动漫企业被认定为国家文化出口重点企业，其中北京市的央视动画有限公司、幸星数字娱乐科技（北京）有限公司、北京每日视界影视动画股份有限公司等6家动漫企业被认定为2017～2018年度国家文化出口重点企业，占全国总数的15%左右。①

二　首都动漫产业对外贸易发展面临的问题与挑战

（一）动漫产品影响力与首都区位优势不相匹配

虽然近年来北京市凭借得天独厚的人才资源、文化资源、技术资源和政

---

① 《2017～2018年度国家文化出口重点企业和重点项目目录》，商务部服务贸易和商贸服务业司，2018年2月12日，http://fms.mofcom.gov.cn/article/a/ad/201802/20180202712106.shtml。

策支持，动漫产业基础不断得到夯实，在全国动漫界占据举足轻重的地位，但与浙江省、广东省相比，北京市优秀动漫产品相对较少，动漫产品影响力与其首都区位优势不相匹配。由国家新闻出版广电总局公布的《2017 年度推荐播出优秀动画片目录》可见，2017 年全国共有 43 部动画片被推荐全国播出，其中浙江省共有 10 部获得推荐，位居第一。广东省位居第二，共有 9 部获得推荐。北京市包括中直企业在内共有 8 部动画片获得推荐，位列全国第三。① 而从国家新闻出版广电总局公布的《2016 年度推荐播出优秀动画片目录》来看，北京市被推荐全国播出的动画片数目与浙江省、广东省的差距更大。2016 年全国共计有 46 部动画片获得推荐，其中，广东省、浙江省、北京市（含中直企业）获得推荐的动画片数目位列前三，三个省市分别有 11 部、10 部、6 部动画片获得推荐。② 另外，从 2018 年商务部等五部委认定的 2017～2018 年度国家文化出口重点项目来看，全国有 109 个项目通过了认定，其中北京市（包括中直企业）共计有 36 个项目，占总项目数的 1/3 左右。而从动漫项目来看，全国有动画片制作发行、《奇妙·多乐园》动画电视剧、口袋森林等 12 个动漫项目通过认定，北京市则没有相关动漫项目通过认定。③

（二）动漫产业原创性不足

就文化创意产业之一的动漫产业而言，内容的原创性是其产品的核心所在。虽然近年来北京市动漫产业发展迅猛，但具有影响力的动漫产品相对较少，造成这种现象的原因有多个方面，其中之一便是动漫产业的原创性不足。北京市动漫产业的原创性不仅落后于日本、美国等动漫强国，在国内也

---

① 《国家新闻出版广电总局关于 2017 年度全国电视动画片制作发行情况的通告》，国家新闻出版广电总局，http://www.sapprft.gov.cn/sapprft/contents/6588/384713.shtml。

② 《国家新闻出版广电总局关于 2016 年度全国电视动画片制作发行情况的通告》，国家新闻出版广电总局，2017 年 4 月 26 日，http://www.sapprft.gov.cn/sapprft/contents/6588/330544.shtml。

③ 《2017～2018 年度国家文化出口重点企业和重点项目目录》，商务部服务贸易和商贸服务业司，2018 年 2 月 12 日，http://fms.mofcom.gov.cn/article/a/ad/201802/20180202712106.shtml。

落后于浙江、广东等地区。作为三朝古都和我国的政治、文化、经济中心，北京市有着雄厚的文化底蕴和丰富的历史题材，但北京市大多数动漫企业并未能充分利用这一创作优势，从而未能制作出具有创新性的优秀动漫作品。不少动漫企业在进行动漫产品创作时多是采用对现有 IP 进行改编的方式，借助原有 IP 的影响力为改编的动漫产品吸引观众和塑造品牌形象，如爱奇艺动漫出品的《万古仙穹》《龙心战纪》等。虽然北京妙音动漫艺术设计有限公司等动漫企业利用历史题材制作出了《中华弟子规》《中华美德故事》等动漫产品，但这些产品在故事情节的设置上多是遵循历史或生活常道，缺乏动漫产品所需具备的趣味性与新颖性。总体来看，目前北京市侧重于内容制作原创性的动漫企业相对较少，除了北京若森数字科技有限公司凭借扣人心弦的故事情节以及后续的品牌维护，建立了《侠岚》《画江湖》系列原创动画品牌之外，鲜有动漫企业能够创作出具有一定影响力的原创动漫品牌。原创性动漫产品的缺乏在一定程度上限制了北京市动漫产品的出口市场空间。

（三）动漫创意人才和国际营销人才缺乏

从动漫产业来看，前端创作人才、中端制作人才以及后端营销人才是动漫企业需要的三大类人才。目前北京市动漫人才主要为中端制作人才，前端创作人才和后端营销人才则相对缺乏，这也是制约北京市动漫产业向国际化发展的关键因素之一。由于动漫创作人才的缺乏，北京市动漫产品在近年产量增长迅速的情况下，仍缺乏具有影响力的原创动漫品牌。除了动漫产品本身，当前大多数动漫企业专注于动漫产品的创作，而忽略了前期市场调研及后期产品的推广与运营，这既影响到创作产品的推广深度，也使企业的外延式扩张受挫。另外，目前北京市动漫企业创作的动漫产品大多都还处于内需型，企业基本上没有丰富的国际营销经验，这也是造成北京市动漫在海外传播效果不理想的一个重要原因。

（四）知识产权保护力度有待进一步加强

对于文化创意产业而言，知识产权保护是产业生存和发展的根基。为此，欧美、日韩等不少国家将知识产权保护提高到国家战略高度，并且针对知识产权保护制定了相当系统、明确的法律法规。作为发展中国家的城市，北京的知识产权保护力度与欧美、日韩等国家相比仍存在一定的差距。因而随着近年来动漫产业的快速发展，北京市动漫市场侵权事件也屡屡发生。总体来看，当前北京市动漫市场侵权问题主要表现在以下四个方面。（1）盗版侵权。有企业或个人未经授权翻刻、翻印动漫作品并进行销售，从而给动漫产品创作方带来经济损失。（2）动漫形象"搭便车"。有企业未经授权，将动漫里的卡通人物直接用到诸如出版物、服装、玩具等动漫周边产品上。（3）网络侵权。虽然近年来国家加大了对网络侵权的打击力度，但当前仍有一些网站未经授权，将动漫视频上传到网上以实现商业赢利目的。（4）恶意抢注事件。经常有动漫一经推出，就有企业抢先将其注册为饮料商标、服装商标，甚至是医疗产品商标。恶意抢注事件不仅会给动漫企业带来经济上的损失，而且一旦抢注商品发生质量问题，则可能会损毁动漫产品的形象。北京市动漫市场侵权事件的频发一方面会损害动漫企业的利益，打击动漫产品创作者的创作积极性，从而影响北京市动漫产品国际竞争力的提升；另一方面会损害北京市保护知识产权的形象，从而影响欧美、日韩等注重知识产权国家的企业与北京市企业的贸易来往。

（五）不少扶持政策受惠面小且力度不大

如前分析，自 2006 年以来，北京市政府相继出台了一系列政策支持动漫产业的发展和对外贸易。但前期出台的相关扶持政策主要是针对规模较大的动漫企业，对于占大多数的中小型动漫企业的政策支持则相对较少。从全国范围来看，当前北京市的动漫政策支持力度较小，落后于杭州、郑州、南京等地区。如从播出奖励政策来看，2009 年发布的《北京市关于支持影视动画产业发展的实施办法（试行）》规定，在中央电视台播出每分钟奖励500 元，在北京电视台等指定频道播出每分钟奖励 300 元。而 2006 年杭州市的政策奖励则为：3D 动画在央视播出每分钟奖励 2000 元，2D 动画每分钟奖励 1000 元；3D 动画在地方电视台播出每分钟奖励 1000 元，2D 动画每分钟奖励 500 元；在境外播出每分钟奖励 1500 元。2009 年郑州市的奖励政策则更近一层：在央视播出的 3D 动画每分钟奖励 4000 元，2D 动画每分钟奖励 2000 元；在地方电视台播出的 3D 动画每分钟奖励 2000 元，2D 动画每分钟奖励 1000 元；在境外播出的 3D 动画每分钟奖励 6000 元，2D 动画每分钟奖励 3000 元。从优秀动漫作品奖励来看，对于获得国家新闻出版广电总局推荐的优秀动画作品，2009 年北京市政策为一次性奖励 10 万元，而 2006 年杭州市政策和 2009 年郑州市政策则分别为一次性奖励 20 万元和 50 万元。可见，与其他地区相比，北京市的动漫政策力度并不具备优势，甚至远小于郑州市等地区，这也使得北京市部分动漫企业选择"逃离"，从而在一定程度上削弱了北京市动漫产业的国际竞争力。

三 促进首都动漫产业对外贸易发展的相关建议

（一）打造原创动漫品牌，树立龙头企业形象

对于北京市而言，雄厚的文化底蕴和丰富的历史题材为北京市动漫企业的产品创作提供了丰富的素材，这是北京市相比于日本、美国等动漫强国和广东、浙江等国内其他地区的优势所在。如何利用这些题材，打造出既具有中国特色又能打动海外观众的原创动漫品牌和动漫形象是北京市动漫产业国际化发展亟须解决的重要问题。以在全球取得辉煌票房的美国动漫电影《功夫熊猫》为例，电影里的熊猫形象和武术题材是广受中国观众喜爱的中国元素，因而这部动漫电影在中国市场广受欢迎；就欧美市场而言，电影所呈现的小人物拯救世界的主题是典型的美式英雄主义，因而能够打动欧美观众的心。可见，为打造具有国际影响力的原创动漫品牌，北京市动漫企业可充分利用中国历史人物、典故与传说进行动漫创作。在塑造动漫形象和动漫剧情的时候，还需重点考虑动漫接受者的接受方式和接受规律，从而将动漫内容以最佳的方式传达给观众。另外，目前北京市动漫企业众多，动漫市场鱼目混珠，没有强势的龙头企业带领，也没有良好的口碑。借鉴美国迪士尼的经

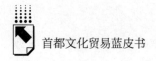

验，北京市应该充分利用产业集聚区的优势，在集聚区内孵化一批行业龙头，做大做强龙头企业，从而提升北京动漫产业在国内乃至国际上的品牌形象。

（二）优化动漫人才结构

作为文化创意产业之一的动漫产业，人才是产业得以持续发展的关键支撑。从北京市动漫人才结构来看，动漫创意人才和营销人才的短缺是长期制约北京市动漫产业国际化发展的关键因素。为实现不同类型人才对于动漫产业的合力促进作用，北京市需要改变传统的动漫人才培养模式，依托北京电影学院、中国传媒大学等高校，建立高校、企业产学合作的培养模式，培养一批既具有扎实理论基础又具有较强实践能力的动漫创意人才。在注重培养复合型动漫创意人才的同时，北京市还应重视培养既具备良好的外语水平又熟悉动漫国际化运作的外向型营销人才，为北京市动漫产品的前期市场调研、后期产品的推广与运营做好相关工作。除了注重动漫创意人才和营销人才的培养，北京市政府应该加大对动漫人才引进的扶持力度，建立和完善动漫人才激励机制。如借鉴杭州市对于动漫人才的扶持政策：对符合杭州市引进人才认定的动漫人才在购买经济适用住房、子女教育等方面给予优先照顾。北京市也可通过购房、子女教育、户口等方面的政策优惠，吸引国内其他地区的优秀动漫人才来北京发展。在开发利用国内人才资源的同时，北京市还应注重从国际上吸纳人才，引进日本、美国等动漫大国的优秀动漫人才，为北京市动漫产业的国际化发展提供加速度。

（三）加强知识产权保护

就北京市政府而言，作为我国的首都，北京市政府首先应该积极推动国家关于知识产权保护法律法规的完善，提高动漫产业的产权保护力度。其次，北京市政府应该简化动漫企业进行知识产权登记和维权的程序，提高行政服务效率，降低动漫企业进行知识产权登记和维权的成本，从而提高动漫企业利用法律法规维护企业知识产权的积极性；再次，北京市政府应该联合北京市动漫游戏协会、北京影视动漫衍生品行业协会等相关行业协会，为动漫企业提供我国和国际主要国别知识产权法律法规的相关培训，提高动漫企业的维权意识；最后，针对当前动漫市场侵权事件频发的现象，北京市政府应该组织相关部门，联合严厉打击盗版影碟、侵权周边产品、盗播网站等侵权行为，提高相关企业或个人的侵权成本，从而为北京市动漫企业的持续健康发展提供公平的竞争环境。就动漫企业而言，企业需加强市场意识，打造完整的产业链模式，实现动漫制作到周边产品开发的全产业链模式；同时重视品牌保护意识，熟悉国家甚至国际相关知识产权保护法律法规，懂得运用法律手段维护企业知识产权，避免企业利润受到损害。就消费者而言，消费者应该加强在消费时的品牌意识，支持正版动漫产品，从而为动漫市场品牌的建设贡献自己的力量。通过政府、企业和消费者的共同努力，提高北京市动漫产业知识产权的保护力度，从而为北京市动漫产业的对外贸易营造良好的营商环境。

（四）进一步优化动漫产业扶持政策

为充分发挥动漫产业政策对于动漫产业发展和对外贸易的促进作用，北京市应该优化当前的政策供给，从而形成完整的动漫产业扶持体系。首先，目前已出台的相关产业扶持政策主要是针对规模较大的动漫企业，对于占大多数的中小型动漫企业的政策支持则相对较少，因而未能对整个动漫产业产生较大的推动作用。为此，在制定动漫产业政策时，北京市需要针对不同类型企业制定不同的政策支持，一方面扶持龙头企业参与国际竞争，另一方面帮助中小企业做大做强，从而为后续动漫产业贸易的可持续发展奠定基础。其次，当前对于动漫产业的奖励、资助基本上都是采取事后资助的形式，因而未能对企业动漫产品的制作产生较大的激励作用。为此，可采取事前分阶段资助的形式，当企业达到资助标准后才能拿到下一阶段的资助，这样才能真正发挥奖励资助政策对于企业的激励和促进作用。最后，面对当前政策扶持力度小、部分政策缺少的情况，北京市可以在借鉴杭州、郑州等地区的政策基础上，结合本市情况完善诸如动漫产业人才激励政策等相关政策，同时提高本市动漫产业优惠政策的吸引力，以期吸引国内乃至国际上高水准的动漫人才和动漫企业入驻北京，从而促进北京动漫产业国际竞争力的提升。

B.7
首都文化旅游服务贸易发展报告*

王海文　卢晨妍**

摘　要： 本报告通过对2018年北京文化旅游服务贸易发展的政策、数据和资料进行整理，分析当前北京市文化旅游服务贸易发展的现状、问题，并提出对策建议。2018年北京市文化旅游服务贸易呈现消费基础持续夯实、文化旅游空间格局加速形成、文化旅游深度融合发展、文化旅游政策协调加速推进的现状。然而在大力发展文化旅游的同时，北京市仍旧面临以下几点问题，即文化旅游知名品牌缺失、评估体系建设有待完善、缺乏企业主体、产业链开发不足和区域协同效果有待提升。对此，本报告提出应培育具有创新意识且善于运用资源的综合型人才，加紧建立全域旅游统计体系，加强文化旅游龙头企业规划建设，提高文化旅游协同能力，完善文化旅游产业链五大发展对策建议。

关键词： 文化旅游　服务贸易　北京

作为我国大力发展的第三产业新模式，文化旅游在促进整个国民经济的发展与优化升级中承担重任。北京作为中国首都，在"四个中心"城市功

* 本文得到北京第二外国语学院研究生科学研究项目"北京文旅融合状况调研及发展路径分析"（项目编号：2019GS14ZD01）的资助。
** 王海文，北京第二外国语学院教授、经济学院副院长、首都对外文化贸易研究基地秘书长，研究方向为国际文化贸易、服务贸易等；卢晨妍，北京第二外国语学院国际文化贸易2018级硕士研究生。

能定位的建设下正经历着新时代的改革开放与经济结构优化。在此基础上，文化旅游消费基础持续夯实，北京文化旅游的空间布局得到了极大改善，文化旅游的融合程度与方式更加多样化，文化旅游相关政策也起到了一定推动作用。总的来看，北京文化旅游服务贸易在新的机遇期下拥有广阔的发展前景。

一　北京市文化旅游服务贸易发展现状

（一）文化旅游消费基础持续夯实

为深入推进旅游供给侧结构性改革，不断释放旅游消费潜力，2018 年北京市人民政府办公厅印发《北京市加快供给侧结构性改革扩大旅游消费行动计划（2018 - 2020 年）》（以下简称《行动计划》）。《行动计划》指出，到 2020 年要实现旅游消费占北京市总消费的比重超过 25%，旅游消费结构持续优化，购物和文化娱乐消费占旅游消费的比重达到 35% 左右，旅游业增加值占全市 GDP 的比重超过 8%，并从建设特色消费空间、扩大旅游消费供给、优化旅游消费环境、不断完善政策措施四个方面明确行动内容。该项计划的推出说明北京将旅游作为供给侧结构性改革的重点，并为扩大北京文化旅游消费打下坚实基础。

北京市旅游市场的变化也在一定程度上反映了文化旅游的发展趋势。从 2018 年北京旅游的国际市场来看，北京市旅游服务贸易继续保持平稳发展，实现了旅游总收入 5556 亿元，同比增长 8.5%，全年接待国内旅游者 3.1 亿人次，同比增长 4.6%，接待入境旅游者 400.4 万人次，同比增长 2.0%。

从目前入境旅游的情况来看，北京 2018 年累计接待入境游客 400.4 万人次，比 2017 年增加了 7.8 万人次，同比增长 2%，这是从 2012 年以来北京入境人数增长率首次达到正值，其中美国游客增加了 4.7 万人次，比 2017 年增长 7%，这也是是导致北京入境旅游人数上升的主要原因（见表 1）。相较于 2016~2017 年各国入境游人数的同比增长率几乎都为负的情况，2017~2018 年各国入境游人数大多有所改善，尤其是新加坡游客，虽然基数不大，但 2018 年同比增长率达到 10.2%。与外国游客增长幅度有较大不同,港澳台来京旅游的人数大致处在一个稳定的水平。由于入京人数的上涨,2018 年旅游外汇收入额大幅增加,达到了 55.2 亿美元,比 2017 年增长了 9.6%。

从主要客源国的情况来看,韩国 2018 年来北京旅游的人数达到 24.8 万人次,同比增长 5.2%,新加坡入境来京人数达到 12.3 万人次,同比增长 10.2%,俄罗斯来北京旅游人数则有所减少,为 8.7 万人次,比 2017 年同期减少了 6.1%。北京市在旅游服务贸易上的提升也带动了文化旅游的发展,"文化是旅游的灵魂,旅游是文化的载体",任何旅游景点与项目中都以直接或间接的方式表达着当地的文化精神与特点,北京旅游市场的繁荣和文化旅游业的发展息息相关,在一定程度上反映了北京文化旅游正在快速发展,相关消费水平得到提升。

表 1 2017~2018 年北京市入境游市场概况

项目	2017 年	增长率(%)	2018 年	增长率(%)
入境旅游人数(万人次)	392.6	-5.8	400.4	2
港澳台	60.6	-2	60.6	0.1
日本	24.2	-2.5	24.9	2.7
韩国	23.5	-38	24.8	5.2
新加坡	11.2	-6.4	12.3	10.2
俄罗斯	9.3	-1.9	8.7	-6.1
美国	67.3	-4.3	72	7
其他国家	196.5	-1.8	197.1	0.3
旅游外汇收入总额(亿美元)	51.3	1.2	55.2	9.6

资料来源:北京市统计局。

从 2017 年北京入境游客的消费构成来看,相较于国内游客而言,地理距离使得长途交通费在总消费中的占比达到了 37.7%,比 2016 年略有下降;入境游客的住宿消费也略有下降,已经低于国内游客的住宿消费水平;此外,购物、餐饮仍旧是境外游客重要的支出项目,分别占比 27.6% 和 6.8%(见图1)。入境游客的文化娱乐支出占比相较于国内游客更多,说明了入境游客对于北京文化具有较大兴趣,并愿意购买或参与北京的文化旅游。

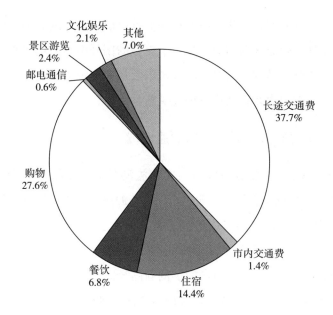

图 1　2017 年北京市入境旅游者消费构成

资料来源：北京市统计局。

从表 2 可见，北京市 A 级及以上景区数量和重点旅游景区数目有所增长，景区所有收入有所提升。2018 年景区接待的入境游客数量有所增加，一方面是由于总体入境游客数量的增加，另一方面也反映了入境游客旅游关注点的转变。旅游收入总体呈现增长态势，如进一步加强文化产品的创新，则能够给相关销售收入带来较大的提升空间。

表 2　2016～2018 年北京市 A 级及以上和重点旅游景区活动情况

项　　目	2016 年	2017 年	2018 年	增长率（%）
A 级及以上和重点旅游景区数（个）	243	247	—	—
收入合计（万元）	771492.8	827229	867894.1	4.9
门票收入（万元）	475262.1	495242	503234.8	1.6
商品销售收入（万元）	26456.2	30020	29945.8	−0.2
其他收入（万元）	269774.5	301967	334713.5	10.8
景区接待游客（万人次）	30350.4752	30402	31131.1	4.4
入境游客（万人）	790.4527	731	753	8.6

资料来源：北京市统计局。

针对上述有关北京文化旅游的相关数据可以看出，北京的旅游环境正在变得更加规范，趋势逐渐向好，吸引了更多的国外游客入境参观，为北京文化旅游的发展打下基础。同时，政府也出台相应政策对文化旅游的消费进行适当引导与支持，为北京文旅发展提供新动力。

（二）文化旅游空间新格局加速形成

随着经济社会的发展与进步，文化旅游的融合方式也愈加得到重视，"城乡融合""区域融合""产业融合""资源融合""要素融合""景城融合"等逐渐成为打造空间尺度更大的文化旅游目的地的重要融合方式。北京文化旅游也在"全域旅游""优质旅游"的新兴发展理念下实现全面转型升级，开辟出文化旅游服务贸易发展的新路径。

自 2015 年 8 月国家旅游局首次提出全面推动全域旅游发展的战略部署，到 2018 年已经是该战略发展的第三个年头。全域旅游的开拓对于北京文化旅游服务贸易的促进作用格外明显，在"四个中心"城市战略定位下，在 5 个全域旅游示范区创建单位的要求下，各区在未来的计划中也通过各种方式为自己添加吸引游客的筹码，昌平区在 2017 年大力发展全域旅游后，又进一步利用当地的特色资源，促进文化旅游产业融合的深度与广度。2018 年昌平区圆满完成中非合作论坛、平昌冬奥会"北京 8 分钟"排练等重大服务保障任务，成功举办世界魔术大会、北京农业嘉年华、"一带一路"搏击对抗赛等品牌活动，城市对外形象和影响力不断提升[①]；延庆区抓住了 2019 年北京世园会和 2022 年北京冬奥会的机遇，大力发展"会展 + 旅游""体育 + 旅游"的旅游方式；平谷区在 2020 年世界休闲大会的引领下，通过发展休闲产业引领全域旅游的拓展；门头沟区各旅游景区不断推出系列特色活动，其中包括以民俗文化为核心的"灵水转灯"大会和"秋粥文化节"，也涵盖了依托永定河文化和冰雪特色的"京西古道景区灯会"以及"冰瀑"

---

① 《北京市昌平区人民政府工作报告——2019 年 1 月 9 日在北京市昌平区第五届人民代表大会第六次会议上》，北京市昌平区人民政府，2019 年 1 月 14 日，http：//www.bjchp.gov.cn/cpqzf/xxgk2671/zfbg/4907432/index.html。

景观，全年旅游景区呈现营业收入走势上扬，接待人次稳步增长的局面①；怀柔区以雁栖湖国际会都为重点，努力建设并发展综合型的旅游区。

除此之外，在"文化中心"城市功能的指导下，在创建全域旅游示范区的契机下，北京通过运河文化带、长城文化带、西山永定河文化带三个文化带帮助想要了解北京文化的游客对北京古老又丰富多彩的文化进行进一步接触，不仅有助于游客厘清复杂且多样的北京文化间的关系，也便于对文化资源进行更好的挖掘。

（三）文化旅游深度融合加速发展

自 2018 年 3 月文化和旅游部正式组建以来，其在工作制度、政务服务、政策颁布等方面都进行了一系列的改进，文化部与旅游部合并的效果也初步显现。例如，2018～2019 年文旅部颁布了多项政策，包括《关于推动北京市文化文物单位文化创意产品开发试点工作的实施意见》《财政部关于在文化领域推广政府和社会资本合作模式的指导意见》《文化和旅游部关于实施旅游服务质量提升计划的指导意见》《关于促进旅游演艺发展的指导意见》等，政策突出了文化与旅游融合的特点，将其作为指导北京文化旅游发展的核心目标。

从文化旅游融合的形式上来看，作为"国际交往中心"和"文化中心"的北京在举办会展上具有较大优势，其文化会展功能也更加突出，在一定程度上成了促进文化旅游的新增长点。会展旅游的繁荣将带动一系列的文化旅游产品的发展。从 2016～2017 年北京接待会议与展览数量来看，与 2016 年相比，国际性会议与展览数量 2017 年均有所下滑，但国际会议的收入有所上涨。会议与展览接待的总数在 2017 年均有所上涨，可以见得北京展会数量的发展主要是依靠国内展会的推动，而国际性展会的推动作用较小，具有较大的发展潜力与空间（见表3）。

---

① 《2018 年 1～12 月门头沟区经济社会运行综述》，北京市门头沟区人民政府，2019 年 1 月 25 日，http://www.bjmtg.gov.cn/bjmtg/zwxx/tjxx/201901/1024468.shtml。

表3 2016~2017年北京会展接待情况

项目	2016年	2017年	2017年占2016年的比重(%)
会议情况			
接待会议个数(万个)	20.5	21.5	104.7
国际会议(万个)	0.5	0.4	79.4
接待会议人数(万人)	1590.6	1723.8	108.4
国际会议(万人)	65.5	55.3	84.5
会议收入(亿元)	112.6	118.7	105.4
国际会议收入(亿元)	7.4	8.5	114.3
展览情况			
接待展览个数(个)	864	790	91.4
国际展览(个)	159	130	81.8
接待展览观众人数(万人)	923.9	1029.0	111.4
国际展览观众人数(万人次)	107.8	167.8	64.2
展览收入(亿元)	120.4	123.8	102.8
国际展览收入(亿元)	42.8	42.7	99.7

资料来源:《北京统计年鉴(2018)》。

此外,北京演艺旅游也在文化旅游的融合中蓬勃发展。北京市文化和旅游局、北京市演出行业协会2019年初发布的报告显示,2018年全市演出市场再创新高,演出场次、观众数量、票房收入分别增长至24684场、1120.2万人次、17.76亿元,其中受益于政府积极推动文旅融合发展,旅游演艺成为北京演出市场的一个重要增长点。初步统计结果显示,截至2018年12月底,2018年北京市演出市场观众达1120.2万人次,其中旅游驻场演出贡献最大,比2017年增加了24.1万人次。北京市文化和旅游局通过推广"秀北京"文旅演艺、发布《北京旅游演艺推介手册》等方式,促进北京旅游演艺的发展,2018年全年旅游演出9651场,占整体演出市场的39.1%,观众数量同比增长7.9%,达到328.7万人次[①]。同时,北京演艺旅游业形成了一定的品牌特色,如北京梨园剧场、长安大戏院等戏曲品牌,中国杂技团、

① 《2018年北京演出市场:旅游演艺成重要增长点》,搜狐网,2019年1月11日,http://www.sohu.com/a/288445621_ 100009047。

朝阳剧场等杂技品牌以及德云社、老舍茶馆等曲艺品牌。

　　文化旅游中较为重要的一种形式是博物馆旅游，对当地博物馆进行参观游览是最快了解一个地区乃至国家文化的方式。北京最知名的博物馆当数故宫博物院，2018 年故宫博物院的文创影响力再度提升，成为人们在北京进行文化旅游的首选之地。近年来故宫因为充分挖掘 IP 价值并推出一系列的文创产品，已打响了其在国内外的知名度，在 2019 年的亚布力论坛上，单霁翔院长首次公布 2017 年故宫文创销售收入额为 15 亿元。数据显示，故宫文创 2013 年增加文化创意产品 195 种，2014 年增加了 265 种，2015 年增加813 种。截至 2016 年底，故宫文创产品共 9170 种。故宫通过将其自身的建筑文化、历史文化现代产品相结合，达到了良好的宣传目的。同时，故宫吸引了来自世界各地的游客，2016 年游客数量突破了 1600 万人次，2017 年达到 1670 万人次，2018 年则超过了 1750 万人次。

　　另外，北京拥有悠久的革命历史和厚重的红色文化底蕴，北京市旅游委称，截至 2018 年 1 月，北京市拥有市级评定和授牌的红色旅游景区、景点120 个，数量上位居全国第一。北京市旅游发展委员会也以"景区联动、突出特色"的方针精心为北京市打造了 20 条串联其著名红色景点和博物馆的精品线路，这些红色景点由于历史原因很多位于远郊的低收入村，旅游线路的建立成功帮助部分低收入户脱贫，对北京郊区的经济增长做出极大贡献；同时红色文化旅游是对北京现有的旅游资源的充分开发与利用，为其他文化形式与旅游的融合提供了适当的借鉴。

（四）文化旅游政策协调加速推进

　　政策的指导作用对于一座城市的发展无疑是巨大的。北京市目前正处在文化旅游发展的繁荣期与机遇期，国家经济结构和产业结构优化升级以及人们对美好生活的向往都使得大众对进行文化旅游的欲望不断增强。在此基础上，北京市在 2017 年颁布了《"十三五"时期文化旅游提升工程实施方案》，在 2019 年颁布了《北京市服务贸易创新发展试点工作实施方案》等政策，均对文化旅游产生了促进作用。

《北京城市总体规划（2016 年～2035 年）》确定了构建"一核一主一副、两轴多点一区"的城市空间结构，提出"推进大运河文化带、长城文化带、西山永定河文化带的保护利用"，"强化首都风范、古都风韵、时代风貌的城市特色"。① 在近几年的发展中，北京城市规划对北京文化旅游空间布局的影响是巨大的，2019 年印发的《大运河文化保护传承利用规划纲要》对大运河的重要性进行了充分的阐述，并将大运河与京津冀协同发展、大运河与"一带一路"建设、大运河与雄安新区建设紧密结合起来，强调了资源共享和大运河带上整体的经济繁荣，并挖掘大运河文化作为吸引游客的重要途径。

在全域旅游大力发展的背景下，2016 年 10 月北京市旅游委会同北京市财政局联合印发了《北京市全域旅游发展资金管理试点办法》，在全国率先构建了"财政资金、旅游基金、旅游资源交易平台、担保、保险"五位一体的旅游金融保障模式。2018 年，北京市还通过一般性转移支付向门头沟区、怀柔区两个全域旅游示范区创建单位下拨了专项支持资金 5000 万元。设立了北京旅游产业引导基金，基金规模达到 10 亿元，带动社会投资约 150 亿元，门头沟区也设立京西文化旅游产业投资基金，基金规模达 100 亿元，极大地推动北京旅游投资从政府直接投资向政府带动社会投资转变。② 资金上的支持使得全域旅游中的五大全域旅游示范区在各个方面都得到了进一步的提升，形成了五大区联动的发展态势。

《京津冀旅游协同发展工作要点（2018～2020 年）》指出，在 2020 年底前，京津冀三地在完成五大示范区的发展规划基础上，将培育一批特色旅游产品和休闲度假业态，建成一批旅游示范带动项目和基地，打造一批区域性龙头景区，形成京津冀旅游协同发展五大示范区知名品牌。③ 该政策从空间的角度上，进一步将北京、天津、河北三个地域从自然资源、文化资源、商业资源等方面相结合，相互之间具有促进作用，更容易营造出品牌效应，吸

① 《北京城市总体规划（2016 年～2035 年）》，2017 年 9 月。
② 曾博伟：《全域旅游发展的"首都经验"》，凤凰网旅游，2018 年 11 月 9 日，https：// travel. ifeng. com/a/20181109/45217964_ 0. shtml。
③ 《京津冀旅游协同发展工作要点（2018～2020 年）》，2017 年 12 月。

引更多游客前往北京旅游。

以上三项政策的颁布从空间布局角度对北京文化旅游进行了拓展，政策引领的文化旅游区域建设也更加规范与完善，提高了各区间的效率以及联动性，推动了产业高速发展。

《北京市非物质文化遗产条例》于 2019 年 1 月 20 日在北京市第十五届人民代表大会第二次会议中通过。该条例指出，为了加强非物质文化遗产保护、保存工作，传承北京历史文脉，弘扬中华优秀传统文化，推进全国文化中心建设，北京市对体现中华优秀传统文化及具有历史、文学、艺术、科学价值的非物质文化遗产，采取传承、传播等保护措施。[①] 非物质文化遗产作为宝贵的文化资源，若能得到恰当的运用与宣传，不仅可以以此为品牌吸引更多游客前往北京进行文化旅游，对于文化要素的运用还能够进一步创作出文化创意产品，拓宽文化产业链，此外，将非物质文化遗产与旅游相融合也是保留文化传承的重要方式。

2018 年颁布的《北京市加快供给侧结构性改革扩大旅游消费行动计划（2018～2020 年）》制定了一系列促进"一日游"健康发展的政策措施，同时完善优化促进入境游、发展旅游商品、会奖旅游、144 小时过境免签配套政策、境外旅客购物离境退税政策。开发推广文化、会展、体育、康养、研学旅游五大类旅游产品。加强旅游商品体系建设，健全市、区、景区三级旅游商品体系。打造"北京礼物"系列旅游商品，扩大"吃在北京"旅游美食品牌影响力，培育"秀北京"旅游演出剧目。[②] 该政策通过树立旅游品牌、促进入境通关便利化、加速文旅融合的方式为北京文化旅游打造了良好的发展环境，建立了坚实的基础。

2018 年，北京市文化和旅游局等 8 部门联合颁布了《关于推动北京市文化文物单位文化创意产品开发试点工作的实施意见》，该意见在文化创意产品的开发、营销和资金等方面做出规划，选取部分博物馆、图书馆和美术

---

① 《北京市非物质文化遗产条例》，2019 年 1 月。
② 《北京去年迎客近 3 亿今年开启 5 大全域旅游示范区创建》，央广网，2018 年 3 月 8 日，https：//baijiahao.baidu.com/s？id＝1594322676568488448。

馆作为试点单位。在目前很多文化景区逐渐趋同的情况下，对于文化创意产品的开发在旅游中有着巨大的作用，文化创意产业是一个融合性与渗透性很强的产业，其与文化旅游具有极高的相关性。该意见的颁布从各种意义上对北京文化旅游的发展起到一定的支撑作用。

二 北京市文化旅游服务贸易发展中面临的问题

（一）北京文化旅游知名品牌缺失

旅游城市的品牌建设是提升城市核心竞争力的重要举措，当前北京现有的文化、旅游品牌活动有北京国际音乐节、中国戏曲文化周、中国（北京）演艺博览会、北京国际旅游节、北京国际电影节等。但这些节庆和展会活动并不能满足全球各个市场人们的需求，作为"国际交往中心"的北京往往肩负着所有人的期待，北京既需要具有国际都市的形象与魅力，又要有较为完善的基础设施和社会保障体系。然而目前北京虽然在向着国际化发展，但其发展理念、促进措施仍不能良好地适应国际环境需求。同时，北京拥有深厚的文化底蕴以及丰富的文化遗产，且具有国际性的大城市意识，但目前北京景区或市内自行设计的文创产品过于单一，内容上局限在文物古迹方面，形式上则主要是明信片、胶带、冰箱贴、杯子等小巧便于携带却创意不足的物品，具有代表性、突出城市特色的产品非常少。同时，北京文创产品对北京文化元素的运用较为缺乏。博物馆作为文化旅游的必去之处受到人们的喜爱，目前北京的博物馆藏品数量多且琐碎，没有一个清晰的思路让观众深刻地理解古董或藏品间蕴藏的文化内涵；而较高品位的博物馆藏品数量较少，未能充分体现出博物馆的教育和传播功能，因此也无法提高博物馆的知名度和打造知名旅游品牌。虽然《北京城市总体规划（2016年~2035年）》中指出"一轴三带"的发展方向，但对于旅游线路的宣传仍有所欠缺，因此景点知名度较低，无法在全球范围内得到广泛传播。

（二）文化旅游服务贸易评估体系建设有待完善

监管评估体系是否完善是作为全面把握北京市旅游服务贸易是否健康发展的重要基础。目前，北京市旅游监管和评估的主要侧重内容仍然以传统旅游业为主，重点监管对象在于传统旅行社和传统酒店住宿，而日益发展的自由行和非标准业态住宿已经占据了较为可观的市场份额，不容忽视。而由于缺乏相对的监管和评估机制，这些领域存在有产品缺特色、有市场缺效益、有文化缺体验、有局部缺整体、有参与缺深度等问题。另外，人均消费有待提高，有效供给不足。为进一步推进"全域旅游"和"十三五"旅游业发展规划，应当从更全面的角度出发，重新建立健全相应的旅游监管评估体系。

（三）大型文旅项目、企业主体缺乏

虽然北京在文化旅游发展方面已收获一定的成果，旅游消费和入境旅游得到进一步提升，但是从文化旅游主体来看，大型文旅项目、文化旅游龙头企业仍较为缺乏。目前北京文化旅游的发展处在一个平稳的态势，但作为服务贸易中的重要产业，文化旅游的提升对于北京整体服务贸易的促进作用是极为明显的。北京的大型旅游项目严重不足，游客的目的地多且分散，大量花费往往用在了差旅或住宿上，相对地，文化旅游方面的消费便减少了。北京知名文化旅游企业的缺乏使得市场在发展中缺少目标，从而造成了其他文化旅游企业在转型升级的背景下对自身定位模糊，无法有效从顶层设计角度进行规划，拖慢了企业的发展效率，市场同质化严重且资源浪费现象明显。北京目前急需由政府推动的大型文旅项目促进消费、形成城市品牌、符合国际城市标准，同时企业也需要有新的一轮驱动力促进发展，以"四个城市中心"为核心，打造具有北京独特文化魅力的旅游市场。

（四）文化旅游产业链开发不足

文化旅游涉及的要素与资源非常广阔，作为交叉了多个领域的产业，其产业链的发展也涉及诸多方面。文化旅游产业链包含了消费者在进行旅游消费时由需求链而引发的文化旅游产业链条，往往包含着传统的旅游要素"吃、住、行、游、购、娱"以及新的文化旅游要素"商、学、养、闲、情、奇"等领域、环节与链条。一条完善的文化旅游产业链需要政府的引领，并且对文化旅游产业链进行全方位的分析以及充分考虑到文化产品和旅游产品之间的关联性与融合性，而北京的文化旅游产业链在这几个方面的开发和提升还不够完善。文化旅游资源仍较为分散，在知名景点周围往往存在饮食单调、娱乐活动缺失的特点，而旅游景点内的文化元素往往也较为单一，没有突出特色，很难在文化旅游产业链中承担起领导者的任务。此外，北京文化旅游在宣传上也较为欠缺，相较于其他地区，北京文化旅游基础扎实、资源丰富，然而由于宣传不足，在国内和国际上都没有知名度，特点不明显，以至于游客对于北京的认识只有"中国首都"，没有如巴黎的"时尚之都"、维也纳的"音乐之都"、威尼斯的"水城"等让人眼前一亮的城市称号。

（五）文化旅游区域协同效果有待提升

区域协同在文化旅游中代表了各区之间在经济、文化上更为密切的交往，相互之间的依赖程度逐渐加深，不同区域间的文化融合互通，从而达到各个区域的文化旅游持续发展。近年来北京颁布多项区域协同旅游政策，但这些政策的颁布并没有对推动北京文化旅游协同发展产生较大的促进作用。从国内的区域协同文化旅游效果来看，在"京津冀"旅游协同发展中，三座城市从2016年到2018年的入境旅游占全国的比重却在逐年下降，从2016年的7.37%到2017年的6.46%，再到2018年的5.49%，说明"京津冀"的旅游发展速度要低于中国整体的旅游发展速度。北京作为京津冀地区发展最为迅速的市区，在区域协同中并没有起到充分的带头作用，其入境旅游人数和占比波动较大，2016~2017年呈现下降趋势（见表4）。此外，北京市内如大运河文化带、长城文化带、西山永定河文化带和五大全域旅游发展示范区等政策与规划在完成度上还存在一些问题，在信息不完善、传递信息效率低下、政策指导较为宽泛、企业缺少改革动力且缺乏拥有带头作用的龙头企业或文旅项目的情况下，北京与周边地区以及区内的区域协同发展受到了一定的阻碍。

表4 2016～2018 年"京津冀"入境旅游人数变化

单位：万人次，%

项目	2016 年	2017 年	2018 年
河北	147.6	160.24	175.77
天津	335.01	345.06	198.31
北京	416.53	392.6	400.4
北京占比	46.3	43.7	51.7

资料来源：根据网上资料整理。

另外，北京作为首都，与国际上其他国家的交往与协同也需要更为深入。"一带一路"建设为北京开拓了更加广阔的空间与市场。在《北京市推进共建"一带一路"三年行动计划（2018～2020 年）》中也规定了不同城市之间合作网络的建设以及对当地资源的挖掘。然而从北京 2018 年的入境游客变化来看，入境人数并没有显著的提高，说明在拥有资源的情况下，北京还没有将其进行充分且完整的利用，很多"一带一路"沿线国家对于北京的认知仍较为模糊，各国之间良好的分工协作格局还没有建立起来。

三 促进北京市文化旅游服务贸易发展对策建议

（一）培养具有创新意识且善于运用资源的综合型人才

面对北京文化丰富而特色产品与品牌缺乏的困境，北京亟须培养一批具有创新意识且能够挖掘资源的人才。文化产业往往以内容为核心，属于知识密集型产业。在目前文化旅游逐渐融入世界的当下，注重人才培育是打造具有强烈北京文化色彩、元素的文旅 IP 的重要方式。将已有的文化元素通过崭新的方式表达出来，传递出北京城市的文化精神是一项困难又富有挑战性的事情。在竞争激烈的当下，人才也成为一座城市经济发展的重要资源，北京应当充分利用其作为首都的优势，吸纳或培训出一批具有创新精神和商业头脑的精英，以服务北京文化旅游的资源开发与运用。

（二）加紧建立北京旅游服务贸易的全域旅游统计体系

作为国务院首批国家全域旅游示范区，北京市承担着创建示范区的重要使命。全域旅游的顶层设计关乎全域旅游工作思路和发展布局，而能否建立起一套完善的旅游统计体系又是决定能否正确、全面地反映北京市旅游发展全局的关键一环。从目前来看，对于整体的北京市统计情况，尚未形成完整的全域旅游统计指数和统计方法，全域旅游发展"大口径"与部门统计"小口径"不相适应的问题比较突出。如缺乏非标准业态住宿的相关统计方案；对于出入境选择自由行的旅客数量的统计也没有相关标准。因此，为进一步深化"十三五"旅游业发展规划的发展，全面开展"全域旅游"工作，相关部门应当加紧建立全域旅游统计体系。

（三）大力强化北京市文化旅游服务贸易龙头企业规划建设

面对北京文化旅游服务贸易龙头企业缺乏的困境，可以有以下几点解决办法。首先，让企业对文化旅游融合这一政策更加了解，并注重对其核心竞争力的挖掘。创新能力是企业竞争的关键，不论是什么领域的企业，创新都具有不可或缺的作用。而北京文化旅游更需要这样的一种创新精神，能够理解文化的内涵并从中挖掘出吸引国内外游客的文化内容，以产品或服务的形式展现在观众面前，逐渐形成自己的优势产品并及时开发新的文化旅游特色，多方面巩固企业的核心竞争力。其次，企业应当形成自己的品牌，依托当地地域文化和丰厚的文化背景，了解当下消费者的真实需求，从精神层面出发来丰富人们的生活。最后，企业在发展中也要积极与政府保持联系，深谙政府政策指向，及时根据政策目标调整自己的内容，而政府也要在各方面扶持有希望成为北京文化旅游龙头企业的大型企业，让企业在发展途中没有后顾之忧。

（四）提高区域视角下的文化旅游协同能力

全域旅游的发展和"京津冀"的协同为北京文化旅游提供了发展的新契机，围绕北京"全国文化中心"的目标，北京应当对内依托"一核一城三带两区"建设，对外依托"京津冀""一带一路"倡议，充分挖掘当地历史文化遗产的价值，找出适合的文化精髓，提取文化创意，理解区域间文化旅游协同的意义。

北京内部与其周边地区文化一脉相承，具有较强的互融互通性。首先，应挖掘各个地区丰富的历史文化，对其中的元素按照一定的逻辑如纵向的历史脉络或横向的相似性进行规划，形成几条具有特色文化与明确主题的参观线路，吸引感兴趣的游客前往参观游览。其次，选取区域间相似的文化要素，从空间上进行资源整合，形成规模优势，如建立区域演艺旅游共同体，解决各类文化旅游主体间距离较远的问题，树立起区域品牌。最后，在基础设施上也需要完善，通过财政、互联网、大数据等方式，建立起区域联系，加快两地间的办事效率，确保资金使用充足，为政策的顺利实施提供保障。

（五）加速建设并完善北京文化旅游服务贸易产业链

作为人类文明发展衍进与积累成果的文化，具有连接不同区域、不同产业、不同要素的作用。在文化旅游融合的背景下，北京市应当提出更有针对性的政策意见，激发企业积极性，同时提高自身的资源整合能力和产业链上下游的衔接能力。从广义的角度讲，由于文化形式的多种多样，文化旅游产业链也具有不同的特点，如以影视艺术为核心的产业片、以跨境电商为核心的产业链、以乡村休闲旅游为核心的产业链等。北京是一座现代气息与古代氛围并存的城市，对北京存在的古建筑、红色旅游、演艺旅游等优势旅游元素进行深度开发，将有助于北京文化旅游产业链的完善。从狭义的角度看，文化旅游产业链包含"吃、住、行、游、购、娱"六大重要元素，在现有文化基础上提取新的文化因素，并将国内外消费者需求融入六大元素当中。此外，加强旅游产品与服务的国际宣传能力，从全球价值链的高度建设北京

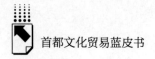

文化旅游产品与服务，使其达到国际标准，在国际上形成影响力并具有较强
竞争力。

参考文献

曾博伟：《全域旅游发展的"首都经验"》，凤凰网，2018 年 11 月 9 日，https：//
travel. ifeng. com/a/20181109/45217964_ 0. shtml。

徐万佳：《建设文化和旅游融合示范区保护传承利用好大运河文化》，《中国旅游报》
2019 年 5 月 15 日，第 003 版。

石珂：《北京文化旅游产业国际化发展初探》，《旅游纵览》（下半月）2018 年第 9
期。

《2018 年北京演出市场：旅游演艺成重要增长点》，搜狐网，2019 年 1 月 11 日，
http：//www. sohu. com/a/288445621_ 100009047。

《北京市昌平区人民政府工作报告——2019 年 1 月 9 日在北京市昌平区第五届人民
代表大会第六次会议上》，北京市昌平区人民政府，2019 年 1 月 14 日，http：//
www. bjchp. gov. cn/cpqzf/xxgk2671/zfbg/4907432/index. html。

《2018 年 1～12 月门头沟区经济社会运行综述》，北京市门头沟区人民政府，2019
年 1 月 25 日，http：//www. bjmtg. gov. cn/bjmtg/zwxx/tjxx/201901/1024468. shtml。

李洋洋：《我国文化创意产业与旅游业融合模式研究》，硕士学位论文，北京第二外
国语学院，2010。

曲景慧、刘晓光：《基于对文化旅游产业龙头企业的培育研究》，《辽宁科技学院学
报》2015 年第 4 期。

B.8

首都艺术品对外贸易发展报告

程相宾　江南*

摘　要： 2018 年北京市艺术品市场成交量继续保持全国领先地位，在经历了持续几年的艺术品市场调整期后，一级市场质量与藏家数量进一步上升，二级市场价格趋于稳定，市场定位逐渐明确。2018 年北京艺术品进出口贸易额位居全国第二位，在首都艺术品市场回暖的过程中，北京市应进一步加强首都艺术品产业在全国范围内的引领作用，在"互联网＋"背景下促进艺术品商业模式创新，同时依托北京天竺综合保税区进一步为艺术品贸易提供便利，促进首都艺术品市场繁荣发展。

关键词： 艺术品市场　艺术品贸易　文化贸易

北京是我国首批国家历史文化名城和世界上拥有世界文化遗产数最多的城市。同时，在全国文化中心建设背景下，北京文化创意产业发展势头强劲。众多高质量的国际画廊以及保利、嘉德、匡时等具有较大影响力的拍卖公司使得北京艺术品交易市场更加开放和国际化，使得北京艺术品市场在全国享有先天优势。在新时代、新形势下如何把握机遇，进行科学的规划布局和实施有效的行动计划使中国艺术实现更高水平的国际化发展，无疑是促进北京全国文化中心建设的重要方式。

---

* 程相宾，博士，北京第二外国语学院经济学院讲师，首都对外文化贸易研究基地研究员；江南，北京第二外国语学院经济学院国际贸易系本科生。

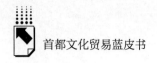
一 首都艺术品市场宏观政策

文化创意产业作为 21 世纪的朝阳产业，不仅在经济层面上创造了增加值，而且助力了文化"走出去"，提高了我国的文化软实力。因此，包括艺术品交易在内的文化创意产业也得到了政府政策等一系列宏观层面上的支持。第十三届全国人民代表大会第二次会议提出，要"加快发展文化产业、推动文化产业成为国民经济支柱性产业"①。在"十三五"期间，国家进一步加强文化产业扶持政策，强调坚持文化自信、发展文化强国。北京作为我国文化产业发展的先锋队，是推动文化创新、深化文化领域供给侧改革的重要引擎。2018 年，在北京市政府各部门和国家各部委的政策支持下，首都文化创新氛围日渐浓郁，文化供给质量不断上升，文化产业活力不断释放。

（一）国家层面

"十三五"时期，国家要从财政、税收、金融方面加大对包括艺术品产业在内的文化产业的扶持力度。2018 年中央财政为进一步构建公共文化服务体系安排支出 608.62 亿元，重点推进建设全国爱国主义教育示范基地、美术馆、公共图书馆等公益性文化设施，改善基层公共文化体育设施条件，加快推进革命老区文化人才队伍建设和少数民族地区文化事业发展。此外，中央加大审批文化产业发展项目力度，创新重点文投集团开展债券投资路径，提高财政推动文化领域供给侧改革贡献度。《文化部"一带一路"文化发展行动计划（2016～2020 年）》作为"一带一路"文化建设的路线图，指出不同国家文化之间的相互交流借鉴需要以具体项目的形式作为传递输出的渠道，为我国文化艺术贸易奠定了良好的指导思想。

1. 艺术品进口关税

为促进国内外艺术品市场互联互通，推动国内艺术品市场繁荣发展，根

---

① 《两会后国家再出资 1000 亿扶持：艺术品市场将迎来爆发性高潮！》，北京文艺网，2019 年 3 月 13 日，http://www.artsbj.com/show-19-598393-1.html。

据国务院关税税则委员会印发的《关于降低日用消费品进口关税的公告》，2018年国家进一步降低艺术品进口税率。其中，唐卡进口最惠国税率由12%降至6%，手绘油画、粉画及其他画，雕版画、印刷花、石印画的原本以及各种材料制的雕塑品原件税率由12%降至1%；油画、粉画及其他画的复制品，拼贴画及装饰板，使用或未使用的印花税票，首日封税率由14%降至6%；各种使用或未使用的邮票由8%降至4%。

2. 加强金融监管

2018年国家为进一步加强金融监管，先后发布了《关于资管产品增值税政策有关问题的通知》《关于进一步支持商业银行资本工具创新的意见》《关于防范以"虚拟货币""区块链"名义进行非法集资的风险提示》等多项监管政策，进一步加强对投资、融资及"互联网＋"金融方面的管理。加强金融监管有利于在促进金融产业与文化产业融合发展的基础上治理艺术品金融乱象，引导艺术品金融商业模式健康发展。

3. 文物保护升级

为加强我国艺术品尤其是文物的保护，2018年国家陆续发布《〈中华人民共和国水下文物保护管理条例〉修订草案（征求意见稿)》《关于实施革命文物保护利用工程（2018~2022）的意见》《国有馆藏文物退出管理暂行办法》《关于加强文物保护利用改革的若干意见》等多项文件，进一步促进文化资源合理利用，聚焦文物工作的重点难点和改革发展问题，推动建立文物长效安全机制和文物资源资产管理机制。文物保护将促进形成更加完善的艺术品鉴定体系，进一步打击艺术品市场的文物造假及其他艺术品信用问题，进而规范艺术品市场。

（二）北京市相关政策

除了遵循国家层面宏观政策的引导之外，北京市自身也开展一系列监管调研活动，更有针对性地完善和提升北京文化艺术市场的国际地位。为进一步促进北京市文化艺术产业的发展，北京市先后出台了《文化创意企业申请高新技术企业认定指南》《关于推进文化创意产业创新发展的意见》《关于推动北京市文化文物单位文化创意产品开发试点工作的实施意见》等多项文化产业扶持政策。艺术品产业作为发展文化产业的重要一环，在弘扬中华优秀传统文化、发扬社会主义爱国精神方面具有不可替代的作用。北京作为世界艺术品交易中心之一，在政府调控下进一步完善了艺术品交易管理，加强了艺术品交易监管，对艺术品经营和贸易进行了备案管理。

1. 支持文化金融发展

2018 年 2 月，北京银监局、北京市文资办发布《关于促进首都文化金融发展的意见》，提出要加强文化金融政策支持，搭建文化金融组织服务体系，鼓励金融机构设立文化金融部门，大力培育"文化 +"产业融合发展新业态，优先将金融资源投向重点文化项目、重点文化工程、重点文创领域。此外，提出鼓励艺术品金融方面的创新，积极开发艺术品质押融资产品，协同建设首都艺术品金融良好生态圈。

2. 促进文化创意产业发展

2018 年 8 月，中共北京市委、北京市人民政府印发《关于推进文化创意产业创新发展的意见》（以下简称《发展意见》），明确指出要聚焦艺术品交易领域，促进艺术品交易重点环节发展。《发展意见》提出，要完善市场监管体系，引导艺术品一、二级市场健康发展，规范艺术品资产化、金融化、证券化；要加强艺术品鉴定评估体制建设，鼓励大众投资、消费艺术品；要推动艺术品行业数字化发展，促进艺术品电子商务平台及多种形式的租赁市场的发展；要相应加强艺术品物流、仓储、保险等相关服务的发展。此外，在艺术品交易方面，鼓励文化企业"走出去"，在境外设立艺术品经营机构，鼓励各类国际大型交易博览会在京举办，推动中国艺术产业展会进行市场化改革。

3. 利用保税区提升进出口效率

2018 年 5 月，北京市商委、市文物局等相关部门发布《深化服务业开放改革，促进北京天竺综合保税区文化贸易发展的支持措施》。同年 10 月，北京市文物进出境鉴定所进入保税区服务正式启动。服务点的设立进一步减少文物包装、拆卸的次数，简化文物进出境审批手续，有效提升文物艺术品进出境审核效率，促进利用天竺综合保税区优势开展海外文物回流业务。

4. 进一步建设文化创意产业园区

2019 年 1 月，北京市正式发布首批 33 家市文化创意产业园区名单，其中包括 798 创意产业园、77 文创园等艺术品相关文化产业园区，并陆续出台相关园区支持配套政策，为文化产业园区发展营造良好的营商环境，促进艺术品产业蓬勃发展。

二 首都艺术品产业概况

为发挥首都文化中心职能，进一步支持文化产业发展，在各项政策的扶持下，2018 年北京市文化产业总体呈现增长趋势。根据北京市统计局发布的数据，截至 2018 年底，从业人员 50 人及以上或年营业收入 500 万元及以上的文化产业法人单位全年合计收入 10703 亿元，同比增长 11.9%，平均从业人员达到 59 万人，同比下降 1.7%。其中艺术品产业于 2018 年上半年表现良好，收入合计达 638.9 亿元，同比增长 18%，从业人员平均人数达到 2.1 万人，同比增长 14.5%，艺术品市场发展态势显著。

（一）一级市场

1. 画廊

2013～2016 年，艺术品一级市场呈下滑趋势，艺术品市场冷清，一些小画廊甚至难以为继，大部分画廊艺术品成交额出现大幅下滑。在经历了艺术品市场的调整期后，2018 年全国画廊总数较 2017 年回升 6.2%，画廊市场出现触底反弹态势。就各省情况来看，2018 年各省画廊数量均出现不同程度的上升，新疆、贵州、广西等西部省份画廊数量也出现较快增长。北京地区依然保持一级市场的领先地位，画廊数量连年保持全国之最，达到 1294 家，占全国画廊总数的 29.03%（见表 1），北京地区的国际化画廊对于全国艺术品一级市场的发展具有带动和引领作用。在基数大、经济发展环境复杂的基础上，2018 年实现画廊数量的增长切实反映了北京地区艺术品市场的巨大发展潜力，画廊数量的进一步增加也有利于艺术品市场的稳定发展。

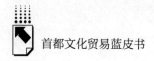

表1　2018年全国各地区画廊数量及增长率

单位：家，%

地区	画廊数量	增长率	地区	画廊数量	增长率
北京	1294	0.70	天津	44	2.33
山东	528	0.76	江西	43	—
上海	449	1.58	甘肃	32	3.23
广东	409	0.74	广西	30	11.11
台湾	287	—	云南	28	—
江苏	198	1.54	重庆	28	3.70
浙江	159	1.92	吉林	27	—
河南	140	1.45	黑龙江	24	—
香港	112	0.90	山西	21	—
四川	103	0.98	内蒙古	12	—
河北	94	1.08	新疆	11	22.22
湖南	73	1.39	贵州	9	12.50
福建	68	1.49	宁夏	7	—
陕西	60	1.69	海南	5	—
湖北	58	1.75	西藏	5	—
安徽	51	6.25	澳门	2	—
辽宁	46	2.22	青海	1	—

资料来源：雅昌艺术网。

北京地区艺术品一级市场在发展壮大的过程中逐渐形成数个画廊聚集区。经统计，北京各艺术园区内共有画廊899家，占北京市画廊总量的69.47%，其中798艺术区作为国内发展最早的艺术园区之一，区内画廊数量达到191家（见表2），在国内艺术园区中保持领先地位。其中最具代表性的画廊当数尤伦斯当代艺术中心，中心位于798艺术区核心位置，每年到访近百万人次，有力地促进了中外艺术的交流，同时国内外80多位当代艺术家和100多位新锐设计师会聚于此，为艺术和设计爱好者奉献原创并具前瞻性的创意产品。2018年北京地区画廊数量趋于稳定，较2017年增加了9家，其中艺术园区内共增加6家，分别是宋庄艺术区增加3家和22院街艺术区增加3家。[①]

---

① 雅昌艺术网，http：//gallery. artron. net/class/0－hubei. html? userGrade＝3。

表2　2018年北京市前5名艺术园区画廊数量及占比

单位：家，%

北京地区艺术区	画廊数量	占比
798	191	14.76
宋庄	81	6.26
草场地	53	4.1
22院街	29	2.24
观音堂	21	1.62

资料来源：雅昌艺术网。

通常情况下，画廊都是私人画廊，这意味着没有一家画廊有义务公布它的营业额或销售额等运营数据，从而导致一些价格数据信息的缺失，只能根据画廊的大小、展览数量以及运营时间来判断其商业影响力。艺术品一级市场的健康发展反映了有越来越多的资金支持艺术市场的发展，也意味着有越来越多的人对艺术品收藏感兴趣。由于一级市场比二级市场更针对青年艺术家的作品，因而作品价格会相对较低，因此具有更大的升值空间。在画廊藏家群体的分布上，一般金融IT人士占比相对较高，时尚、娱乐圈人士次之，还有从事律师、教师行业的藏家以及许多年轻的藏家。丰富的藏家分布以及新藏家的进入，意味着我国艺术品一级市场的基础已经开始变得稳固。

2. 艺博会市场

2018年北京艺博会市场发展繁荣，在中国文化"走出去"的政策引领下，北京上下半年两大艺博会都在扩大办展规模的基础上有所创新，不仅有效促进国内外艺术品文化交流，也进一步彰显中国优秀传统及当代文化现状。此外，艺博会与画廊市场相互促进的趋势也在逐渐加强，越来越多的大型画廊加入北京的艺术博览会。

2018年4月，第十三届艺术北京博览会于北京农业展览馆举行。作为继2006年"艺术北京"开幕以来规模最大的一届艺术北京博览会，第十三届艺术北京博览会共有来自20个国家和地区的160余家艺术机构参展，在引入西方当代艺术的同时，向世界呈现中国当代前沿艺术，进一步彰显艺术领域的"中国力量"。第十三届艺术北京博览会依托于北京画廊协会的平台，全面展示国内外画廊面貌，支持推进中国先进艺术机构发展，进一步促进艺术品一级市场的良性发展。同年8月，第二十一届北京国际艺术博览会在中国国际展览中心举办，艺博会以"推动文化交流、促进艺术市场发展"为宗旨，共有中国、美国、法国、德国、意大利等10多个参展国家和地区的200余家画廊和艺术机构参展，参展作品包括张大千、徐悲鸿、张宝贵、特卡乔夫兄弟等名家经典作品在内的6000余件中外艺术品。2018年北京艺博会在增强艺术品展览品质的基础上拓展了销售渠道，运用"互联网＋"技术支持艺术品线上消费，并将线上拍卖和线下艺博会相融合，进一步促进艺术品消费升级。

（二）二级市场

2003～2013年，中国艺术品市场销售额增长了9倍，年均增长率超过40%。2011年中国艺术品市场达到了市场顶峰，成为全球最大的艺术品市场之一。但是近年来随着中国艺术品市场的投资收益下降，中国艺术品拍卖额有所下降。据雅昌艺术市场监测中心（AMMA）及Artprice（全球艺术市场信息网）联合发布的《2018全球艺术市场报告》，中国纯艺术拍卖市场2018年拍卖总额达44.85亿美元，市场份额占全球的28.96%，位居全球第二。[①]

根据中国拍卖行业协会文化艺术品拍卖专业委员会发布的数据，受经济环境的影响，2018年中国境内文物艺术品拍卖成交量为183297件（套），成交额563.18亿元，同比下降12.39%。其中，2018年北京地区总成交额达312.37亿元，占全国总成交额的55.6%，继续位居榜首。根据全国拍卖管理统计，2018年全国拍卖企业增长至7914家，同比增长3.76%，其中北京地区拍卖企业共790家，同比增长5.76%，占全国总量的9.98%，从数量与质量上看都处于全国领先地位。

---

① 雅昌艺术市场监测中心，http：//amma. artron. net/reportDetail. php？id＝61。

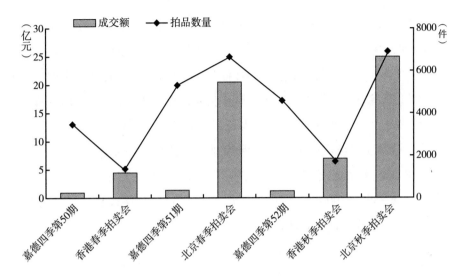

图1　中国嘉德2018年拍卖会拍品数量与拍卖成交额

资料来源：中国嘉德与北京匡时官网统计。

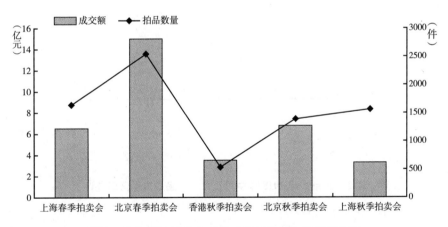

图2　北京匡时2018年拍卖会拍品数量与拍卖成交额

资料来源：中国嘉德与北京匡时官网统计。

图1、图2表明，北京二级市场不同季节拍卖成交额波动幅度较大，根据中国嘉德与北京匡时2018年拍卖会拍品数量及拍卖成交额数据，2018年拍卖市场成交量并未呈现明显的时间趋势。中国嘉德2018年共举办拍卖会7场，其中于北京举办5场，上拍作品29922件，其中北京上拍26871件，

占比为 89.8%，全年总成交额达 59.46 亿元，北京地区成交额占全国成交额的 81.4%。北京匡时 2018 年全年总成交额 35.12 亿元，北京地区总成交额达 21.86 亿元，占比为 62.2%，共上拍作品 7662 件，其中于北京地区上拍 3931 件，占比为 51.3%。北京保利全年总成交额达 84.7 亿元，北京地区拍卖成交额占总成交额的 65.2%。可见，北京为我国艺术品二级拍卖市场的主要成交地。

北京艺术品二级市场价格继续保持理性，根据北京保利 2018 年拍卖数据，2018 年艺术品成交继续以中端艺术品为主，高端艺术品成交量下降。主要成交额区间为 1000 万至 3000 万元（见图 3），全年成交最高价为赵无极的《大地无形》，以 1.829 亿港币成交。

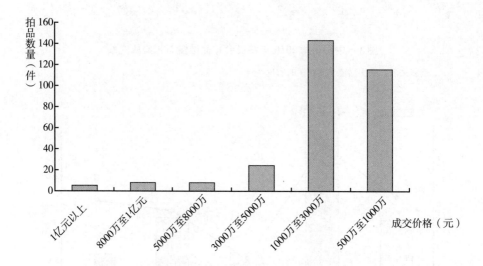

图 3 北京保利 2018 年中端及以上拍品成交额区间统计

资料来源：北京保利国际拍卖有限公司统计。

此外，2018 年北京地区艺术品二级市场呈现百花齐放态势，除北京保利、北京匡时、中国嘉德三大拍卖公司外，多家拍卖公司迅速发展。根据北京拍卖行业协会发布的《2018 艺术市场价值榜榜单》①，北京荣宝、北京华

---

① 《2018 艺术市场价值榜发布》，北京拍卖行业协会，2018 年 3 月 14 日，http：//www.bjpmhyxh.com/view.asp？id＝474#list。

辰、北京保利、中国嘉德获得"2018 年度市场成长力拍卖企业",北京诚轩、北京湛然、中鸿信拍卖获得"2018 年度经营创新力拍卖企业",多家拍卖行均处于全国领先水平。

三 首都艺术品贸易结构分析

2018 年,受世界经济形势和国内经济发展战略调整的影响,中国艺术品进出口总额均较上年出现不同程度的波动。在进口方面,进口总额连续 5 年呈现大幅度下滑,总额降至 1 亿美元以下。其中,唐卡、油画及粉画类总额依旧保持艺术品进口的领先地位,濒危动物收藏品类进口额略有上升。在出口方面,由于近年来艺术品市场监管的加强,行业整体向"减量增质"转型,出口竞争力增加,2018 年出口总额下降 6.6%,降幅较上一年减小。其中,唐卡、油画及粉画类依旧是艺术品出口的主要类别,艺术品出口结构相对单一。

2018 年北京地区艺术品进出口总额为 7.40 亿元[①],较 2017 年变化较小。总体来看,各月进出口额波动幅度较大,其中 1 月、3 月、4 月、11 月的进出口额下降幅度明显,2 月、6 月、8 月、10 月的进出口额均同比增长较大(见图4)。

与北京市当月进出口总额横向对比,2018 年下半年艺术品进出口市场总体表现相对较好,同比增长月份较多。其中,2018 年 10 月为北京艺术品市场进出口贸易爆发期,其进出口额同比增长幅度达 2166.76%,为全年之最,占当月进出口额的比例为 0.187%。2018 年 2 月、4 月及 11 月为艺术品进出口低迷期,三个月份的艺术品进出口额仅占当月北京市进出口额的0.007%。总体来看,艺术品进出口市场在进出口贸易市场中仍然占据极小部分,为推动建设文化强国,推进优秀传统文化"走出去",应进一步加强艺术品进出口政策支持,鼓励我国艺术品与世界艺术品市场互联互通,扩大艺术品进出口在文化产业进出口及总体商品进出口中的比重,促进艺术品市场健康发展。

---

① 海关信息网,http://www.haiguan.info/OnLineSearch/TradeStat/StatComSub.aspx? TID = 1。

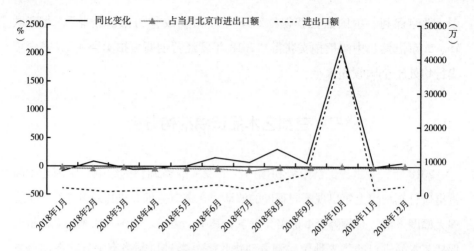

图4　2018年北京市各月进出口统计

资料来源：海关信息网。

（一）进口情况

2018年北京地区艺术品进口总额为5.07亿元，占全年北京市进口总额的0.02%，波动幅度较小。纵向对比，艺术品市场进口额存在明显的季度倾向，其中除2月、3月、7月外其他月份进口额均在1000万元以上；下半年各月的进口额相对较大，8月、10月、12月进口额为2018年北京市进口额最大的月份。在同比增长方面，北京地区艺术品进口市场总体呈现同比增长趋势，各月份波动幅度较大且无明显季节趋势。全年共有4个月份的同比增长为负，分别是1月、3月、9月、11月；此外，2月、8月、10月均出现200%以上增长幅度，其中10月为全年同比增长最高的月份，达到2881.40%。

横向对比，2018年各月份艺术品进口额占当月北京市进口额的比例较低，平均占比仅0.01%左右，变动幅度较小。其中，8月、10月、12月占比超过0.01%，10月为全年占比最高月份，达到0.176%；3月、7月占比在0.005%及以下，其中3月达到全年各月份占当月北京市进口额的最低值，仅占0.002%（见表3）。与出口情况相比，北京艺术品进口体量较大但占当月北京市进口份额较小，大部分月份的占比远低于出口月份的占比，艺术品进口市场仍有较大增长空间。

表3　2018年各月北京市艺术品进口总额及占比

单位：万元，%

月份	进口额	同比增长	占当月北京市进口额比例
1月	1739.17	-66.72	0.010
2月	918.51	229.03	0.007
3月	436.55	-62.55	0.002
4月	1033.25	14.78	0.006
5月	1726.05	119.13	0.009
6月	1607.30	82.89	0.009
7月	998.39	103.26	0.005
8月	3609.35	542.46	0.019
9月	1440.94	-47.07	0.007
10月	32985.11	2881.40	0.176
11月	1566.09	-10.42	0.007
12月	2597.67	94.35	0.014

资料来源：海关信息网。

（二）出口情况

2018年北京地区艺术品出口额为2.32亿元，占全年北京市出口总额的0.05%。纵向对比，艺术品市场的出口上半年相对低迷，下半年表现较好，其中1月、2月、11月的出口额均不足500万元，最低月份为11月，仅273.45万元；而出口量最高月份为10月，出口额为9162.48万元，北京艺术品出口市场的时间趋势明显。从10月的出口大幅度增长到11月出口市场低迷，北京口岸出口量出现大幅度下跌，市场表现随机性强。在同比增长方面，除2月、4月、5月、11月外，其他月份均呈增长态势，6~10月北京地区出口额同比增长均在10%以上，其中10月同比增长1116.78%，为全年之最；出口市场2018年同比下降幅度不大，最大下降幅度月份为11月，同比下降73.72%，总体以增长为主。

横向对比，2018年各月份艺术品出口额占当月北京市出口额的比例波动幅度较大，其中1月、11月的出口占比不到0.01%，最低的11月仅占0.007%，而9月、10月艺术品市场出口占当月出口额的比重超过0.1%，其余月份占比均在0.01%~0.05%上下浮动（见表4）。与进口市场相比，出口市场体量相对较小，北京市全年出口总量仅为进口总量的 45.8%，出口市场仍处在发展初期。为落实中国文化"走出去"政策，增强我国文化竞争力，为我国经济、社会、外交发展提供有力的"软"保护，应进一步完善相应体制机制，鼓励艺术品出口市场进一步发展。

表4　2018 年各月北京市艺术品出口总额及占比

单位：万元，%

月份	出口额	同比增长	占当月北京市出口额比例
1 月	350.61	15.76	0.009
2 月	303.69	-3.33	0.010
3 月	1008.34	89.13	0.022
4 月	654.12	-66.20	0.017
5 月	716.70	-45.63	0.017
6 月	1950.27	374.40	0.050
7 月	1040.38	137.42	0.024
8 月	1562.86	134.30	0.035
9 月	5630.14	432.97	0.143
10 月	9162.48	1116.78	0.242
11 月	273.45	-73.72	0.007
12 月	583.81	44.46	0.012

资料来源：海关信息网。

四　首都艺术品贸易存在的问题及对策

（一）充分发挥北京天竺综合保税区的作用

2018 年，根据国务院关税税则委员会印发的《关于降低日用消费品进口关税的公告》，国家进一步下调艺术品进口关税，大部分艺术品关税税率实现大幅度下降，部分艺术品如手绘油画、粉画、雕塑品原件等税率降至1%。然而，艺术品进口的增值税税率为 17%，高居不下的税率严重阻碍了国外优秀艺术品的流入和我国海外文物的回流。随着文化自信方针的推进和改革开放的进一步深化，艺术品保税成为促进文化产业贸易发展的重要手段。2018年9月，北京海关联合保险公司在北京等部分海关试点关税保证保险，即在引进国际艺术品时不再需要完税放贷，出具保险公司保单艺术品即可放行。该政策的实施将进一步缓解企业资金压力。北京地区应依托北京天竺综合保税区，在进口方面通过保税区避税功能加强区内艺术品交流，在出口方面通过出口退税政策享受出口集贸便利，促进外贸便利化。

此外，针对现行北京市保税区和文化贸易基地仍旧体量不足，不足以对首都整体外贸市场形成号召作用等问题。一方面，北京市应加强相应人才培养，形成跨文化、国际贸易两大领域，精通政策、实务操作的专业保税区人才队伍；另一方面，市政府应推动相关服务配套设施建设，为保税区提供运输、保险、金融等保税区必备配套服务，加快保税区通关效率。

（二）促进艺术品商业模式创新

2018年北京地区艺术品市场整体处于缓慢回暖状态，一级市场画廊、艺博会保持平稳，二级市场投资者趋于理性，艺术品传统商业模式难以出现较大增长，为推进北京市文化产业发展，发挥首都文化产业引领作用，促进艺术品商业模式创新刻不容缓。

在以区块链为首的互联网技术大力发展的背景下，"互联网＋"艺术品商业模式有助于通过云计算、网络营销、运营推广等互联网技术解决艺术品行业的信息不对称、交易安全及效率问题，并通过优质互联网资源降低交易成本，促进艺术品交易的大众化发展。此外，为解决艺术品变现难、流通难的问题，通过"艺术品＋金融＋互联网"模式产生的艺术品抵押贷款、艺术品基金私募化等产品将有助于促进艺术品市场的资金融通，进一步推动艺术品消费升级。在第十三届艺术北京博览会上，"艺术北京"与京东艺术品频道强强联合，推动艺术北京博览会于互联网线上呈现，此次创新也进一步打开了艺术品商业模式创新渠道，为艺术品与互联网相融合提供了经验。在此基础上，北京应继续促进艺术品市场与互联网、金融业融合发展，同时出台相应的风险识别机制及交易保障机制，加强金融监管并严格市场准入，为艺术品行业新模式提供安全良好的发展平台。

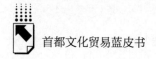

（三）推动画廊市场与艺博会市场相互支持

北京地区艺术品市场存在二级市场发展相对健全，而一级市场发展相对落后的畸形现状。一般来说，一级市场画廊的功能是发现和发掘具有潜力的艺术家并与其签约，指导艺术家的发展方向；也只有一级市场优秀的艺术品才能进入二级市场拍卖。然而，北京地区二级市场的发展规模远大于一级市场，导致艺术品先由二级市场定价，后流入一级市场，艺术品定价错位。一方面，艺术品价格存在偏差会进一步导致投资者信心降低；另一方面，艺术品市场缺乏具有公信力的鉴定和估值机构，艺术品造假、诈骗乱象难以治理。

为进一步促进北京地区艺术品市场发展，需要加强一级市场中画廊与艺博会的相互促进作用。首先，画廊是一级市场的基础，一级市场是艺术品市场的根基。因此，应促进画廊与艺博会的良性互动，利用艺博会平台更大地提升画廊知名度并促进一级市场消费。其次，艺博会作为临时性、合作性及流动性的平台也有助于促进画廊转型，改变画廊单一的固定经营模式。最后，由于艺术品进出口的复杂性，艺博会作为可以同时承接国内外艺术品的平台，应成为中外文化交流的窗口，促进国外艺术机构通过在艺博会上展览的方式进入中国市场，鼓励中国画廊、艺术品通过艺博会提高知名度、增强出口竞争力。

（四）加强首都艺术品产业的引领作用

北京市作为全国最重要的艺术品交易市场，需要有效发挥首都艺术品产业的引导作用，树立典型典范，为全国艺术品市场的发展提供借鉴。一方面，艺术品市场发展应依托国家重大发展战略。艺术品市场作为文化产业的重要分支，在落实中国优秀传统文化"走出去"、弘扬中华文化方面具有不可替代的作用。近年来，党和国家进一步鼓励美术馆、博物馆、文化保税区的建设，在文化产业金融化的同时继续促进文化产业向规范化、制度化方向发展；同时，北京市响应国家号召，相继发布《关于促进首都文化金融发展的意见》等多项政策。艺术品产业的特殊之处在于其反映了一个国家的传统民族精神和当代人民的精神状态，因此艺术品发展应反映当代人民的正确价值观，与中国重大发展战略相契合，成为世界认识中国的窗口产业。

另一方面，在多种艺术品商业模式兴起的环境下，应建立有效的诚信交易体制和征信体制，完善相应法律保障。随着"互联网＋"艺术品及艺术品金融化的发展，艺术品鉴定成为保障交易不可或缺的环节。因此，应在线上交易中建立有效的诚信交易体制，开设个人诚信账户，杜绝艺术品造假行为；在金融领域建立合理征信体制，保障艺术品信贷市场的健康发展。

参考文献

姜悠悠：《小议画廊与艺术家动态法律关系的平衡》，《法制与社会》2018 年第 3 期。

马健：《艺术品私募投资基金的成长历程与发展方向》，《社会观察》2011 年第 2 期。

王长松、杨乔：《中国艺术品进出口贸易分析》，《湖南社会科学》2014 年第 3 期。

《文化部发布"十三五"时期文化产业发展规划》，搜狐网，https：//www.sohu.com/a/135268752－528913。

专 题 篇
Special Topics

B.9

丝绸之路国际剧院联盟的
探索与实践
——"一带一路"国际表演艺术合作的中国方案

王洪波*

摘　要： "一带一路"倡议的提出使中国与丝绸之路沿线国家在文化
领域加深了合作，在此背景下，丝绸之路国际剧院联盟成立。
它是世界范围内第一个跨区域、跨国家的剧院联盟，为世界
舞台艺术领域存在的难题提供了中国创意和中国方案。丝绸
之路国际剧院联盟是一个信息交流、联合制作、共同展示的
平台。它将成为覆盖"一带一路"沿线国家及延伸区域的全
球性文艺演出院线联盟，形成良性循环的国际剧院联盟运营
平台，充分发挥文化的"引擎"作用，整合文化资源、渠

＊ 王洪波：中国对外文化集团有限公司新闻总监。

道、观众，开展深层次、多样化、重实效的交流合作项目，
激活整个社会的文化创造力。丝绸之路国际剧院联盟的建立，
第一次帮助中国的表演艺术团体建立了全球化视野，对其节
目的创意、策划、制作、市场拓展等方面来说是一次全面的
打开；对于提升国内各级艺术表演团体的鉴赏力和自我更新
能力，吸收消化各种表演艺术理念以及开展各种形式的创新
产生潜移默化的借鉴和学习效应。

关键词： 丝绸之路　文化贸易　国际剧院联盟

习近平主席在 2018 年中非合作论坛北京峰会开幕式上的主旨讲话中，
专门提到"支持非洲国家加入丝绸之路国际剧院联盟"，标志着丝绸之路国
际剧院联盟这一诞生仅仅两年多的新生事物，进入了国家最高领导人的视
野，并亲自向国际社会重点推介。2016 年 10 月 21 日，北京举办了首届
"丝绸之路国际剧院联盟研讨会"。来自中、英、美、俄、法等 21 个国家和
地区及 2 个国际组织的 56 家成员单位共同签署了《丝绸之路国际剧院联盟
北京宣言》。21 日下午，丝绸之路国际剧院联盟启动仪式在北京天桥艺术中
心举行。

"丝绸之路是沿线各国共有的宝贵财富，也是文化艺术共同发展的重要
资源。"① 打造"丝绸之路国际剧院联盟"是中国贡献给世界表演艺术合作
领域的中国创意和中国方案，因其兼顾各方利益、体现中国担当、符合艺术
规律的特色，受到各方响应与欢迎。截至 2019 年 1 月底，丝绸之路国际剧院
联盟共有 107 家成员单位，分别来自 38 个国家和地区及 2 个国际组织。②

---

① 任姗姗：《梦想照进现实》，《人民日报》2016 年 11 月 17 日，第 16 版。
② 任丽梅：《国际剧院联盟共享沿线文艺资源》，中国改革报，2016 年 11 月 17 日，http：//
www. crd. net. cn/2016－11/17/content_ 23001060_ 2. htm。

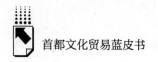
一 解决世界舞台艺术难题的中国方案

"一带一路"倡议的提出,得到世界各国的纷纷响应,文化领域反响格外热烈。截至 2016 年 11 月,中国已与 59 个丝绸之路沿线国家共签订了 200 多个文化交流合作协定的执行计划,与许多沿线国家展开文化年、艺术节、电影周和旅游推介等丰富多彩的人文交流活动,还在不同国家多次举办以"丝绸之路"为主题的文化交流与合作项目。

在此背景下,具有多边性国际化的演艺产业平台功能的丝绸之路国际剧院联盟成立,并被文化部纳入《"一带一路"文化发展行动计划(2016~2020 年)》。2013 年 12 月该设想开始萌芽,并于 2014 年 12 月正式发起倡议。该倡议通过于 2015 年 8 月、9 月和 11 月举行的中俄人文合作委员会文化合作分委会第十五次会议、中英文化论坛和第二届中国—中东欧国家文化合作论坛的推介走上国际舞台。2016 年 1 月该倡议通过专家论证,3 月文化部正式批准中国对外文化集团公司(2018 年底实施公司化改制,更名为"中国对外文化集团有限公司")倡导成立"丝绸之路国际剧院联盟"。[1] 同年 6 月,法国国立剧院联盟签署《关于加入丝绸之路国际剧院联盟合作备忘录》。

首批加盟丝绸之路国际剧院联盟的 56 家成员单位,每年共有超过 3 万场次的演出,年观众总量超过 2400 万人次。这是一个惊人的数字,也是一个重要的资源。这个资源一旦得到整合,其效应会成倍的放大,让更多人获得文化艺术的享受,让"一带一路"倡议参与国的文化艺术机构率先获得一个世界性的舞台。首批加盟者中既有世界知名的艺术殿堂,如英国伦敦南岸艺术中心、广州大剧院等,也有综合性文化艺术中心,如匈牙利布达佩斯艺术宫、乌克兰国家大剧院、西班牙马德里皇家剧院和南非开普敦大剧院;既有专业性剧院,如俄罗斯圣彼得堡国家卡贝拉音乐厅、立陶宛国家话剧

---

① 任姗姗:《梦想照进现实》,《人民日报》2016 年 11 月 17 日,第 16 版。

院，也有机构组织，如法国国立剧院联盟、欧盟"一带一路"欧中文化旅游委员会。[①]

世界舞台艺术的难题就是为更多的观众创造更好的节目，为更好的节目找到更多的观众。从一定意义上来讲，丝绸之路国际剧院联盟的成立，为世界舞台艺术领域存在的难题提供了中国创意和中国方案，它也是世界第一个跨区域、跨国家的剧院联盟。

这个联盟以"开放、包容、共商、共建、共享"为行动纲领，以加强信息沟通与合作为努力方向，以推动优质文化资源互换、共享、合作开发作为宗旨，以"文化创造与文化交流搭建一个共同的世界性舞台"为目标。必须抓住共同发展这个最大公约数，致力于构建一个全方位、多元化、复合型的互联互通网络，从而推动"一带一路"沿线国家文化产业发展战略与文化市场需求的对接。以企业为主体，以沿线国家重要文化艺术中心为主要联结平台，以文化艺术资源为内容支撑。[②]

二　文化艺术在"一带一路"中将发挥重要作用

有史以来，丝绸之路不仅发挥着促进经济贸易合作的作用，对于促进亚欧民族之间的文化交流也起到了积极的促进作用。从古至今，丝路的价值只增不减，在今天的万里丝路上，满载商品的驼队被高速飞驰的列车飞机所取代，但在那些匆忙的脚步和希冀的眼神里，同样寄予着对于知识与美、理解与认同、美好心灵与幸福生活的向往。[③] 因此，文化艺术的交流与贸易在"一带一路"的舞台上将大有可为。

中央党校原副校长李君如在首届"丝绸之路国际剧院联盟研讨会"上

---

① 《丝绸之路国际剧院联盟提速文化交流》，新华网，2016 年 11 月 17 日，http：//ent. yunnan. cn。

② 《丝绸之路国际剧院联盟提速文化交流》，新华网，2016 年 11 月 17 日，http：//ent. yunnan. cn。

③ 《丝绸之路国际剧院联盟提速文化交流》，新华网，2016 年 11 月 17 日，http：//ent. yunnan. cn。

这样说道:"建设好'一带一路'需要两条纽带:一条是经贸纽带,这是一条利益纽带;另一条是文化纽带,这是一条人心纽带。我们在领导中国革命、建设和改革时常说:事业的成败得失,取决于人心向背。我们在推进国际合作的时候,也要高度重视人心向背的问题。'一带一路'如果光有利益纽带,没有人心纽带,不仅是不完全的,而且是不牢靠、不可持续的。"丝绸之路沿线丰富多彩的文化创造和文化遗产,牢牢地维系着这条纽带。"一带一路"将中国文化、印度文化、阿拉伯伊斯兰文化和以希腊罗马为开端的西欧文化联系起来,为当代文化创造戏剧、音乐、舞蹈、歌剧、民族艺术等提供了养料。①

文化活动可以展现国家和民族的文化特征,没有了独特的文化活动,国家的文化身份也将不复存在。因此,尊重文化差异、保护文化多样性,是世界各民族应该引起重视的问题。丝绸之路国际剧院联盟编织了传递不同文化声音的纽带,搭建了人们心灵交流的平台,它的建立与壮大为不同国家之间文化交流与合作,尤其是演艺文化贸易起到重要的作用。

丝绸之路不单是空间问题,也是一条各国之间进行交流借鉴、相互促进的沟通渠道。通过丝绸之路这一平台,能够渐渐发现各国和地区的世界观、价值观的共同之处。凭借"一带一路"倡议这一伟大构想,丝绸之路沿线国家可以在一定程度上发展其文化领域。如果所有的文明将"一带一路"伟大构想作为一个良好的沟通平台,在文化发展的过程中互鉴、互学、互融、互通,那么就能真正实现沿线各国人民的民心相通。丝绸之路国际剧院联盟的担当立足于文化艺术,却又远远超越了文化艺术。②

三 激活文化创新的一盘"大棋"

党的十八大以来,中央高度重视文化建设和文化"走出去"工作。2016 年

---

① 任姗姗:《梦想照进现实》,《人民日报》2016 年 11 月 17 日,第 16 版。
② 《丝绸之路国际剧院联盟提速文化交流》,新华网,2016 年 11 月 17 日,http://ent.yunnan.cn。

11月1日，中央全面深化改革领导小组第二十九次会议审议通过了《关于进一步加强和改进中华文化走出去工作的指导意见》。借助丝绸之路国际剧院联盟的平台优势，绘制以"一带一路"为中心的新时代的文化地图，联结国内和国外两个大局，以文化交流促文化合作，对内成为提升自身文化创造力的新引擎，对外成为推动中华文化"走出去"、展示中国形象的新窗口。①

剧院作为演艺产品的终端，不论是音乐剧、话剧、歌剧，判断一部作品的好坏，只有从消费市场、消费者身上才能找到答案。而丝绸之路国际剧院联盟有望从终端激活文化创新。

在过去短短的几年里，中国的一些二、三线城市建立了豪华剧院，然而观众、戏剧和戏剧管理人才仍然有待成长。如何降低剧院的闲置率，让大剧院从建筑地标变成文化地标，是该行业面临的一个考验。剧院如何创造优秀的表演艺术产品来吸引观众？剧目的制作如何跟上观众和时代的需求？现代戏剧管理人才如何进行培养？中国表演艺术产品如何达到世界舞台水准?②这些问题既包括国内问题也包括国际问题。解决方案是整合各方的资源，为自己和他人找到更大的舞台。观看表演艺术产品的人越多，它们就越能发挥作用，好戏在成熟并在观众中长大。中国对外文化集团公司于2009年成立了一个表演剧场，并已在国内市场走过了成功的道路，这条道路上的经验将在世界舞台上得到扩展和创造性地发展。

丝绸之路国际剧院联盟将中国和丝绸之路沿线国家的剧院紧密联系起来，形成了可以进行有效信息交流、联合制作和联合展示的良好平台，并发挥了巨大的作用。一是在绩效内容产品的联合采购和分销上，从源头上解决了谈判、批量采购和资源共享的问题；二是在信息与人才的共享上，可以联合制作表演艺术产品，引入先进戏剧管理经验，并共享艺术创作与生产。这个平台使更多的国内院团、剧院和从业者能够与国际同行进行直接对话，最终能整合文化资源、疏通渠道、激活文化创造力。

---

① 《丝绸之路国际剧院联盟提速文化交流》，新华网，2016年11月17日，http：//ent. yunnan. cn。

② 任姗姗：《梦想照进现实》，《人民日报》2016年11月17日，第16版。

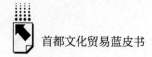

让演出产品站在一个更国际化的舞台上，通过更大更广的平台和渠道去突破空间限制，覆盖更广阔的市场和观众，是世界剧院院长共同的心愿。对外文化交流不仅要提速，要增量，更重要的是利用创新去实现质的变化。[①]

依托丝绸之路国际剧院联盟的平台，已推出香港弦乐团"一带一路"东南亚巡演、广州芭蕾舞团《芭蕾诗篇》赴地中海国家巡演、原创歌剧《马可·波罗》赴意大利巡演，以及与意大利著名作曲家理查德·柯西昂特签约，出品制作原创音乐剧《图兰朵》等。通过举办丝绸之路国际剧院联盟年会论坛、演艺交流会，启动高级管理人才培训计划等，丝绸之路国际剧院联盟已经成为活跃度高、在国际演艺市场日益发挥作用的受欢迎的国际组织。

丝绸之路国际剧院联盟也是由中国机构发起，并有效运营的第一个国际性文化组织。丝绸之路国际剧院联盟这一中国创意和中国方案，将给世界舞台艺术带来新的变化。

这条路需要更多的激情、更多的创意、更多的担当、更多的参与。

四　丝绸之路国际剧院联盟的国际地位

丝绸之路国际剧院联盟是世界范围内第一个跨区域、跨国家的剧院联盟，也是到目前为止第一个较为紧密的联盟性演艺类实体组织。因此，它的成立和发展，受到了国内外业界同行的极大关注。

在国际文化领域，最知名的国际组织当数联合国教科文组织，该组织为联合国政府间组织，成员为各国政府或其他地区性政治实体，已为大家所熟悉。除此之外，还有一个亚洲文化促进联盟。该联盟为非营利性的民间机构，于1981年成立，成员以亚洲各国的表演艺术经纪机构和经纪人为主，并涵盖亚太地区其他艺术种类的艺术经纪人。亚洲文化促进联盟会每年于亚

---

① 任姗姗：《梦想照进现实》，《人民日报》2016年11月17日，第16版。

洲国家的主要城市举办一次年度会议，会议围绕亚洲文化艺术趋势和交流艺术经验展开①，为下一步工作部署做准备，增进亚洲国家艺术经纪人之间的交流与合作。该组织由日本著名表演艺术经纪人神原老先生发起，近40年来，在引进西方古典音乐进行亚洲巡演方面发挥了重要的影响和推动作用。20世纪90年代和21世纪初，许多知名的西方古典艺术团来亚洲演出，亚洲各国乐团进行商业性互访演出和到欧美国家演出，多数都是该联盟出面协调和促成的。

而丝绸之路国际剧院联盟的发起、成立和发展，则是近年来在国内外兴建了一批高水平剧院设施及表演艺术市场在互联网信息时代呈现新的繁荣态势背景下进行的。这些设施多数是当地城市的地标性建筑，而实现与国际性演艺资源的互通互联，则是解决这些设施的内容填充和实现其功能的迫切需要。由中国历史最悠久、最具影响力的演艺平台机构中国对外文化集团公司发起这一联盟，顺应和满足了这种需求，这也是该联盟一经成立，就获得国际业界广泛响应的一个重要原因，加入者既有亚洲国家、欧洲国家、美洲国家、大洋洲国家的机构，也有在习近平主席的倡导和支持下，第一个加入联盟的非洲剧院——南非开普敦大剧院。此外，美国中西部表演艺术联盟也整体性地加入了丝绸之路国际剧院联盟。

丝绸之路国际剧院联盟将成为覆盖"一带一路"沿线国家及延伸区域的全球性文艺演出院线联盟，形成良性循环的国际剧院联盟运营平台，并以市场化为准则开展运营。以此为契机，积极推进优秀演出产品的区域化、国际化营销，以自行制作、整体打包采购现有产品，改装原有产品等形式为国际剧院联盟提供畅销且长销的产品；集中联盟现有的丰富资源，整体进入大型演艺产品的制作、采购、发行、推广、销售、市场培育、客户服务等层面，以国际高水平的文化号召力和市场吸引力吸引上游生产者和终端消费者，在"一带一路"区域内形成良性互动的信息流、资金流，进行产品集成和资源整合，逐步将丝绸之路国际剧院联盟运营成为内容供应商、文化投

---

① 任姗姗：《梦想照进现实》，《人民日报》2016年11月17日，第16版。

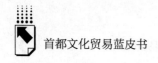

资商和各国文化消费者之间互动交流的强大平台。

丝绸之路国际剧院联盟将充分发挥文化的"引擎"作用，开展深层次、多样化、重实效的交流合作项目，以开放的眼光和全球化的视野，为丝绸之路、海上丝绸之路参与伙伴国和相关地区内设的著名剧院、演艺机构、表演企业、演出设备制造商、资本运营商等搭建平台，积极参与和拓展"一带一路"文化交流，将以市场主体方式运作，各成员通过紧密地合作运营，实现跨行业、跨地区、跨国界的联合协同，从而极大提升市场竞争力，实现集舞台艺术创作、剧院建设咨询、剧院管理运营、演出项目推广、周边产业综合发展于一体的文化集聚体效应，贯通"一带一路"的文化产业体系和产业链，最终形成与"一带一路"互为依托、互为补充、深入人心、影响久远的"一带一路"演艺文化带，促进"一带一路"区域及沿线国家文化艺术的繁荣与发展，形成一条新时代的文化丝绸之路。

五　丝绸之路国际剧院联盟对中国表演艺术贸易的影响

丝绸之路国际剧院联盟是一个全球性、开放性的体系，这一联盟的建立，有助于世界各国之间，尤其是世界各国与中国之间表演艺术交流的发展，对于中国优秀表演艺术"走出去"，也提供了前所未有的广阔空间。

首先，这一联盟的建立，第一次帮助中国的表演艺术团体建立了全球化的视野，在剧目的创意、策划、制作、市场等方面，以及在眼光和国际市场渠道方面都是一次全面的打开。加入这一联盟，共享联盟资源，使很多院团的格局开始变得宏大和开阔，这必将产生深远的影响。事实上，已有多家内地和港澳地区的艺术表演团体通过丝绸之路国际剧院联盟的平台，走向了世界舞台。

其次，随着更多国外优秀表演艺术产品通过联盟这一平台进入中国，与中国的机构实现紧密合作，对于提升国内各级艺术表演团体的鉴赏力和自我更新的能力，吸收消化各种表演艺术理念以及开展各种形式的创新，会产生潜移默化的借鉴和学习效应。不少院团通过联盟平台，邀请丝绸之路其他国家的艺术团体和艺术家与自身展开合作，为拓展国内外市场开辟新的途径。

第三，联盟机制与思想也会产生新的生产力。以中国对外文化集团公司旗下的广州大剧院 2018 年投资制作的原创歌剧《马可·波罗》为例，吸收中国、德国、英国、比利时等国的顶级艺术家参与创作，制作了世界上第一部由多位外国艺术家担任主要角色，却用中文演唱的大型歌剧，成为中国文化贸易乃至世界文化贸易中的开创之举。这台重要剧目，在 2018 年广州、北京两地首演的基础上，2019 年 6 月底参加了海上丝绸之路起点泉州大剧院的启用开幕式演出，并于 2019 年 9 月赴意大利热那亚、米兰等地巡回演出。这种机制与思想，也给国内大型国际化歌剧制作和市场推广带来了启发。

更多中国表演艺术行业的从业者认识到，中国表演艺术的舞台，不仅在中国。丝绸之路国际剧院联盟将更好地"让中国成为世界的舞台，让世界成为中国的舞台"。

参考文献

《丝绸之路国际剧院联盟提速文化交流》，新华网，2016 年 11 月 17 日，http：// ent. yunnan. cn。

任姗姗：《梦想照进现实》，《人民日报》2016 年 11 月 17 日，第 16 版。

B.10
中国文化遗产旅游和跨境
文化消费的思考[*]

——以故宫博物院为例

张喜华[**]

摘　要： 随着全球化进程的日益深化，国际旅游变得越来越便捷。文化遗产属于旅游产业的核心内容之一，吸引了世界游客的旅游观光。在全球化的背景下，中国文化遗产旅游可以有效地将国际人士吸引进来，通过他们主动向海外传播中国文化。故宫作为中国文化遗产的精英代表，浓缩了中国历史篇章，凝聚了中国文化特色，塑造了中国文化身份。在中国文化传播聚焦外部的同时，还可以从"内部发力"，内外结合，有效提升中国文化的国际影响力。故宫博物院在数字化、外语化、国际化、文创设计和教育功能方面都极富成效地促进了中国文化的海外传播。中国文化遗产旅游资源众多，成为越来越多海外游客的旅游目的地。但一些文化遗产景区过度商业化、文物保护意识不强、外语覆盖面过窄、文化旅游模式过于陈旧，因而在文化对外传播的效度上还大有提升空间。故宫文化对外传播中的宝贵经验值得中国其他文化遗产核心景区学习和借鉴，从而从内部增强中国文化核心竞争力。

---

* 本文属于北京市社科基金项目"新形势下大学英语教学中的思想政治教育创新研究"（编号：17KDB027）的阶段性成果。

** 张喜华，北京第二外国语学院教授，主要研究方向为跨文化研究、文化研究。

关键词: 　中国文化遗产　故宫博物院　文化旅游

一　文化遗产旅游为中国文化国际化"内部发力"

在旅游发展中,吸引国际游客的主要有两大内容:独特的自然景观和深厚的历史文化。中国历史悠久,文化遗产众多,截至 2019 年 7 月,已有 55 处世界自然文化遗产,位居世界第一,其中自然与文化双遗产 4 处、文化景观遗产 5 处、自然遗产 14 处、文化遗产 32 处,中国也因文化遗产众多而成为国际旅游目的地大国。国际游客参观中国历史文化遗产的过程是一种文化体验过程,是一种文化吸纳和内化的过程,因而本质上是一种文化在国际间传播的过程。当下的国际旅游变得越来越便捷和频繁,旅游已经成为大多数国际游客了解中国历史文化的直接、有效途径。国际游客身体力行地感知动态中国文化和现实社会,能够有效地克服文化偏见和消极的文化臆想。尤其对欧美西方发达国家游客而言,他们到中国的旅游能够最有效地打破西方几百年来对中国形成的根深蒂固的东方主义思维模式和话语模式。

近十多年,国家一直在强调中国文化"走出去",2000 年中国第一次明确提出了"走出去"的战略,在文化领域,"要以更加开放的姿态融入国际社会,进一步扩大对外文化交流,实施'走出去'战略"①。2011 年颁布了《关于深化文化体制改革推动社会主义文化大发展大繁荣若干重大问题的决定》,强调要推动中华文化走向世界。要开展多渠道多形式多层次对外文化交流,广泛参与世界文明对话,促进文化相互借鉴,增强中华文化在世界上的感召力和影响力。2014 年习近平总书记提出要讲好中国故事、传播好中国声音、阐发中国精神、展现中国风貌,要向世界宣传推介我国优秀的文化

---

① 杨利英:《新时期中国文化"走出去"战略的意义》,人民论坛,2014 年 9 月 26 日,http://history.rmlt.com.cn/2014/0926/323534.shtml。

艺术，让国外民众在审美过程中感受中国文化的魅力，加深对中华文化的认识和理解。"一带一路"倡议和"16＋1"合作机制都在强调中国文化"走出去"。在国家宏观战略和政策的指导下，各级部门、机构和组织都做了大量的工作来推动文化"走出去"，并取得了不小的成绩。但是，其中也存在一些不尽如人意的地方。众多的文化在"走出去"时，会给国外人士留下一些碎片式的记忆和一知半解的认识，难以消除他们对中国社会的偏见或误解。文化贸易从物理空间的角度来讲投入很大，但投入和传播效果不见得能成正比，因为能搬着"出去"的内容只是极小的一部分，属于鸿篇巨制中的某个片段；再者，许多方式方法未必能够被国外人士理解和接受。因此，人们对于文化"走出去"所涉及的内容、形式、目的地、需求、效果有了更深入的思考。文化"走出去"当然可以基于传统文化，但传统是有历史和语境的，要让世界认识一个真实的中国、一个当代的中国、一个动态发展的中国，就离不开语境。在中国文化"走出去"的大战略中，我们主要聚焦在"外部"，对"内部发力"的关注不够。国际游客到中国旅游，他们主动走进中国，他们游历观光的文化遗产不是孤立的舞台剧，而是有背景、有真实中国语境的文化遗产。只有理解语境，他们才能够更有效地理解中国元素或中国文化，才能在潜移默化中实现中国文化在国际间的有效传播，进而带动我国旅游产业和文化市场的快速发展。在花费巨大的人力物力将中国文化片段"送出去"的同时，我们还可以事半功倍地从内部着力，吸引更多的国际游客来到中国，主动了解中国，主动做中国文化的传播者和阐释者。所以，文化"走出去"不局限于我们把什么都外派或送出去，而是可以通过"内部发力"来达到良好的传播效果，将我国具有竞争力的文化内容推入国际文化市场，"深入参与国际文明的对话与切磋，把中华文化的理念和精髓传播至世界各地，让国际社会增进对中国的了解和认识，提升中国的国家形象和文化软实力"①。

如果说文化"走出去"是外树形象，那么要吸引国际游客来到中国，

①　杨明辉：《美国文化产业与对外文化战略》，《世界经济与政治论坛》2006年第5期。

并且有效地理解和吸纳中国文化，则需狠修内功。故宫博物院在中国文化"走出去"的"内部发力"方面值得国内的文化遗产核心景区学习和借鉴。

二　故宫博物院，开拓跨境文化消费新模式

故宫代表了中国古代宫廷建筑的最高水准，在世界建筑史上具有独特而耀眼的地位，也是世界现存面积最大的古建筑群。

"故宫博物院是世界文化遗产，是中国文化遗产的守护者与传承者，是中国文化对外交往的一张响亮的名片，也是'一带一路'建设中无可替代的文化元素。"[①] 故宫博物院收藏有 180 多万件文物，均为历代宫廷藏品中的精华，集中体现了中国传统文化与艺术的精粹。历史上，马可·波罗是将皇宫与丝绸之路直接连接起来的使者。当下，有更多的国外游客主动来到故宫，在不同程度上担当起了中国文化海外传播的使命。2016 年故宫博物院接待游客 1600 万人次，已连续多年接待游客约 1500 万人次，游客数量在世界博物馆中名列首位。来自世界各地的外国游客占故宫游客总数的 1/10，他们通过故宫感受中国传统文化，加深了对中国文化的了解，其中不少游客在潜移默化中加深了对中华文化的了解，进而成为中华文化的爱好者和国际传播者。故宫本身和其馆藏文物的魅力吸引着国际游客，而故宫在文化传播的方式方法上的举措更是锦上添花，增进了文化传播的效果。

（一）数字故宫

科学技术的发展为文化传播渠道带来了变革。"交互媒介改变的只是观众了解历史的方式，而不是信息的浅尝辄止和支离破碎。轻松不代表肤浅，而是意味着更高的要求，更多地打磨细节，更加精雕内容。"[②] 故宫博物院不断追踪先进的科学技术，充分利用数字技术和网络技术，建立故宫数

[①] 李文君：《"一带一路"与故宫》，《光明日报》2016 年 1 月 8 日，第 5 版。
[②] 施迅：《文创升级：故宫的华丽转身》，今日中国，2017 年 3 月 30 日，http：//www. chinatoday. com. cn/chinese/culture/whcy/201703/t20170330_ 800092420. html。

字体验馆，以新媒体的形式呈现一个数字化的历史文化遗产，新技术和新方法为古老的故宫带来了新生命。故宫与日本合作的"故宫文化资产数字化研究"项目，推出了故宫系列 VR 作品。与美国原 IBM 公司合作的"超越时空的紫禁城"项目，以故宫古建筑群 3D 数字模型为基础，在国际互联网运行网络虚拟游览项目。[①] 2016 年故宫博物院与腾讯公司建立长期合作伙伴关系，借助互联网平台把"互联网＋传统文化"从理念变为实践。现在，视听馆、全景故宫、V 故宫、故宫 App、故宫游戏等文化遗产传播的新产品有效地传播了故宫文化，其中的《数字故宫》短片将极为复杂的故宫建筑文化和建筑结构生动、形象、立体地呈献给游客，而且有外文版，令海外游客对故宫的文化内涵叹为观止。《韩熙载夜宴图》App 以"融汇学术、艺术、科技，贯通视觉、听觉、触觉，动态重现华美夜宴"获得 iPad 类最佳奖；《雍正行乐图》动态图片通过微信走红，累计转发量超过 80 万次。

（二）外文故宫

故宫作为世界文化遗产，既是中国的故宫，也是世界的故宫。国际游客如果走马观花，只看实物，根本无法理解故宫丰富的文化意蕴。为了增强文化传播效果，故宫博物院全方位打造了一个"外文故宫"。故宫出版发行了大量英文图书，既有小册子，也有大部头，点、面结合地系统介绍故宫的发展历史、馆藏文物和相关文化；录制英文影像光盘，制作英文版《数字故宫》，打造"视、听、读"立体化的"外文故宫"。故宫博物院的英文网站[②]系统而又动态地介绍了故宫。故宫为国外游客量身定制包括英语、日语、西班牙语、德语、韩语等 35 个语种的自动讲解器；在各个景点设置精准的中英文对照说明牌。所有这些措施极大地促进了国际游客对故宫和中国文化的了解。

---

① 李季、杨长青：《故宫博物院近期对外及港澳台地区的文化交流》，《故宫博物院刊》2012 年第 3 期。

② http://en.dpm.org.cn/.

（三）国际合作故宫

故宫博物院已与世界各大博物馆建立起了稳定而密切的联系，包括英国的大英博物馆、法国的卢浮宫、美国的大都会博物馆、德国的德累斯顿国家艺术收藏馆、俄罗斯的艾尔米塔什博物馆、日本的东京国立博物馆[①]，2015年故宫与丹麦国家博物馆开始合作。故宫与这些国际著名博物馆在多方面进行良好的沟通与合作，包括学术交流、展览交换、文物保护、管理经验交流、人员培训、人才培养等。借助这些国际博物馆平台，通过专业领域的深度合作交流，故宫博物院在借鉴国际文物保护、办展和管理经验的同时，很好地向外展示了中华优秀传统文化，加深了国外对中国的了解。此外，在互联网和数字化时代，积极通过网络交流和共享来实时关注全球博物馆行业的动态，及时借鉴国内外博物馆先进的工作经验，国际合作的故宫让文化遗产的意义跨越了国界。

（四）文创故宫

"想让故宫的文物资源活起来，首先得用百姓喜闻乐见的方式做展示，融入现代生活。文化创意产品重在'创意'二字，如何才能做到创意呢？首先要研究人们的生活。人们在今天想要获得什么样的信息，人们的生活需要什么样的内容，人们在用什么样的手段接收信息？只有充分了解人们的社会生活需求，才能做出令人满意的文创产品。其次是挖掘产品的内涵，只有把内涵充分挖掘出来，并和当下的社会生活对接，才能够影响人们。"[②] 故宫分类设置文化创意体验馆，如丝绸馆、服饰馆、生活馆、影像馆、木艺馆、陶瓷馆、展示馆和紫禁书苑等。各馆的文化创意产品主题明确，能够满足不同游客的多元化需求。其中，高端的文创产品有"五福五代堂紫砂壶"，该壶根据中国历史上五位皇帝喜欢的五把紫砂壶研发设计而成，作为国礼赠送外宾；九十年院庆的时候，故宫精细制作90对珐琅腕表，很快就

---

① 李季、杨长青：《故宫博物院近期对外及港澳台地区的文化交流》，《故宫博物院刊》2012年第3期。

② 郝赫：《文创让故宫"活起来"》，《工人日报》2018年6月7日。

为买家收藏。国外游客带回故宫文创产品或摆放家中，或赠送亲友，赋予了故宫文物生机，在海外鲜活了中国文化。

（五）教育故宫

世界文化遗产要具备教育功能，发挥教育作用，传承历史文化。故宫除了对内部故宫学院和故宫研究院起到培养专业人才的作用，还对国内外普通民众发挥着教育功能。故宫成立文物医院，让文物"起死回生"；开发时尚文创产品，让"文物"落入中外寻常百姓家；启动观众服务中心，与游客互动，让其参与其中。故宫的教育包括系列故宫讲坛、实践课程、接受国（境）外实习生、定期举办讲座和其他学术活动等。这一切围绕的核心是传播中国传统文化，不负历史文化遗产当下的教育使命。此外，故宫的"大部分营销收入都投入到研究和教育中。如今国际博物馆界认为博物馆的职能秩序，已经从藏品保管第一、研究第二、宣传第三，转变为将教育放在第一位。教育是要走进人们生活的，所以包括数字技术展示、藏品的创意展示应用等，都是教育的组成部分。我们对文物藏品进行研究的时候，有责任把其中丰富的文化内涵告诉社会公众，这是博物馆人的良心，是必须要做的事情"①。

故宫，巍然屹立在北京，上述五点有效的文化传播模式，从"内部发力"，有效地实现了中国文化的国际传播。所以我们应逐步改变观念、改进模式，不要一味追求物理形式的"走出去"或空间意义上的"走出去"，而是要改变推广模式。"我们应利用创新 App 或者文化类的主题网站，充分调动国外民众在虚拟网络空间中接触中国文化、感受中国文化的意愿"②，从而提升中国文化海外传播的效果。国内外像故宫这样的优秀案例不少，它们都在中国文化的海外传播中发挥着各种各样的作用。但也有不少文化遗产景区的状况堪忧。

---

① 王慧峰：《故宫要走进人们的生活》，《今日政协报》2017 年 3 月 4 日。
② 于丹、杨越明：《中国文化"走出去"战略的核心命题——基于六国民众对中国文化的认知度调查》，人民论坛，2017 年 9 月 28 日，http：//theory. rmlt. com. cn/2015/0825/400422. shtml。

三　文化遗产和跨境文化消费的问题与对策

过度商业化或管理不到位冲淡了文化传播效果。在我国的 55 处世界文化遗产中，在中国文化的海外传播效果上能和故宫媲美的实在是凤毛麟角，没有列入世界文化遗产名录的大量国家级文化遗产景区就差距更大了。北京对国际游客的宣传中有"逛秀水、吃烤鸭、爬长城"这样的简单口号，当然，这三件事情都值得去做，但其在内部管理和展示方面却不尽如人意。秀水街商品质量低劣，商贩随意漫天要价；京城最著名的全聚德烤鸭店人满为患，嘈杂的用餐环境严重影响中外食客的情绪；雄伟壮丽的长城一年四季人山人海，即便是中国游客也望而却步。根本而言，这些核心景区被过度商业化，管理水平也有待提升。

（一）优化市场环境，提高服务质量

文化在对外传播的过程中，应减少利益化和商品化的痕迹。在旅游业日趋发达的今天，许多地区的旅游景区盲目发展，以经济利益为导向，不断开发商业化活动，采用各种手段促使旅游者消费，甚至大搞封建迷信活动，文化遗产景区的文化和人文气荡然无存，或者不伦不类，或者景区周边混乱不堪。这些轻视或管理缺位行为破坏了文物，冲淡了游客对中国文化的认同，影响了中国文化形象。文化遗产具有文化市场价值，但其市场效益不应该以牺牲文化为代价。故宫采取的各项举措实现了文物保护、文化传播和经济效益三丰收。

（二）增强文化遗产保护和修复强度

要从内部加强对文化遗产的保护和传承。文化遗产作为中国历史上的文化瑰宝，蕴含着丰富的精神文化信息，是我国悠久历史文化的集中体现。我们有义务和责任让它们以更加完整、更加良好的姿态呈献给世界，让世界都能清楚、直观地感受到中国文化的魅力，更能感受到中国人对待自己文化遗

产的呵护态度，从而对我国文化有一个正确和理性的认识。例如，景德镇作为瓷都，陶瓷制品遍布世界，但是景德镇古官窑保存完好的却很少。目前景德镇正在准备申报世界文化遗产，其具备世界文化遗产的 OUV（outstanding universal value）特征，具备真实性（authenticity），却严重缺乏完整性（integrity），这将是景德镇申遗之路面临的最大挑战。

（三）发挥人才优势，提供交流便利

提高旅游翻译水平和外语覆盖面。文化遗产中的文化信息能够有效对外传播，首先需要有正确、完整、系统的解说内容，要有内容精准且符合外国游客接受习惯的解说翻译。旅游翻译"是一种跨语言、跨社会、跨时空、跨文化、跨心理的交际活动"①，是外国旅游者了解中国的必要媒介，文化遗产解说内容的翻译质量对于宣传中国、树立中国的对外形象、进行国际文化交流有着很重要的意义。但目前国内的旅游翻译情况不容乐观，各个旅游胜地的旅游翻译水平参差不齐，质量差的旅游翻译会带来误解、加深偏见，甚至引起人反感。如云南某景区的"万人防火不算多"就被翻译成了"Million people in fire is not much"，不恰当的翻译会降低景区、景点的品位，损害其形象，进而造成旅游达不到文化传播的理想效果。旅游翻译更要考虑读者的认知，顾及读者的文化心理和审美情趣，不仅要克服语言上的沟通障碍，还要尊重不同文化间的差异性。在翻译过程中，要思考如何让国际旅游者在欣赏我国文化遗产的同时更能领略我国悠久的历史文化，进而达到文化对外传播的良好效果。目前我国旅游翻译以英语为主，其他语种译文不多，在国家大力发展非通用语种的政策指导下，我国小语种人才日渐增多。随着"一带一路"倡议的推进，来自"一带一路"沿线国家的游客越来越多，相应的语言服务亟待跟进。文化遗产核心景区可以有针对性地进行旅游规划，使用多语种解说和布展，从心理上缩短中国文化与外国游客的距离，为游客理解中国文化提供便利。

---

① 李玉婷：《释意理论视角下的河西走廊旅游文本翻译研究》，《中国报业》2019 年第 2 期。

（四）推陈出新，丰富传播模式

丰富传播模式。"文化对外传播能力在很大程度上决定了文化影响力，决定了文化软实力。"① 只有积极探索多元传播模式，像故宫一样充分发挥大数据时代优势和新媒体优势，拓展各种文化网络交流形式，全面整合社交网络媒体资源，才能打破陈规、跨越藩篱，开辟中国文化的多元传播途径，提高传播效率，从而提升中华文化在世界范围内的知名度与影响力。

文化遗产凝聚和浓缩了中国文化，是中国文化的典型载体。中国文化的国际传播内容丰富，渠道更需要内外兼顾。中国文化海外传播的"内部发力"是对当下一些简约化"走出去"模式的反思。文化遗产不具备便捷的移动性，那么，从中国内部发力，加强对文化遗产文化意蕴的发掘，改进传播模式，吸引更多的国际游客进入中国并主动了解中国文化，从而优化跨文化交流效果，增加跨境文化消费，为中国文化的海外传播开辟另一片新天地。

---

① 任慧：《中国文化对外传播能力的现状与提升对策》，《人民论坛》2014 年第 29 期。

B.11
中国国际标准舞"走出去"新局面

张 平 郑晓云*

摘 要： 本报告主要探讨了以西方国家为发源地的国际标准舞传入中国之后，在四十年的发展过程中，中国通过何种方式使其在世界的舞台上获得一席之地；中国国标舞行业的从业者们在哪些方面的卓越作为和创新之举，使得中国国际标准舞在国际上的地位日益稳固；国际标准舞文化产品的进出口贸易，为中国带来了什么，在国际上带来了怎样的影响力；获得如此成就的中国，借助国际标准舞这一艺术载体，为中国文化"走出去"做出了哪些贡献等一系列问题。

关键词： 国际标准舞 文化贸易 文化交流

一 引言

自国标舞传入中国以来，无论在经济领域还是文化领域中，都为推动中国的发展做出了一定的贡献，其自身在中国的发展也可谓日新月异。从国标舞自身发展的历史来看，它从具有"社交性""娱乐性"特点的舞厅舞，发

---

* 张平，北京舞蹈学院国标舞学科教授、硕士研究生导师，国家文化贸易学术研究平台专家，中华文化促进会舞蹈艺术委员会副主任委员，中华文化促进会社区舞蹈工作委员会副主任委员兼秘书长；郑晓云，北京舞蹈学院2018级硕士研究生，研究方向为国际标准舞编创。

展成为"竞技性""艺术性"兼备的国际标准舞和国标舞艺术表演舞。从中国国标舞在世界发展的进程来看，中国从国际各大赛事的积极响应者，发展成为世界顶级国标舞赛事"黑池舞蹈节"的联合举办者；中国国标舞选手也从冠军"陪跑"发展成为世界冠军。这一系列的发展进程都离不开中国国标舞从业者们的不懈努力。笔者将从国标舞人才、国标舞赛事、国标舞产品等方面分析中国国标舞是如何打开国家的大门，走向国际；从国标舞选手的竞技水平和艺术表演舞的创作等方面分析中国国标舞是如何跻身于世界排名的前列；并从此前形成的局面分析，中国国标舞的卓越成就为中国文化"走出去"搭建了何种平台，开辟了何种路径，创造了何种机遇。

二 国际标准舞在中国的发展进程

国际标准舞起源于十一二世纪的欧洲。起初，它是欧洲和拉美各国的民间舞蹈，受到王宫贵族们的青睐后，便将其引入宫廷形成了"宫廷舞"。法国大革命爆发后，这些舞蹈再次传入民间，慢慢发展成为具有"社交性"特征的交谊舞蹈，并再次盛行开来。

1924 年，英国皇家舞蹈教师协会①的创办者菲利普·理查森（Philip Richardson 1875—1973）设立了国标舞分会，在前面四年准备的基础下，该机构对外公布了规范化后的标准舞（又称"摩登舞"，当时以"国际标准交际舞舞厅舞"为名进行公布，简称"国标舞"），并为世界各国所遵循。1960 年，拉丁舞也完成了规范化。至此，以标准舞和拉丁舞两大分支舞种为内容支撑的国际标准舞，完成了全部的规范化工作。目前，世界各国的舞蹈机构为突出其"竞技性"的特征，将"国际标准舞"更名为"体育舞蹈"，并欲将该项舞蹈运动纳入奥林匹克比赛项目。拥有 74 个会员国的"国际舞蹈运动总会"（International Dance Sport Federation）于 1997 年 9 月 4

---

① 英国皇家舞蹈教师协会（IDTA），1904 年成立于英国伦敦。

日正式成为国际奥林匹克委员会会员，国标舞于 2000 年成为悉尼奥运会表演项目，2008 年成为正式比赛项目。20 世纪 20 年代，中国上海的十里洋场掀起了国标舞的第一次浪潮。英式舞厅舞成为当时上海名媛、"老可勒"，以及上流社会人群社交娱乐的标配。① 与此同时，英国的标准舞也由当时声称是英国皇家舞蹈教师协会的教师在上海的部分舞厅传授开来。在这样全城起舞的盛世欢歌里，国标舞在中国将浓郁的海派文化色彩融入了中国的都市文化。

（一）行业协会的成立

20 世纪 80 年代，中国的改革开放催发了中国国标舞发展的又一次浪潮。在人民文化生活单调、匮乏，获准开放多元选择的形势下，这种长久压抑的文化生态使国际标准舞在中国这片广域的土地上再次顺势生长。群众自发组织的行业协会，为当时国标舞在中国的普及与推广起到了不可忽视的作用。一方面，1989 年经中国舞蹈家协会批准，成立了中国舞协国际标准舞总会（隶属中国舞协的二级组织）；1993 年经中国文联和民政部批准，该协会更名为"中国国标舞学会"（隶属于中国舞协），成为国家一级社团；2003 年中国国际标准舞学会和以文化部为主管的中国国际标准舞协会合并为"中国国际标准舞总会"。另一方面，国家体委社体司于 1991 年成立了中国体育舞蹈联合会。除此以外，中国艺术职业教育协会、中国文化传媒集团艺术教育测评中心等民间国标舞组织也相继成立。

行业协会的成立带动了中国国标舞界教育业和培训业的兴起。为了能与国际接轨，各个协会也都定期邀请国外具有权威的专家教授，或者邀请在世界赛事中名列前茅的职业选手来到中国，为中国国标舞教师和选手进行培训。与此同时，还对国标舞发展的历史及现状，大型国标舞比赛的组织形式、评审标准与计分方法等进行讲评等。据不完全统计，截至 2015 年，全国国标舞培训人群约 6000 万人，截至 2017 年，国标舞领域产值每年约 600 亿元。

---

① 任文惠：《国标舞传入中国时间考》，《北京舞蹈学院学报》2016 年第 5 期。

（二）专业学科的建立

中国的舞者能够在世界舞台上被关注的，都是从学院派出去的人。北京舞蹈学院国际标准舞系（旧称"社会音乐舞蹈教育系"）于 1989 年通过一门技术课程的方式进入艺术教育，同年 9 月正式建系并面向全国招生。1993 年以表演专科成为专业方向，1995 年创建中专国标舞表演专业，1997 年升格为本科表演专业，2008 年招收了第一届硕士研究生，设有国标舞教学体系和运动原理方向。历经 30 年，北京舞蹈学院国标舞学科教育为我国培养了一批批的国际标准舞专业人才，开创了中国高等教育国际标准舞专业的先河。

由北京舞蹈学院培养出来的专业人才毕业后分布到了各个地方院校，在各大院校中相继成立国际标准舞系，并成为各大专业院校国标舞系的骨干人才。1996 年，广东舞蹈学校正式建系并面向全国开始招生。随后，上海舞蹈学校也于 2001 年加入学科建立的队伍中。当今我国国际标准舞学历教育机构已达 121 所，其中 74 所院校为本科教育（含必修课程与社团性质），47 所为专科院校。

学院派教育体系的创建和课程建设加速了国标舞"冲出亚洲，走向世界"的步伐。中国的学院派教育使中国舞蹈演绎者在亚洲有了话语权和影响力。在亚欧的各大角逐场上，培养出的一批又一批的专业选手，凭借迅速提高的专业能力和审美意识，以倍速的趋势摘金夺银，成为国际舞台上冉冉升起的新星。与此同时，中国的选手与观摩团队在海外参赛、学习的频繁之举，也为其他国家带去了相当可观的课时费、旅游消费等经济效益。

三　中国国际标准舞"走出去"路径分析

（一）国际师资引进与中国人才输送

中国国标舞领域从行业协会的成立到专业院校国标舞学科的建立，至今已培养出众多优秀的专业人才，包括国标舞职业选手、国标舞教师、国标舞赛事评审、国标舞史论研究者、舞蹈编导和舞台剧演员等。这些人才的培育与快速成长得益于行业协会与专业院校长远的发展眼光——与国际接轨，"师夷长技"。正是因为国际文化的注入，我国也逐渐从"引进来"这种与其他国家建立外交的唯一模式，发展成为"引进来—走出去"的互动模式，在一定程度上带动了我国文化贸易的发展水平。

1. 国际师资"引进来"

跨国教学引进外教资源已成为中国国标舞界的特色教学模式，无论是学生还是教师，每年都会定期邀请国际一流的专家队伍开展授课培训等工作，学习国际先进理念，挖掘国标舞的文化特征、审美特征。这些国际师资团队主要来自英国、德国、意大利、俄罗斯、乌克兰、荷兰、美国、日本等。

国际师资引进形式众多。对于专业院校而言，与外教取得联系，邀请外教来学校进行为期3~7天的授课，是最常见的形式。对于行业协会而言，通常有两种情况，一是请外教担任国内赛事或中外联合举办的国际赛事中的评审，在比赛开始前后创办集训营，为参赛选手进行"大班课"和"一对一小课"的培训；二是开展评审培训，邀请国外在国标舞理论研究方面较为卓越的专家，为中国想要获取国内或国际评审资质的教师搭建平台，开展教师评审培训。对以双人舞伴为单位的专业选手而言，除了以上的学习形式，还有一种较为常见的形式，即自费出国学习。跨境教育消费模式既增加了国际文化市场经济效益，也会对旅游行业带来连锁经济效应。

国际师资的引进，为中国国标舞选手、教师、评审搭建了一个通向世界的桥梁，也为其构筑了与世界顶级选手和大师交流学习的平台。

2. 国内人才"走出去"

随着高等学科的建设和国际名校平台的互动，国标舞领域会集了国际顶级国标舞表演选手、专业的国标舞文化研究者、创新型舞蹈编导以及优秀舞台剧演员等众多优质人才资源。

以北京舞蹈学院为例，2008年学院招收了第一届硕士研究生，至今已有 11 年。除了早期设立的国标舞教学体系和运动原理两个研究方向，现又新增设国标舞艺术表演舞创作的研究方向。至今，北京舞蹈学院已培养出众多国标舞研究型人才。在 2018 年毕业的一批学子中，有的通过参加北京舞蹈学院与奥克兰大学联合培养、联办教学的项目，获得了硕士双学位。在中国，国标舞研究人才培养领域具有前瞻性和引领性。除此以外，北京舞蹈学院借助学院对外交流平台，组织师生先后到英国、德国、意大利、美国、澳大利亚、日本、新加坡、马来西亚、泰国、中国香港、中国澳门交流教学、参加比赛和学术讲习会等活动，与境外著名院校和大师舞蹈教室进行国标舞文化交流，借此，中西方国标舞文化发生思想上的碰撞和融合。

在舞台剧演出方面，国标舞舞台剧佳作《燃烧的地板》[①] 在 2015 年的世界巡演中打破先例，聘请了唯一的亚洲女性国标舞者许茜作为演员。中国面孔登上国际舞台的事迹在其他行业领域早已屡见不鲜，但是在国标舞行业中可谓突破性的进展。这足以说明，不仅在包罗万象的国际赛事中可以看到国人大放光彩，在舞台剧这种地域主张较强的艺术形式中也能看到中国人的身影，在国际市场打造中国国标舞品牌形象。

（二）中国国际标准舞赛事联办与资助

1. 中国人的"黑池主场"

2017 年 1 月，中传锦绣（北京）教育科技有限公司董事长袁斌经 WDC（世界舞蹈总会）会议选举，被任命为 WDC 副主席，同年 5 月，中国便以合作者的身份参与主办一年一届的"英国黑池舞蹈节"。这一突破性的举动标志着在英国黑池舞蹈节的土地上，中国有了自己的"黑池主场"地位。中国通过自己的努力从国际各大赛事的积极响应者，变成了国际顶尖赛事"黑池舞蹈节"的联合举办者。2018 年，在第 93 届英国黑池舞蹈节

---

① 国标舞舞台剧《燃烧的地板》，由国际著名制作人麦德卡夫耗资 1000 万美金打造，并在全球范围内创下了巡演票房奇迹的舞蹈巅峰之作。该剧将 300 年的各类舞蹈精髓、先进的高科技制作和壮观的舞台灯光、多媒体手段相融合，再加上独特的创意和摇滚乐的激情。

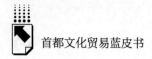

的赛场上，英方首次为中国设立了中国服务中心，为所有到现场的中国人提供无偿的服务与帮助。这种中英合作的新模式开创了世界舞蹈界的新格局。

2. 中国成功申办"世界拉丁舞锦标赛"

2018 年英国时间 5 月 28 日，世界舞蹈总会在黑池召开竞赛委员会工作会议，第一项议题是国际性赛事的规程修订和国际评审的评判标准修订；第二项议题则是表决通过 2021 年世界拉丁舞锦标赛的举办权申请。以中传锦绣为代表的中国力量以 26∶13 的巨大优势，代表中国取得了2021 年世界拉丁舞锦标赛的主办权。这是中国首次赢得这一赛事的主办权。①

（三）中国国标舞及相关文化产业融合发展

在一年一度的黑池舞蹈节上，冬季花园的赛场里陈列着琳琅满目的国标舞产品：最新潮的舞服、舞鞋样式，最权威的舞蹈教材，最清晰的舞蹈比赛影像资料，等等。这些成为参赛者和观摩者关注的热点，大多数人都会为此消费，因此带动了由国标舞衍生而来的众多相关产业经济的增长。这些品牌大多来自英国、法国、意大利等国家，除了中国舞服品牌"Chrisanna Clover"是黑池舞蹈节的常驻品牌外，基本上看不到其他中国产品。

通过不断地摸索和发展，中国国标舞品牌也为自身国际化发展寻找到跻身于国际地位的途径。如舞服品牌"TID""LISA"，通过资助国外比赛选手的方式，为自身品牌进行营销宣传，吸引了一大批国际顾客。

黑池舞蹈节通过"竞技"的形式，不仅推出了一批批英国籍的舞蹈名师和国际巨星，将英国的教育模式和教育体系成功推广至欧亚各地区，而且带动了英国国标舞相关行业及旅游业的兴旺发展。中国各大国标舞

---

① 范丽庆：《国际标准舞巅峰赛场的中国身影》，《中华英才》（半月刊）2018 年第 7 期。

品牌也正借助国际平台为自身宣传推广，大大改善了中国国标舞产品市场"只进不出"的贸易现象，完成了中国国标舞产品的国际化路径探索。

四 中国国际标准舞发展之新格局

（一）中国国际标准舞硕果累累

1. 中国竞技选手成绩名列前茅

近年来，中国的国标舞选手在各大国际公开赛事上展露身影，包括英国的"黑池舞蹈节""IDSF 国标舞世界锦标赛""UK 国标舞世界公开赛"等比赛，中国选手都能崭露头角，取得不错的成绩。

在第 93 届黑池舞蹈节上，我们屡屡看到中国选手上台领奖。其中，来自北京百汇舞蹈学校的张爱马迪和贾昊悦获得 21 岁以下拉丁舞组别的冠军，这是中国在黑池的历史上留下的浓重一笔。此外，中国选手张正阳和余懿、姚怡文和赵艾妮分别荣获摩登舞业余新星组的第三名和第六名，李玓和赵蕾荣获职业新星拉丁舞组别第四名，李思诚和周曼妮、彭佳男和钟佳慈则分别获得了摩登舞业余组的第五名、第六名等。为鼓励中国选手再接再厉，中传锦绣董事长袁斌额外为每对选手资助 1000 英镑的获奖奖金。

回望过去十几年，能够站在世界舞台上与国际参赛者角逐的中国选手本就寥寥无几，取得国际优异成绩的选手就更是少之又少。在近十年的发展中，中国队不再是"冠军陪跑"队，而是跻身于各个组别的决赛圈，并多次获得世界冠亚军的头衔。中国已逐渐成为世界国标舞坛上一支强大的生力军。

2. 中国艺术表演舞独占鳌头——世界黑池舞蹈节获得"双冠王"

除了在国标舞双人竞技比赛中，中国选手创造了一个又一个奇迹，由北京舞蹈学院附中代表队出品的拉丁团体舞《丝路·行》和摩登团体舞《月

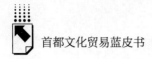

夜》，在团体舞赛事中一举夺得"双冠"，不仅创下了世界纪录，也极大地彰显了中国的团队优势。

（二）洋为中用——中国文化出口新渠道

1. 中国国标舞表演新模式——国际标准舞艺术表演舞

（1）中国文化之体现——以拉丁团体舞《丝路·行》为例

《丝路·行》是一部东方文化内容与西方艺术呈现形式完美结合的拉丁团体表演舞作品，由北京舞蹈学院附属中等舞蹈学校的国际标准舞系于2017年推出。2018年5月，该作品在享有"世界国际标准舞最高殿堂"之称的"黑池舞蹈节"上大放光彩，并摘得世界拉丁团体舞组别的桂冠。

该作品突破性地融合了东西方文化——中国的敦煌舞题材与西方的国标舞语汇，以外来的舞蹈艺术形式承载、表达、传递着中国的传统文化。其完美地做到了"洋为中用"，具有较高的创新意义、审美价值与艺术意蕴。

《丝路·行》的创作灵感来源于敦煌莫高窟，它以太平盛世的大唐历史为底色，以浓厚悠久的文化底蕴为支撑，将古代丝绸之路的历史以舞蹈艺术这一表现形式呈现在观众面前。《丝路·行》在把握中华传统文化核心的创作主题下，巧妙地将敦煌元素与国际标准舞语汇相结合。例如，含有敦煌意蕴的"拈花佛手"随处可见，该手型的拇指与中指紧紧相靠，其余三指微微上翘，编导以此来替代拉丁舞的传统手势；又例如，舞者近乎所有的形态都遵循了敦煌舞中"三道弯"的审美特征，将原本挺拔直立的身体造型进行重新构建，刻意凸显女舞者的身体曲线，腰部、胯部、四肢的动作弧度被放大化，较"原汁原味"的拉丁舞姿态增添了几分东方韵味。

《丝路·行》在创作上的创新之举，让国际友人进一步了解了中华文化的博大精深，在惊叹于艺术作品与国家文化意识高度结合的同时，作品的审美性不但没有大打折扣，反而赢得了非同凡响的效果。

（2）中国精神之体现——以拉丁团体舞《黄河》为例

同样为拉丁舞团体表演舞的《黄河》，也是一部获得业界极高赞誉的舞蹈作品。该作品由王鑫担任编导，由上海戏剧学院国标舞专业的学生参与演出。该作品曾在第三届"CBDF国标舞艺术表演舞锦标赛"中荣获第一名。

该作品选用了中华儿女耳熟能详的《保卫黄河》作为背景音乐。编导从音乐层面出发，运用交响编舞法，根据乐曲的结构层次来递进舞蹈作品的情绪，使舞步与旋律遥相呼应。编导为演员们选择了民国时期的学生服装——男生身着中式长衫、长裤，女生身着过膝学生裙。在这样的形象塑造下，舞者们双手握拳，身体前倾，运用刚劲有力的斗牛舞步，呈现我国爱国之士不畏艰难险阻、迎难而上的大无畏精神与英雄主义气概，将誓死保卫祖国的革命精神展现得淋漓尽致。

传承中华传统文化、弘扬中华美学精神，是中国国标舞肩负的使命，亦是中国国标舞人肩负的使命。只有坚持洋为中用、融会贯通，我国国标舞事业才能更好地发展繁荣。打开国门的途径不是只有经济的注入，还有文化、艺术等软实力的注入。中国国标舞"走出去"，是中国文化"走出去"，更是中国精神"走出去"。

2. 中国文化新平台——中国酒会、中国画展、中国舞蹈

在一年一度的黑池舞蹈盛会上，以中传锦绣为代表的中国团队抓住了宣传中华文化的机遇。由中传锦绣CDC举办的"英国黑池艺术节中国酒会"吹起一股绚烂"中国风"。在2017年和2018年的中国酒会上，中方把具有中国特色和蕴含中华文化的中国古典舞、中国民族民间舞带到了黑池的舞台上。由北京舞蹈学院、中国民族大学、解放军艺术学院组成的优秀舞蹈演员团队向外方嘉宾表演了《中国娃娃》、《傣家小妹走过来》、《东北秧歌扭起来》、蒙古族独舞《行草原》、藏族独舞《自由牧人》、古典舞《大鱼海棠》和《芳华》、维吾尔族舞蹈《长辫》等中国舞蹈。除此之外，在2017年的中国酒会上，中传锦绣还将中国画布展在冬季花园的文艺复兴厅中，数十幅中国画传递出中国文化艺术的魅力，这与中国舞一静一动、相得益彰，博大精深的中国文化征服了在场嘉宾。

在国际舞台上举办中国酒会这一创新性的举动，为弘扬中华文化内涵、

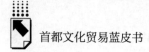
中华艺术魅力和中华民族精神搭建了新的平台，创造了新的机遇。展现了我国求同存异、兼容并蓄的大国风范和文化精神，为世界文化艺术发展注入了新的能量。这是文化央企引领中国艺术文化跻身世界顶级舞蹈赛事的盛举，开启了中国文化"走出去"的新篇章。

五 结语

在新中国成立 70 周年、改革开放 41 周年的伟大历史时刻，我们必须要面对现实，肯定中国国际标准舞百年发展的辉煌历程。国标舞在中国已经融入中国的文化当中，成为一种历史的存在。从行业协会的成立到高等院校学科的建立，从业余国标舞爱好者到享誉国际的高端表演艺术大师，国标舞从业者数千万，国标舞产业链广布而错综。仅从每年到英国黑池参赛、观赛的中国选手上千名这个数据来看，中国在人数上已成为世界舞蹈第一大国。面对新时期全面深化改革的国策以及习近平总书记倡导的"文化自信""一带一路""世界利益共同体"这些利于中华民族伟大复兴和中国文化繁荣发展的纲领，我们国标舞人不可置若罔闻，不可袖手旁观，更不可舍大义而求小利，若背离中国声音、背离中国身影，将会阻碍中国走向未来的脚步！中国舞蹈界理应有这样的追求和文化梦想，这些展望应成为激励中国舞蹈界团结奋斗的动力。要想实现中国国标舞的繁荣发展，就必须与世界同步，必须直接参与、影响，甚至作用于国际标准舞的未来。

参考文献

任文惠：《国标舞传入中国时间考》，《北京舞蹈学院学报》2016 年第 5 期。
王林钧：《国标舞的美学价值探析》，《大舞台》2014 年第 11 期。
范丽庆：《国际标准舞巅峰赛场的中国身影》，《中华英才》（半月刊）2018 年第 7期。

B.12
中国图书版权贸易模式创新探索

——以中国教育图书进出口有限公司为例

卢晨妍*

摘 要： 图书版权贸易是文化贸易的重要组成部分，我国的图书版权贸易在发展多年后仍存在不足之处。中国教育图书进出口有限公司作为国有企业，在图书版权贸易方面取得了突出的成就。对其版权贸易模式的研究能够在一定程度上丰富我国版权贸易的经验，创新传统的出版形式，并带来更大的进步。本报告依托中国教图在类型文学、童书出版上的成就，分析其实践特点和成功经验，并提出对我国未来图书市场的思考与展望。

关键词： 版权贸易 图书出版 国际书展

改革开放以来，随着中国经济的迅速发展和开放力度的不断加大，我国图书出版行业的贸易发展大致经历了三个阶段。1981 年国家出台了《加强对外合作出版管理的暂行规定》，指导国内出版社与海外开展出版贸易的业务，总体来看，版权输出多于版权引进。1991 年，正式出台《中华人民共和国著作权法》，1992 年又加入《保护文学艺术作品伯尔尼公约》以及《世界版权公约》，此时，我国版权引进数量逐渐超过输出数量，且大多从

---

* 卢晨妍，北京第二外国语学院经济学院国际文化贸易专业硕士研究生，国家文化发展国际战略研究院助理。

港台地区逐渐转向外国。1990～2000 年，我国出版社统共开展版权贸易超过 30900 种，其中引进有 25700 多种，输出有 5100 多种，十年间总体比例约为 5∶1。2001 年至 2017 年，我国版权贸易从进口 8226 种、出口 635 种转变到 2016 年的引进 16587 种、输出 8328 种。虽然在总数上有大幅增长，但两者间仍旧存在巨大逆差。因此，探索创新中国图书版权贸易的输出模式，以增加版权贸易输出数量，提升我国在世界的影响力是目前需要研究的重中之重。

中国教育图书进出口有限公司（以下简称中国教图）成立于 1987 年，最初成立的目的是建立属于中国自己的图书进出口渠道，在 2010 年之前主要进行的都是教育系统书刊的进出口业务。2010 年，中国教图确定了以"资源教图、数字教图、服务教图"为主的转型发展总方针。在之后的 8 年里，中国教图进行了一系列的出口模式创新，在国际上产生了不可忽视的影响，为拓展国际市场打下了坚实的基础。2012 年，中国教图开始试水国际性书展，参与举办了多项大型国际性展览，特别专注于童书领域，在 2018 年举办的中国上海国际童书展上，吸引了 367 家国内外展商，其中 53% 为海外展商，并促成了多项国际性的童书版权输出协议。以童书展为中心的展览策划为中国教图积累了丰富的经验，2016 年它开始进行自己的国际性童书出版，截至 2017 年 3 月已经成功在海外出版 20 本绘本，其中《安的种子》荣获"2017 年弗里曼图书奖儿童文学银奖"，是我国目前为止唯一一部获此殊荣的中国原创图书作品。中国教图还同时关注"类型文学"的版权贸易，在《三体》《暗黑者》等科幻作品的版权输出上取得了巨大的成果。

一 中国教图的全球实践探索

（一）中国教图以"类型文学"打开版权贸易市场

中国教图在版权输出上不仅开创了以类型文学为核心的输出模式，也在其出版的过程中试用了具有创新性的"全流程版权贸易",把传统版权贸易的产业链向上游和下游延伸,上到翻译、出版发行,下到整个海外营销,中国教图采取了全面介入的方法,并在各个环节上选择最合适的合作伙伴。

1.《三体》的版权贸易模式创新

以在2015年荣获国际幻想文学大奖——雨果奖的《三体》为例。《三体》系列故事自2006年在《科幻世界》杂志上连载以来,受到了读者广泛的认可,单本销量均超过50万册。2014年中国教图负责的《三体》系列英文版海外出版系列第一部 The Three-Body Problem 在欧美上市,截至2015年底全球销量已超过11万册,销售所得超过200万美元。《三体2:黑暗森林》的英文版也引起了国外读者的广泛讨论。《三体3:死神永生》在2016年9月20日出版后的十天内,就进入《纽约时报》(New York Times)畅销书榜单,位列第19位。"三体问题"在国外的火爆程度离不开中国教图在各个关键点上的探索与努力。公司对《三体》的海外出版主要分为以下三步。

其一,寻找优秀的译者。与大多数海外出版不同,中国教图在确定《三体》要海外出版后,首要任务就是在全球范围内遴选足以胜任的翻译人员。在通过长时间的联系、评估、决策后,中国教图选择了刘宇昆和周华两位长期涉猎科幻小说领域、对中国文学和美国本土科幻作品有深刻了解的译者。相较于纯文学作品,科幻文学对于译者的要求更高,除了需要丰富的科学素养,也应深谙中国当代文学和文化,同时最好还要在国外的图书市场上有一定的影响力,了解当地科幻读者的偏好。刘宇昆在翻译的过程中充分考虑到了中外文化的差异,对一些具有中国历史特点的专业名词进行了直译或添加脚注等方式的翻译,又根据美国的社会精神,对一些突出的性别差异问题进行了调整,最后的英译作品以更为英语科幻读者所接受的面貌进入了外国的图书市场。

其二,与当地知名出版社合作出版。中国教图在美国为《三体》选择的出版社是托尔公司,该公司隶属于麦克米伦公司,是全球知名的科幻和奇幻小说出版社,曾连续20年获得罗卡斯最佳科幻出版商奖,出版过多部获得星云奖、雨果奖的作品。在英语国家出版获得热烈反响后,《三体》又与法国排名第四的小说类出版社南方出版社合作出版了法语版本，与泰国最大、最具影响力的出版传媒集团泰国邮政出版有限公司出版了泰语版本，与德国历史最悠久的科幻出版品牌兰登书屋德国分公司出版了德语版本。

其三，对译作进行大量的有效宣传。基于有影响力的译者与出版社的选择，中国教图通过刘宇昆的客人关系邀请到了美国知名科幻作家大卫·布林等权威人士为《三体》三部曲撰写书评，在业界建立了良好的口碑。美方出版社托尔公司也面向其核心读者群，通过网络和社交媒体等方式，为《三体》进行了推广。同时，社会媒体也积极对该书进行相关报道，在《纽约时报》的采访中，美国前总统奥巴马（Obama）还坦言道："《三体》三部曲充满想象力且耐人寻味。"Facebook 的创办人马克·扎克伯格（Mark Zuckerberg）也认为《三体》是他最近读过的有关经济和社会科学书籍中最有趣的书。

2.《暗黑者》的新版权贸易实践

《三体》的成功为中国教图积累了有益的版权贸易经验，2015 年中国教图又瞄准国外的悬疑小说市场，与《暗黑者》的作者周浩晖签订了该书的海外版权。《暗黑者》是一本具有浓厚中国特色的中国式悬疑小说，它对于外国读者来说无疑是最有意思的一种了解中国的方式。

中国教图对《暗黑者》的出版沿用了《三体》的"全流程版权贸易"模式。在翻译中，中国教图选择的也是在全文翻译完毕后再与国际出版社进行交涉谈判，并确定下一步的工作。为突出小说中的中国特色，译者特地把一些在中文小说里模糊的城市名称改成了实际地点，并增加了部分对城市景观的描述，以让国外读者更有代入感并以此了解中国文化。2017 年中国教图就《暗黑者》与美国最大的商业出版公司之一的双日出版社签订了版权贸易合同，该出版社在悬疑小说的出版方面具有极其丰富的经验，在美国悬疑小说市场占据重要席位。与双日出版社的合作不仅为《暗黑者》提供了丰富的出版资源，也为其带来了广大的消费群体。在对外宣传上，出版社也是首先通过名人推荐的方式，对《暗黑者》进行了高度评价以吸引消费者，然后又通过《华尔街日报》《纽约时报》《泰晤士报》等主流媒体，对书中的内容以及作者进行了高度评价。

中国教图在版权贸易上充分考虑到了国外的市场需求，了解了西方国家的思维方式与话语体系，在传播中国故事的同时，兼具西方的价值观与意识形态，使中国"类型文学"更容易被接受；在营销与推广上，又充分借助国外成熟的出版体系，为其快速融入国外市场、参与市场竞争提供了有力支持。

（二）中国教图举办国际书展，搭建版权贸易平台

中国教图一直通过举办国际书展的方式活跃在世界的图书市场当中。国际书展是一个让外国公司与读者充分接触中国文化并进行推广的平台，是帮助中国了解外国市场需求的有效助力，也是促成中外图书版权贸易的媒介。中国教图自 2012 年起，为响应国家政策，协办了土耳其、蒙古国、斯里兰卡、朝鲜、突尼斯、以色列、西班牙、菲律宾共 8 个"一带一路"沿线国家的书展，在文化推广与版权贸易上取得了巨大成果。其在上海主办的中国上海国际童书展到 2018 年已成功举办六届，为我国童书的作者和出版社搭建了与国外出版商的良好的合作平台。除了亲自举办各种国际性书展外，中国教图还积极参与世界知名书展活动，例如德国的法兰克福书展、英国的伦敦书展以及意大利的博洛尼亚童书展，在展会中充分学习借鉴主办方的办展经验，推广中国图书，促进图书的国际交流与贸易。

1. "一带一路"沿线书展拓展国际交流

在"一带一路"倡议提出后，童书出版作为我国文化输出的一项重要内容，得到了国家和社会等各方的大力支持。① 中国教图与政府合作在"一带一路"沿线国家展开了多项促进出版文化领域的交流与合作、出版和版权贸易、国际投资的国际性书展。以斯里兰卡为例，2018 年 9 月 21 日，在斯里兰卡首都科伦坡的班达拉奈克国际会议大厦举办的第 20 届科伦坡国际书展正式拉开序幕。该书展由中国教图协办，是一个方便斯里兰卡民众更好

---

① 申琳：《中国童书如何更好地"走出去"》，《出版广角》2017 年第 23 期。

了解与感知中国的国际性书展。在展会上，中方代表团与斯里兰卡多家出版社开展了版权贸易的洽谈，并取得良好成果。科伦坡国际书展是斯里兰卡最大的书展，也是南亚地区重要的书展之一，为期十天的书展吸引了来自中国、美国、英国、日本等国家的40多个国际展商和斯里兰卡本土的160多家出版商参加。

2. 中国上海国际童书展为童书出版铺路

想要赶超世界童书出版的先进水平，除了举办海外书展以外，还要增强本国文化自信，力争办好具有中国特色的本土性书展，吸引优秀海外童书展商来华参展，从而扩大中国童书在国际上的影响力。

2013年，在国家新闻出版广电总局的支持下，中国教图举办了首届中国上海国际童书展。书展主要开展0～16岁少儿出版物内容的版权交易、作家推介、阅读推广，旨在构建图书、期刊、影音、娱乐及教育服务等少儿产品产业链，打造出版、印刷和发行的综合性平台。首届中国上海国际童书展吸引了200余家出版机构参展，4000余名专业观众观展。2018年的中国上海国际童书展于11月11日圆满结束，展会共有367家国内外参展商，其中海外参展商占比高达53%。在为期三天的展会上，由哈珀·柯林斯出版集团向上海世纪出版集团下属的少年儿童出版社、上海教育出版社引进并出版的《真正上海数学》正式出版，该英文教材的出版标志着我国中小学教材第一次呈系统性、大规模地进入欧美发达国家的国民教育体系，在中国的出版史和教育史上具有开创性的意义。同时，童书展搭建了国际出版社互联互通的桥梁，少年儿童出版社在展会上签署了多种图书版权输出协议，其中输出品种24种，输出意向20种。经过五年的培育，上海童书展同期举办的大量活动在业界产生了一定的号召力和国际影响力，具有较为突出的品牌效应，也为新生作者提供了更为广阔的展示与发展平台。

3. 积极参与大型国际性书展，加大作品宣传力度

为了缩短与世界图书出版的差距、获得国外的出版资源、拓宽我国版权贸易的眼界和思路，中国教图选择了参与国际性书展。2016年，为了宣传刘慈欣《三体》的英文版，中国教图与刘慈欣一起亮相法兰克福书展，并

在法兰克福大学孔子学院举办了交流酒会，让刘慈欣和书迷有一个近距离交流的机会。此番参与不仅是对《三体》小说的宣传，更是拓宽了中国教图今后在版权贸易上的市场，将中国科幻小说推向海外。

（三）"冰糖葫芦"出版商创新童书出版模式

中国教图的国际出版业务始于 2016 年，它创立了专门用于童书图书出版的 Candied Plums 出版商，致力于翻译和出版中国优秀原创图画书作品，将作品作为国际汉语教学的辅助读物。Candied Plums 希望通过创新的童书出版模式，为中国图书在海外抢占一席之地。中国教图旗下的 Candied Plums 有其自己专门的翻译人员，负责对精心筛选过的原创儿童图书与绘本进行翻译。其在国际上出版的童书通常是双语版本，为国外儿童接触、了解汉语起到了关键的作用。

就结构而言，中国的童书出版商对于分级阅读的脉络重视度不够，但打开中国教图旗下 Candied Plums 的童书出版网站就能发现，其拥有明确的分级制度，从 0 ~ 2 岁、3 ~ 5 岁、6 ~ 8 岁、9 ~ 12 岁到青少年，能够看出其产品结构的完整性和产品线的持续性。虽然目前其出版物较少，但已具有获得国际性奖项的、能够打出知名度的代表性作品。

二 中国教图全球实践特点分析

（一）多元化的集团经营模式

中国教图隶属于中国教育出版传媒集团有限公司，该集团同时以图书、期刊、电子音像产品、数字出版物出版和销售为主业，兼营电影院线、影视节目投资制作和图书、期刊、教学仪器设备进出口等业务，是一家经营多项媒介业务的大型出版集团。我国出版集团大多是通过行政和政策手段形成的，是以省区为主的行政式组合，在社会效益与经济效益、市场化与舆论向导间存在一些不可避免的矛盾，到目前为止，我国出版集团还没有形成一种

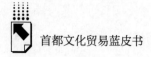

跨媒介、跨地区的经营机构。中国教图所在出版集团的这种较为超前的经营模式为旗下的不同出版社提供了一种更加国际化的思维，确保了其以市场需求为导向的经营模式，推进了中国教图的版权贸易计划的进行，也促使它在国际进出口业务中与国外知名出版社看齐。

（二）创新贸易模式与国际出版流程

中国教图的进出口业务不仅涉及版权贸易、文献进出口、国际书展，还涉及例如按需印刷这样依据国际市场需求来进行生产的业务，在贸易模式上进行了创新，节约了生产成本。在版权贸易的规划上，中国教图采取了一种全新的流程。其在计划出版一本书之前，会调查该书在国内市场的出版、营销情况，选择优秀的内容进行翻译，还会对目标市场进行调查，明确当地读者的兴趣，在保留中国文化原有的精神内核的基础上，找到中外共同的兴奋点。在国际出版上，会与知名出版社合作，通过这种国际合作的新模式来促进图书版权"走出去"。在图书进入出版阶段后，还会继续跟进之后的流程，在宣传、名人推荐和读者交流上把好关，以提高版权输出的市场命中率。

（三）以童书与类型文学为主的差异化市场营销

中国教图在确定了其版权贸易的计划后，并没有盲目地广泛撒网，涉足所有种类的图书贸易，而是进行了差异市场营销，选择儿童图书以及"类型文学"两种特点较为鲜明的图书种类，设计不同的产品对海外市场进行开发。

儿童图书是根据儿童心理发育的特点，通过科学性、正确性的语言文字或图画，开阔孩子的视野，开发孩子的想象力和创造力，激发孩子的学习兴趣。中国教图在之前的教育书籍进出口中积累了丰富的经验，对于儿童图书的翻译能够做到符合贸易国国家的要求，同时，由于儿童书籍本身内容就较为简单，对翻译的要求并没有那么高，受意识形态、价值观的影响较小，所以相对于其他书籍，这类书也更容易打开其他国家的市场。根据全球著名市场调研公司尼尔森图书 2016 年的调查报告，就销售总量而言，在全球大部分图书市场中，童书市场的表现要略优于整体市场，说明童书的市场更加广阔。从中国上海国际童书展中的版权成果看，成功的版权贸易方大多是非英语国家，这也展现了文化输出是由强势国家向弱势国家的输出以及相似文化之间的输出。

类型文学具有更为具体的阅读群体，在推广与宣传上更有针对性。美国的科幻小说一直处在世界领先的地位，读者对科幻类文学的接受度也较高。因此，《三体》首先选择与美国出版社合作，是期望通过"保龄球"的策略方式，开拓市场。首先攻克最具有话语权的美国科幻小说市场，再利用美国这个关键市场的辐射能力逐渐影响其他市场，以达到全部占领目标市场的目的。由于良好的战略方针，中国教图在类型文学的版权贸易上已经具有了一定的知名度。

（四）以政府为依托的国际出版交流

自 2013 年"一带一路"倡议提出以来，中国教图已经在国家新闻出版广电总局的委托下协办了土耳其、蒙古国、斯里兰卡、朝鲜、突尼斯、以色列、西班牙、菲律宾等"一带一路"沿线国家书展 8 场，通过政府项目拓展了自己的贸易市场，在"一带一路"沿线国家的图书贸易市场中占据一席之地，为中国图书"走出去"提供了宝贵的经验和借鉴意义。同时，中国教图还完成了国家汉办委托的"汉语角"的建立，在 35 个国家的 50 家图书馆内建立了"汉语角"，不仅为中华文化"走出去"提质增效，还为童书"走出去"提供了一种方式。

三 中国教图国际出版的经验与启示

（一）寻找图书需求市场，开展跨境合作

版权贸易更加青睐于有实力、讲信用、懂规划的出版社或出版机构，在

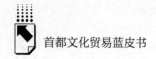

全球流通的 100 本书籍中，有 85% 以上的图书是从发达国家流出的，它们在文化产业和文化贸易的发展上也处于全球领先地位。

以美国为首的西方国家拥有巨大且成熟的文化消费市场，这对中国向西方输出文化而言，既是机遇也是挑战。欧美国家由于其完善的市场供给，对于外国的产品需求相对较少，这是中国文化不容易进入欧美的关键因素，但由于中国实力的逐渐提升，西方国家对中国文化的好奇逐渐攀升，对中国文化的接受度也逐渐扩大，将中国文化以一种西方消费者能够接受的方式进行传播与输出，积极开拓海外市场，促进中美文化融合。

中国教图在《三体》《暗黑者》的对外版权贸易上虽然取得了成功，但这两本系列图书在国外的火爆程度仍旧具有一定的偶然性。它们的成功，更大程度上只是代表作者与其作品的成功，并不能覆盖所有的中国科幻、悬疑类作品。因此对于版权的输出，我国还需要做出极大的努力。要根据先前的经验，拓宽国际市场，例如中国教图在《三体》上最先选择了类型文学最大的市场——欧美地区，在通过精密的策划后，从翻译、出版社选择、营销三个方面与当地最具权威的出版社展开合作，成功进入了这个最难进入的地区。在这之后，由于欧美市场为其带来的巨大收益，许多在国际上处在较为弱势地位的国家纷纷与中国教图签订了《三体》的版权贸易合约。可以说，正是其在国际市场上影响力的提升，让出版社选择了中国教图。

（二）创新出版形式，增强作品国际市场营销

目前，中国的图书出版量一年大约有 15 万种，但中国的年图书出口额仅有 1900 万元，真正通过版权贸易的方式向海外出版的贸易额则更少，与国际市场相比，差距非常大。随着数字化浪潮的来袭，传统的发行、零售等出版方式已经无法满足出版商的盈利需求，版权贸易的出版模式则是在中国教图进行创新后总结出来的新型盈利模式。图书产品的销售是一次性的，但版权的交易则是具有持续性的。通过对版权的授权，不仅能够扩大我国的品牌影响力，也可以在授权过程中以高姿态融入国外图书市场，有利于出版机构的长远发展。中国教图在类型文学和童书上的成功，尤其是科幻类型的图

书题材的成功虽然只是一次偶然，《三体》在火爆市场之前，可以说是处在中国图书类别的边缘。国有的出版企业大多较为缺乏市场营销的能力，认为版权贸易仅仅是国内出版社与国外出版社之间签订贸易合同的一个过程，对于之后开拓国际市场、加强宣传等后续工作的认知较为缺乏。中国教图在《三体》和《暗黑者》中实行的全版权流程模式全面考虑到了图书在贸易过程中的一系列问题，发挥了积极的引领作用。此外，要想在版权贸易领域取得成功，各个出版社也要积极进行对外交流，吸取国内外办展经验，在图书的筛选、翻译、出版、宣传等方面把好关，坚持传播中国声音与中国文化，形成自己的品牌。

（三）多向发展，培养图书领域专业人才

中国教图在海外出版上有着详细的计划，从图书展览的策划、举办到国内童书的翻译、出版再到类型文学的翻译、合作、出版、宣传等，几乎参与了国际出版的所有环节，因此打造具有专业性并且跨领域的精英团队来为中国教图的海外出版服务，是一项极其关键的保障措施。中国教图的贸易与经营模式对人才培养的促进作用以及可供借鉴之处表现为以下三点。一是选取符合国际市场需求的图书类型，以此对接国际，培育符合国际化要求的人才。与其他种类的图书相比，类型文学更加专注于一个领域，其中科幻和悬疑类更是具有世界性的题材，童书则受意识形态、价值差距影响较小，因此这些行业的从业人员也会有很大机会走出国门，站在国际性的舞台上。二是要加强培训，利用高等院校的优质理论资源以及中国教图多年来在版权贸易上的经验优势，有目的、有方向地培养一批具有专业技能、熟知版权贸易流程的复合型人才。三是加强与海外人才的交流，从而推动国内图书进出口人才的发展与培育。中国教图曾参与多次海外知名图书展览，利用这些机会，中国教图积极参与各类书展并举办各种研讨会、论坛等，与海外出版精英进行面对面交流，同时中国教图通过邀请知名海外出版企业、推介我国优秀从业人员的方式加强双方合作，提升了国内从业人员的专业技能。

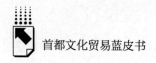

（四）发挥国有出版企业的平台作用

国有文化企业担负着文化传承的使命，与民营文化企业相比，拥有更多的国际交流渠道，在举办国际性图书展览上具有较大优势。作为国有文化企业，中国教图能够及时把控政策方向、了解市场需求。其依托国家新闻出版广电总局、国家汉办、教育部等重要部门，举办了各种有利于图书版权贸易的国际性书展，这些书展集结国内外各类优质出版资源，为国内外的图书出版企业提供了一个促进交流与合作的平台。因此，国有文化企业要利用自身优势带动产业发展，发挥其主导和平台作用，多举办国际性大型展览，搭建国内出版企业与海外出版企业沟通、合作的桥梁。

四 总结

当前，全球图书版权贸易已经十分发达和成熟，美国、英国、德国等国家的图书贸易早已走在世界发展的前列。我国文化贸易的发展正处在一个飞速上升的阶段，图书版权贸易是文化贸易中重要的部分，它的提升将有效促进文化贸易规模的扩大。中国教图在图书版权贸易中通过创新型贸易方式，打开了中外图书版权贸易的通道，为中外出版社提供了交流与合作的平台，有效推动了中华文化的对外输出，为其他图书企业做出了良好的示范。相信在中国教图不断地探索下，会有更多优秀的中国故事走出国门，图书版权贸易的模式会更加多元，中国图书贸易的国际竞争力也会越来越强。

参考文献

陈睿姝、王春艳：《我国图书版权出口贸易的现状及对策研究》，《经贸实践》2018年第 17 期。

植苗:《传统出版社的优化发展之路》,《传播力研究》2018 年第 7 期。

罗红玲:《"一带一路"图书海外传播效果分析——以亚马逊网站对外文化传播类图书为例》,《出版发行研究》2018 年第 2 期。

李蕾:《对图书版权贸易的几点思考——由中国上海国际童书展谈起》,《采写编》2016 年第 2 期。

张昀韬:《国际视野下的童书数字出版》,《出版参考》2015 年第 15 期。

B.13
中国原创手游成功模式研究

——以《列王的纷争》为例

吕俊松*

摘　要： 2018年是中国游戏产业转折之年，也是产业环境企稳优化改革之年。2018年中国游戏产业呈现行业增速放缓、海外游戏市场保持快速增长、中国游戏用户结构优化、中国二次元移动游戏市场表现良好等特点。在中国自主研发的游戏中，原创手机游戏《列王的纷争》在全球手游市场上吸引了大量的玩家，取得了惊人的成绩，成为中国手游国际贸易的典范。本报告通过分析《列王的纷争》成功的内因，即资本市场的资金支持、游戏内购的商业模式、对手机游戏需求市场的洞悉以及公司正确的发行策略，指出《列王的纷争》的成功模式不仅为其开发商智明星通公司带来了巨大的经济效益，也给其他中国手游企业进行国际贸易带来了信心，为中国手游未来的发展提供了成功的经验借鉴。

关键词： 手机游戏　对外文化贸易　游戏产业

---

* 吕俊松，北京第二外国语学院经济学院国际文化贸易专业硕士研究生，国家文化发展国际战略研究院助理。

一　中国游戏产业发展概况

（一）行业增速放缓

2018 年中国游戏产业面对了不小的挑战，为了使游戏产业环境进一步优化，2018 年 3 月中央暂停了游戏版号发放，这导致整个 2018 年中国游戏产业的收入增长率明显下降。中国音数协游戏工委（GPC）、伽马数据（CNG）联合发布的《2018 年中国游戏产业报告》指出，2018 年中国游戏产业在整体收入上的增幅明显放缓。报告显示，2018 年中国游戏市场实际销售收入达 2144.4 亿元，同比增长 5.3%；中国游戏市场实际销售收入占全球游戏市场的比重约为 23.6%；中国自主研发网络游戏市场实际销售收入达 1643.9 亿元，同比增长 17.6%。增长率均创下近十年最低值。[①]

（二）中国游戏用户结构优化

2018 年中国游戏用户规模达到 6.26 亿人，同比增长 7.3%，其中移动游戏的用户规模为 6.05 亿人，同比增长 9.2%。移动游戏用户的渗透率已高达 95%，渗透率比值与移动网民渗透率接近。中国游戏市场结构逐步优化，游戏市场消费者性别差距逐步缩小，女性用户成为游戏市场越来越重要的消费群体。2018 年中国游戏市场的女性用户消费规模为 490.4 亿元，同比增长 13.8%；2018 年中国游戏市场女性用户规模为 2.9 亿人，同比增长 11.5%。[②] 女性游戏用户的消费提升了中国游戏市

① 中国音数协游戏工委（GPC）、伽马数据（CNG）：《2018 年中国游戏产业报告（摘要版）》，中国书籍出版社，2018。
② 中国音数协游戏工委（GPC）、伽马数据（CNG）：《2018 年中国游戏产业报告（摘要版）》，中国书籍出版社，2018。

场的增长空间，然而从目前中国游戏市场的产品种类来看，游戏类型更倾向于男性游戏用户，这就导致女性用户群体对市场实际销售收入贡献度相较于男性来说仍然有较大差距，女性游戏用户消费有待进一步激发。从中长期角度看，游戏用户数量的增长已接近天花板，这意味着流量红利结束，行业进入存量时代。此外，国家开始实施网络游戏总量调控，游戏监管加强的趋势较为明显，游戏行业未来的发展速度将从高速换挡为中低速。

（三）中国二次元移动游戏市场表现良好

目前国内移动游戏市场发展相对饱和，导致各个游戏开始寻找新的细分领域。受日本二次元文化影响，近年来我国的二次元文化发展迅速，于是游戏企业瞄准了这个领域。二次元游戏的特点是用户忠诚度较高，游戏衍生品价值高，市场潜力大。报告显示，2018 年中国二次元移动游戏市场实际销售收入达 190.9 亿元，同比增长 19.5%。2018 年中国二次元移动游戏市场实际销售收入占中国移动游戏市场的 14.3%。2018 年中国二次元用户中的核心用户规模达 1.0 亿人，非核心用户达 2.7 亿人。[①]

（四）海外游戏市场成为少有的增长亮点

2018 年，中国自主研发的网络游戏在海外市场的实际销售收入达 95.9 亿美元，同比增长 15.8%。[②] 在国内游戏市场收紧的情况下，我国游戏企业纷纷把目光瞄向海外游戏市场，这也使海外游戏市场成为 2018 年中国游戏产业的亮点之一。在游戏产品推广渠道上，中国游戏企业瞄准脸书、谷歌的庞大用户群，与脸书、谷歌商店等多个海外渠道建立了

---

① 中国音数协游戏工委（GPC）、伽马数据（CNG）：《2018 年中国游戏产业报告（摘要版）》，中国书籍出版社，2018。
② 中国音数协游戏工委（GPC）、伽马数据（CNG）：《2018 年中国游戏产业报告（摘要版）》，中国书籍出版社，2018。

长期稳定的合作关系。在游戏产品研发方面，国内游戏企业纷纷实施产品本地化策略，扎根当地，在当地组建本地化的研发与运营团队，游戏内容尽可能围绕当地文化、用户习惯，最大限度地满足当地游戏用户的需求。

二 中国游戏出口情况

（一）中国自主研发网络游戏海外收入情况

2018年中国自主研发网络游戏海外市场实际销售收入达95.9亿美元，同比增长15.8%。如图1所示，从2008年至2018年，中国自主研发网络游戏海外市场实际销售收入一直保持增长的状态，可以说十年来中国游戏产业的出口规模发生了巨大的变化。从增长率的角度来看，2013年海外市场实际销售收入的增长率达到了219.3%，为近十年来的顶峰，此后的增长率出现了明显的下滑，到2017年达到了一个比较稳定的状态。

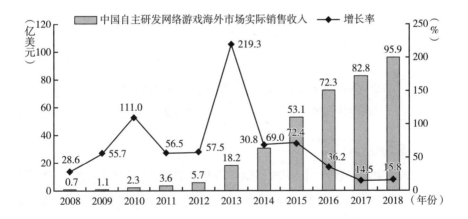

图1 中国自主研发网络游戏海外市场实际销售收入与增长率

资料来源：《2018年中国游戏产业报告（摘要版）》。

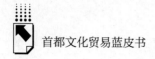

（二）主要游戏出口类型划分

1. 按内容类别划分

在 2018 年出口收入前 50 的移动游戏中，策略类游戏、角色扮演类游戏、射击类游戏排名前三，收入占比分别达到 46.9%、20.8%、15.9%（见图 2）。其中策略类游戏达 21 款，角色扮演类游戏达 13 款。策略类游戏仍是全球游戏玩家最喜欢的移动游戏类型，典型的出口策略类游戏包括《列王的纷争》《王国纪元》等。

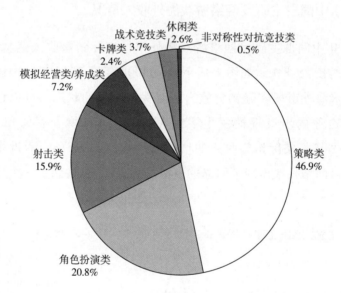

图 2　2018 年出口收入前 50 移动游戏中各类型游戏收入占比

资料来源：《2018 年中国游戏产业报告（摘要版）》。

2. 按原创性划分

在 2018 年出口收入前 50 的移动游戏中，原创 IP（知识产权）游戏收入占比达 82.2%（见图 3），表明我国游戏企业更加注重游戏内容的原创性，不再一味根据过去的 IP（知识产权）改编来制作游戏。时代快速发展，游戏玩家对游戏内容的创新性需求越来越高，对于游戏这种休闲娱乐性产业，内容新奇好玩永远是游戏玩家的兴奋点。

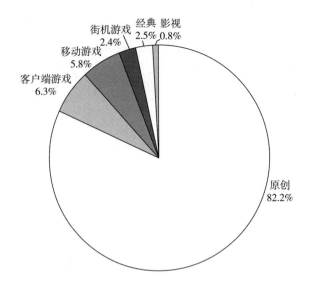

图3 2018 年出口收入前 50 移动游戏中各类型 IP（知识产权）游戏收入占比

资料来源：《2018 年中国游戏产业报告（摘要版）》。

（三）中国游戏出口渠道拓宽

2018 年，海外游戏市场已成为中国游戏企业重要的收入来源。在游戏产品推广渠道上，中国游戏企业瞄准脸书、谷歌的庞大用户群，与脸书、谷歌商店等多个海外渠道建立了长期稳定的合作关系。此外，很多游戏企业与华为、小米等国内手机企业合作，在海外游戏市场通过手机应用商店和软件预装推广旗下游戏产品。同时，国内游戏企业为了吸引和聚拢海外游戏用户，一方面通过收购当地游戏企业获得已有的游戏用户资源；另一方面通过自建平台的形式聚拢用户。例如，腾讯、三七互娱、游族网络等游戏企业已全面展开了海外平台的布局；智明星通公司建成的海外手游运营发行平台337. com，目前为止业务遍布 60 余个国家和地区。

（四）中国游戏产品本地化策略

在渠道资源与优质产品的支撑下，中国游戏企业已在海外取得了一定的成绩，包括《王国纪元》《列王的纷争》等产品均在海外取得了数十亿元的流水，IGG、智明星通等企业也依靠海外市场得到快速成长。与此同时，随着国内游戏市场的逐渐饱和，国内游戏企业也强化了对全球市场的布局。海外游戏市场的竞争格局与国内游戏市场有着很大的不同，目前国内游戏市场的大部分收入由三四家游戏企业占有，其他游戏企业生存环境恶劣，但国内这几家大型游戏企业在海外游戏市场的竞争优势就比较有限，因为在不同的文化背景下，不同海外市场游戏玩家的需求有着很大的不同，需要对当地游戏市场进行深入的调研才能准确把握消费倾向，这也将成为更多游戏企业开拓国际市场的机会。

三 《列王的纷争》的成功内因分析

《列王的纷争》是一款由智明星通公司自主研发的战争策略手游，于2014年7月1日在全球上线。上市后，该游戏在全球成就惊人，在50个国家手游市场排名前五，80个国家排名前十。在美国、英国、德国、俄罗斯、韩国、印度、巴西、朝鲜、新加坡、马来西亚等国家，以及台湾地区排名均在前十。根据智明星通母公司中文传媒披露的年报显示，《列王的纷争》自2015年至2018年上半年的总收入达到了118.05亿人民币[①]。作为中国原创手游国际贸易的代表力作，《列王的纷争》成为中国对外文化贸易在游戏领域的标杆，它的成功是具有开创性意义的。对《列王的纷争》成功模式的分析，对中国手游未来的发展、加速以及开拓中国手游国际市场具有重要意义。

（一）借力资本市场

打造一款精品国产手游需要高昂的成本，包括打造 IP、包装游戏、推广市场、渠道开拓、游戏运营与维护等。《列王的纷争》仅是研发的成本就

---

① 中文天地出版传媒股份有限公司 2015 年、2016 年、2017 年年报，2018 年半年报。

达到千万元，而智明星通公司则凭借《列王的纷争》吸引了资本市场投资者的目光。2014 年，《列王的纷争》的开发公司智明星通被中文传媒以 27 亿元收购，这一举措为智明星通注入了强力的资金来源。同年，《列王的纷争》在全球上市并风靡世界，资金的支持让如今的智明星通拥有了多达 420 人的专业化研发团队，也保证了《列王的纷争》后续的精细化运营。

（二）洞悉需求市场

社区性是手机游戏的精髓，对于手游消费者来说手游的乐趣不仅在于游戏内容本身，更在于玩家间的交流互动。在手游需求市场中，社区性占据了十分重要的地位。《列王的纷争》给消费者带来了极为良好的社区服务体验，它的社区由"军事联盟"组成，其次是不同联盟之间隐性结盟所形成的"军事势力"，由于资源的争夺和各自所处的立场，不同军事势力之间形成了一层激烈的矛盾，最终爆发以"战争"为主要形式的对抗。在这个过程中，玩家通过邮件、联盟频道、国家频道三种方式，完成战争部署以及日常的信息交流。聊天方式与我们平常所用的微信没有差异，聊天记录也可以随时下滑查看，这种交流模式是成熟且方便的。同时，为满足不同国家玩家的日常交流，《列王的纷争》支持六国语言的实时翻译，游戏的国家频道对话窗口经常会出现各种语言，比如汉语、英语、法语、西班牙语等，只需要点击翻译就可以知道其他国家玩家所表达的意思。此外，还有丰富的表情输入、语音聊天等。这种完善的社区功能也是吸引玩家的一大特色，经过频繁的交流以及与其他军事势力的对抗之后，以联盟为主要形式的社区将新吸纳的成员迅速同化，进而让新成员驻留在游戏中，并在后续的城堡发展、联盟战争中付费。就算在《列王的纷争》里不做其他的，就只和其他国家的人聊天都足以使玩家在游戏里体验很久。

（三）智明星通公司深谙游戏发行策略

智明星通最大的发行策略就是建立完善的海外手游运营发行平台。一般游戏公司在海外发行游戏时会选择与当地发行商合作，由当地发行商代理发行游戏。这样做的好处是节约发行成本且能够迅速进入市场，但是这种依附外国发行商的发行策略隐患重重。首先，你不能与消费者直接接触，消费者的诉求要经过发行商审核才能进入游戏公司；其次，外国发行商如果觉得游戏公司的游戏利润可观，发展前景好，那么外国发行商完全有可能强行买断游戏版权，逼迫游戏公司退出市场。这种看发行商脸色行事的合作，严重制约了游戏国际贸易的发展。所以智明星通公司在 2010 年 7 月建成了海外手游运营发行平台 337. com，也就是其做到了游戏开发和目标市场发行一体化。不仅智明星通公司自主研发的游戏通过这个平台发行，其他游戏公司通过与智明星通公司合作，也将 337. com 作为游戏发行和运营平台。这个运营发行平台最初的业务主要集中在巴西，当时智明星通在巴西有 2500 万的月活跃用户，通过平台良好的数据分析体系，分析巴西消费者的需求并制定针对性的营销手段。到 2011 年，337. com 已经成为南美最大的游戏运营发行平台。后来 337. com 的业务扩散到了欧美。可以说，337. com 平台的运营给自身和外国游戏公司带来了巨大的经济效益。截至 2017 年，该平台的业务遍布 60 余个国家和地区，主要包括美国、俄罗斯、巴西、德国等国家，90% 以上收入来自海外[1]，研运一体竞争优势明显。2014 年《列王的纷争》在这一成熟完善的平台上发行上市并取得了惊人成绩。另外，智明星通公司并没有最先在中国上市《列王的纷争》，而是先在海外手机策略游戏市场成熟的地区进行发行，在全球市场普遍认可之后，才又回到中国市场，即坚定的"出口转内销"策略。欧美等海外市场在战争策略类手游领域上更加成熟，经过多年的培养，已经形成对这一类游戏倾斜的用户，在美国手游排行榜上有不少策略类游戏，而中国的策略类游戏市场还不成熟。《列王的纷争》经过成熟市场的残酷竞争生存下来并成功闯进前列。如果智明星通最初强行在中国手游市场发行《列王的纷争》，市场表现就不会像现在一样亮眼。

---

[1]　中文天地出版传媒股份有限公司 2017 年年报。

（四）游戏内购的商业模式

目前市面上的手游盈利模式主要有两种：一种是在下载某手游时需要付费；另一种是免费下载，但玩家在后续玩游戏的过程中可能会付出一定金钱成本，以达到在游戏过程中成为赢家的目的。两种模式相比，第二种能带来更大的经济效应，而《列王的纷争》的赢利模式则属于后者。新手刚接触《列王的纷争》时，会被推荐购买一个 6 元的小礼包，里面包含各种各样的游戏道具。对于刚接触游戏的消费者来说，这种看似性价比极高的虚拟产品使消费者的效用最大化。在后续过程中，游戏还会推出 30 元、68 元、168元、648 元的分层级虚拟产品，玩家为了使自身经营的游戏帝国实力增强或者避免受到其他玩家的攻击会购买各式各样的虚拟产品。这些虚拟产品的价格越来越高，但其边际成本越来越低，在这个过程中公司能够获得更多利润。此外，《列王的纷争》游戏的支付渠道十分便利，不同国家的玩家在购买虚拟产品时，只需要在 iOS、Android、微软 WindowsPhone 等移动终端操作系统构建的交易平台上用注册地的币种购买即可。

四　对中国手游未来发展的启示及展望

长期以来，在游戏国际市场占据主导地位的是欧美和日本游戏公司，比如 steam 平台的开发商 Valve 公司、暴雪公司、任天堂公司、拳头公司等。在中国游戏市场流行的游戏以引进和模仿外国游戏为主。《列王的纷争》的成功证明了中国的原创手机游戏是可以在国际游戏市场上大获全胜的，中国已有游戏公司具备开拓国际游戏市场的能力，这对中国手游未来的发展具有重要的启示意义。

（一）改善资本市场投资方式，促进新兴手游公司发展

目前几家大型游戏公司占据中国手机游戏市场的大部分份额。比如，腾讯、网易、完美世界、昆仑万维占据了国内手游市场八成以上份额；腾讯、

智明星通、网易占据了海外市场的大部分份额。国内新兴的手游公司发展困难，融资渠道的缺乏，给新兴手游公司产品的研发和推广带来很大的困难，造成国产很多手游粗制滥造。在投资手游方面可以参考美国资本市场的做法，投资方对于游戏的投资是分期的，根据游戏研发商的进度对游戏进行项目评估，再决定是否进行下一步投资。这种投资方式是双赢的，对于投资方来说，可以对多个游戏进行项目评估及投资，从而大大降低投资风险；对于游戏研发公司来说，可以获得更多的风险投资机会，解决游戏研发和推广过程中的资金短缺问题。

（二）贴近消费需求，提高服务质量

在极速发展的信息化时代，人们已离不开社区聊天软件，这些软件极大地方便了人们的交流。同样地，社区功能对于手机游戏来说也十分重要，它提供了一个让游戏玩家交流互动的平台。假设手机游戏能把社区的问题解决好，那么玩家可能在手机游戏里玩上十年。在游戏社区中，玩家之间形成了一种比普通网友更深的联系，彼此志同道合、共同战斗。但是现在智能手机时代很多策略类手游玩家必须将手机横着玩，这就制约了玩家的互动交流，因为横着玩不利于玩家进行文字交流，与人们日常线上交流的习惯不符。所以，若想实现中国手游的进一步发展，必须着重解决游戏的交流互动问题，游戏社区功能的设计理念也应与人们日常交流习惯一致。此外，还应完善社区功能，注重线上的实时翻译，尽量将不同时区、不同国家玩家的交流门槛降到最低，让玩家乐于同步并交换信息。

（三）拓展本土手游在全球市场的营销和推广渠道

营销推广对于一款手游的持续运营极其重要，各种各样的营销推广渠道能够帮助手游维持热度，带来持续的关注，从而维持甚至扩大经济效益。除了借助游戏发行平台的力量以外，还可以通过其他渠道进行全方位的游戏品牌推广，比如在当地拍摄与手游相关的微电影、歌曲以及MV；与海外著名

社交软件合作，比如 Facebook、Instagram 等；在人们日常的交通工具上曝光，比如地铁是人们出行的主要交通工具之一，利用地铁进行营销宣传在其他领域已有诸多成功案例，对手游推广具有借鉴意义。另外，拓展营销和推广渠道有利于降低游戏发行成本。比如发行商要从手机游戏收益中抽取相当大一部分分成，这给很多新兴手游公司的研发带来了极大的成本压力，拓展营销和推广渠道有利于促进发行商之间的竞争从而降低发行成本。此外，给中小型手游公司提供更多的机会，也可以使手游公司将资金专注于精品手游的研发。

（四）加大游戏衍生品的开发

近几年游戏衍生品市场的需求越来越大，游戏衍生品市场日益受到重视。游戏衍生品包括游戏改编的电影、图书文学、动漫、综艺节目、手办、服装、挂画等。游戏衍生品对于游戏的长线运营十分重要，有着很高的经济回报，一般来说游戏衍生品产业所创造的价值远超于其依托的游戏产品。《列王的纷争》图书文学改编权已成功授权海外，三年内将出版八种英文版图书。目前中国手游企业多数把重点放在了手游的开发和发行上，却忽略了游戏衍生品的开发，导致游戏衍生品的经济效益低下。为了促进中国手游的进一步发展，扩大中国手游的国内外市场影响力，必须加大对游戏衍生品的开发。对于游戏衍生品的开发要以顾客需求为导向，游戏公司在设计游戏时就要考虑到下游衍生品的开发，打造一条完整的营销链。另外，中国手游企业要深入研究学习国外成熟的游戏衍生品产业发展模式和市场运营模式，从而创造更大的经济效益。

（五）大力提升手游的社会正向功能

虽然当前网络游戏行业大热，并且势头强劲，但网络游戏对于社会的影响始终存在争议。对于手机游戏来说，一方面玩家对于游戏的喜爱给企业带来了比较可观的经济效益；另一方面，许多玩家没有良好的自律性，沉迷其中而耽误日常的生活、工作和学习。为了保证手游的长线良好发展，应积极开发手游的社会正向功能。因为现在手机游戏的受众大部分是年轻学生，所以可将网络游戏与学生的教育相结合。比如，通过对游戏里建筑的设计布局让玩家学习到建筑学的知识；对模型的搭建让玩家了解物理或者化学知识，特别是对于化学细微的分子结构，游戏可以通过引导玩家自行搭建相关分子模型，帮助玩家加深印象。此外，虽然手机游戏的受众几乎没有老年人，但手游有助于老年人的健康。一份研究 60 岁至 85 岁老年人的报告发现，游戏极有可能帮助降低阿尔茨海默病的发生率。2014 年中国游戏公司完美世界与哥伦比亚大学达成战略合作，旨在开发游戏对阿尔茨海默病的治疗作用。这些都是在数字时代背景下，未来能够实现的正向的游戏功能，只有对手机游戏开发更多的社会正向功能，才能削弱人们对手机游戏的偏见，才能实现手机游戏行业的健康稳定发展，从而带来更大的经济价值。

参考文献

高然：《2014 手游行业奏响发行平台化序曲》，《互联网周刊》2014 年第 1 期。

占绍文、赵宇晴：《浅析我国手游产品的社会效益》，《出版发行研究》2018 年第 8 期。

张春岩：《手机游戏对当代大学生的影响及对策分析》，《教育现代化》2018 年第 33 期。

罗华、陈瑶：《微时代背景下大学生玩手游现状研究》，《科教文汇》（中旬刊）2018 年第 7 期。

田智辉、迟海燕：《爆红手游"王者荣耀"社交属性研究》，《新闻论坛》2018 年第 3 期。

唐仪、许璐、朱瑜：《手游行业的发展现状及未来预期》，《纳税》2018 年第 18 期。

程淇：《基于定位功能的社交手游探析》，《新闻研究导刊》2018 年第 9 期。

政 策 篇

Policy Reports

B.14

保险在好莱坞电影产业中的价值探究及
对首都电影产业的启示*

马宜斐　秦文博**

摘　要：　从数据上看，我国电影产业不断刷新票房，打破北美市场的
　　　　　纪录，电影市场规模几乎达到世界第一。然而，如果没有保
　　　　　险业的融入，有可能产生金融风险。2015年没有进入公开
　　　　　发行渠道的电影超过一半。由于电影产业的高风险，保险业
　　　　　在好莱坞的电影发展史上发挥了重要的作用。本报告利用文
　　　　　献研究的方法，归纳总结了保险业在好莱坞电影产业发展中
　　　　　的服务价值：实现金融与电影产业的对接，担当产业间的桥

* 本文得到北京市社会科学基金基地项目（项目编号：16JDYJB002）的资金支持，属于阶段性
成果。
** 马宜斐，博士，北京第二外国语学院经贸与会展学院金融系副教授，主要研究方向为保险实
务；秦文博，北京第二外国语学院国际商务专业硕士研究生。

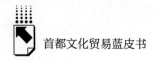
梁；为各种招商引资的优惠政策提供保障，担当政府信用保证人；尽可能维护公平、合理的风险分配，担当社会风险分配者；积极参与监督拍摄，担当电影艺术创作参与者；培训制片企业风险管理知识，担当风险管理专家；通过代位求偿权，担当道德制裁者或社会控制人。我国目前还没有电影专业保险，电影产业的风险意识还不够强。我们需要学习借鉴好莱坞的经验，实现电影产业与保险产业的双赢。首都有良好的金融环境和电影市场，更应该在两个产业的融合上发挥标杆作用。

关键词： 好莱坞 电影产业 电影行业保险

一 引言

2003 年以来，我国电影行业开始呈现逐年增长的态势。特别是 2012～2018 年，不仅国产电影已牢牢占据了国内票房市场主要份额，并且国内电影票房已连续多年以超过 30% 的增速快速发展。2018 年春节，全国电影票房创下了历史同期新高：从除夕到正月初六，全国总票房达 57.2 亿元，平均每 10 人中就有 1 人在春节期间看电影。2018 年春节档期票房增长是 2017 年同期的 66.9%，2 月份单月票房首次突破 100 亿元。不仅刷新了中国内地市场单月（2017 年 8 月）73.7 亿元的票房纪录，也打破了北美市场单月（2017 年 7 月）13.75 亿美元，约合人民币 88.16 亿元的全球单月市场票房纪录。根据国家新闻出版广电总局网站提供的数据，2017 年全国电影总票房达 558.3 亿元，较 2016 年同期增长 22.6%（见图 1）。我国电影的规模几乎达到世界第一。中国电影产业的发展不仅体现在票房上，还体现在观众对国产电影的认同感和喜爱

度越来越高。2018 年春节档期满意度得分为 83.4 分，是春节档调查中
得分最高的一次。①

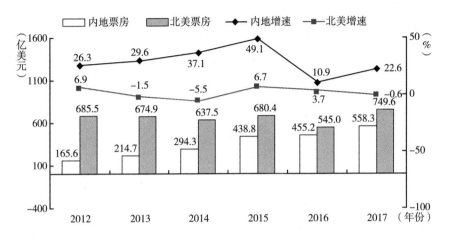

图 1 2012～2017 年内地票房与北美票房对比

资料来源：《中国电影市场报告 2017》。

　　然而，2015 年我国制作完成近 700 部电影，能够进入公开发行渠道的
电影不足一半；目前国内一年制作 1.5 万集电视连续剧，能够播出的约
8000 集。即使电影完成制作、发行得以在院线上映，仍有很多电影亏损，
其中不乏著名导演和具有票房号召力的演员所参与的电影。例如在不包括后
期宣传费用的情况下，《妖猫传》《长城》《狼图腾》三部电影在制作期间
的资本就分别达到了 10 亿元、8 亿元、7 亿元，然而它们均有不同程度的亏
损。一般情况下，电影行业赢利的规律是票房达到制作成本的三倍以上，制
片方才能实现电影赢利。倘若在电影制作过程中引入电影保险服务，就可以
在一定程度上控制制作成本，降低资本的风险，让投资人对电影产业更有信
心。电影从表面上看是艺术和创造力的结合，但其实是电影制作企业与保险
公司共同商讨的结果。电影产业需要各种各样的保险，从基础的传统保障到

---

① 《2018 最满意春节档电影〈红海行动〉口碑居榜首》，中国青年网，2018 年 2 月 23 日，
　　http：//news. youth/yl/201802/t20180223_ 11432828. htm#。

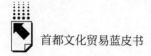

电影产业才会有的特殊险种都有涉及，好莱坞电影产业的发展离不开保险。因此，保险公司是好莱坞电影开始制作前，制片人最先接触的专业机构之一。

目前我国还没有与电影相关的间接损失保险，这不利于我国电影产业进一步的繁荣，不利于更多的小资本制片人从事电影行业。同时，我国保险业若能从电影产业的蓬勃发展中挖掘到可实现的增长点实现双赢，也是很有意义的。对于保险产业而言，这个市场究竟有多大呢？在好莱坞的电影制作中，每100美元的电影制作成本中，保费是1.6~2.25美元，然而每部电影的平均制作成本已经达到了5000万美元。因此，一部电影的保费会在8000万到11250万美元。我国2017年的电影票房是559亿元，按照票房至少是制作成本的三倍电影才能赢利的标准，粗略估计电影制作成本为186亿元，再加上还超过一半未发行，假设制作成本相当，那么2017年全部的电影制作成本为372亿元。按照好莱坞电影保险的费率，国内电影产业将会产生5.952亿~8.37亿元保费的保险市场。面对国外具有制作电影经验的保险业的竞争，我国保险产业只有准确定位、做好服务才有可能胜出。

二　保险业有助于实现金融与电影产业的
对接，担当产业间桥梁

早期的美国电影基本上是由拍摄资金充足的大型制片企业制作，即使在拍摄过程中出现意外，制片企业也完全有资金能力保证影片完工。随着电影产业的发展和美国税制改革，到20世纪50年代，越来越多的个人和小型企业成为独立制片人，其中大多数制片人在电影制作过程中遇到了严重的资金问题。电影的制作从前期准备、中期拍摄、后期制作，再到最后的宣发，每一个环节都需要大量的资金。此外，电影产业独特的运作方式也使资金成为严重问题之一。电影拍摄前，制片人与发行方签订发行合同，约定国内国际的影片及音像版权的发行。当制片人完成影片的拍摄并交付发行方后，发行方按照发行合同的约定金额支付电影的拍摄费用。因此对制片人而言，在电影拍摄时发行方不会预支拍摄费用，并且电影制作的风险很大，如果电影制作不能满足发行合同中的特定标准，制作人前期投入的所有资金都将血本无归。

尽管电影的融资方式多样，而且每一部电影都可以创造独特的融资模式，但是与银行的娱乐投资部合作仍然是绝大多数制片人的选择。制片人不仅可以通过银行获得强有力的融资方案，而且可以凭借与银行的合作得到其他方式的融资。虽然近年来私人资本投资电影的情况越来越多，但是私人融资的资金使用成本最高，并且无法给予制片人新的创意或者来自市场的审查反馈，同时也释放出制片人对市场复杂性缺乏认识的不利信号。

自 20 世纪 30 年代以来，保险业越来越多地完成了金融与好莱坞电影的对接。从好莱坞的经验看，银行是电影制作的最大投资人。银行可以为电影制作方提供全面的服务，包括有创意的想法和市场审查反馈。由于电影的制作和发行具有挑战性和复杂性，银行的信贷安排会限制资金进入娱乐产业。银行提供贷款的目的是在某个时点能够全款收回本金的前提下，赚取利息和服务费用。因此，银行愿意提供贷款的前提是"无风险"。

电影的成功缺少可循的规律，每一次制作都是一个全新的尝试。即使一个很有经验的导演和制作团队，也很难保证票房和赢利。那么银行是如何转移电影产业贷款的风险呢？美国银行的做法是，首先将电影的制作与发行分开。电影的发行成本低于制作成本，但是电影发行比电影制作的过程更复杂，时间周期更长，风险也更大，所以银行更倾向于批准电影制作贷款。其次银行要求提供贷款抵押物，通常是发行合同抵押或电影版权质押。无论抵押物具体是什么，制片人都需要在提供抵押物的同时提供完片担保合同。因为如果没有完片担保合同，万一有风险，银行只能变现抵押物从而清偿未被归还的贷款，然而变现抵押物会增加费用和风险，所以银行不希望制作方通过这种方式偿还本金和利息。因此，提供抵押物的同时提供完片担保合同，才符合银行对贷款"无风险"的要求。

完片担保合同保证电影制作方在规定的时间内，按照预算和发行合同的要求完成电影制作。如果电影超预算，导致无法在规定的时间内向发行商交付，制片人无力归还贷款，就需要保证人补偿融资方的损失。事实上，不仅向银行融资需要完片担保，就连制片人签订预售合同或者制片人需要银行等金融机构提供无预售合同的融资，也必须首先获得完片担保合同（见图2）。好莱坞的完片担保人是保险公司，或者是隶属于保险公司和由保险公司提供资金支持的较大规模的担保公司。因此保险人通过完片担保合同，构建了金融和电影对接的桥梁。

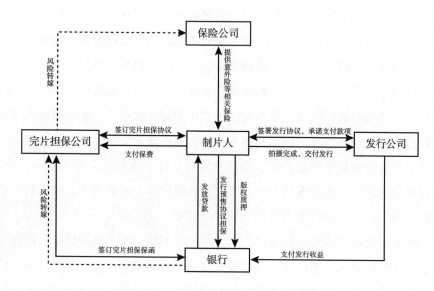

图2 美国"完片担保"信贷融资模式

资料来源：作者根据相关资料整理。

三 保险业为各种优惠政策提供保障，担当政府信用保证人

各国政府长期以来都选择给予各种优惠来吸引对地方经济发展有利的产业，从而促进经济增长、加快基础设施建设和创造就业。电影娱乐产业尤其受欢迎，因为电影产业具有可移动、环保、资本和劳动力密集的特点，同时有利于促进拍摄地的旅游发展。因此，1998年加拿大政府率先颁布了《联邦制片服务信贷法案》（The Federal Production Services Credit），很快英国、

澳大利亚、法国、德国、挪威、比利时、意大利、南非、韩国、新加坡等国家纷纷制定了对国际合作制片的优惠政策措施。这些优惠措施包括：影片制作过程中发生的劳务费用返还、税收减免、影片融资贷款、产权投资、提供拍摄场地、免除停车费用等。通常情况下，优惠额度占到整个预算的 10%～30%。

虽然制片优惠是由很多国家的地方政府提供的，但是仍然面临着不确定性。制片企业能否最终拿到制片优惠，取决于地方政府的财政健康状况、偿债能力以及是否拥有立法权。因此，制片企业往往会购买一款能有效保护制片优惠措施的保险，主要保障以下损失：政府破产、立法修订、政府拒绝承认或支付优惠补贴、拖延支付以及由此产生的利息损失。同时，该保险还可以保障：提供制片优惠地区的拍摄现场毁坏或者场景损坏导致的拍摄受阻的损失；提供制片优惠的地区发生演员或工作人员遭受意外事故、受伤或失能导致的制片受阻的损失。

四 保险业维护公平合理的风险分配，担当 社会风险分配者

阿道弗·楚克提出"好片配明星"的观点，认为利用明星推广电影可以提高影片的票房，同时便于预测电影的成功度。但是一线明星的数量有限，再加上各家电影制片机构的争抢，他们的工资和额外收入也迅速提升。他的观点还改变了电影的推销和发行的方式。发行商同样认为只有名演员出演，票房才有保证，所以发行商往往会指定明星出演，制片人只有满足要求，才能拿到预售合同。有趣的是，发行商也乐意提高预售合同金额，以补偿制片人雇用明星增加的成本。对于充当保证人角色的保险公司或担保公司而言，由于明星出演导致电影制作成本上升，意味着担保金额增大。因此保险公司会要求必须有演员保险才签订担保合同。这一系列条件最终形成了制片人只有为明星签订演员保险，才能有完片担保合同，有完片担保才能有预售合同，有预售合同才能拿到银行贷款的产业模式。从

20 世纪 90 年代后期开始，银行只接受财力足够强大的发行商签订的预售合同作为贷款担保。如果银行对发行商的财力评级不满意，很有可能对预售合同的预售金额打折，最低减损 50%，或者银行要求发行商提供信用证。银行会定期公布发行商的资质榜单。如果货币市场紧缩，发行商的资质就更重要。因为每家银行都会收紧对娱乐产业的投资，并提高批贷的标准和要求。

演员保险最初是"脸部划伤"保单，例如赔偿制片人由于道格拉斯·费尔班克斯（Douglas Fairbanks）英俊的脸受到损伤带来的制片损失。如今的演员保险会补偿由于主要的演员、工作人员的死亡、疾病或受伤等原因不能继续工作而对制片人造成的损失。通常制片人会为几百个工作人员中的 8 个到 10 个关键角色购买演员保险。演员保险在整个电影产业链中扮演着重要的角色，是最重要的电影保险产品之一。如果没有演员保险，产业链就会发生多米诺骨牌效应。预售合同和完片担保合同都需要以演员保险合同为前提。由于明星的片酬很高，占了电影制作成本的大头，因此演员保险就成了电影保险中索赔最高的。

国际再保险有限公司（CNA International Reinsurance Co. Ltd.，CNA）的"娱乐套装保单"，是美国电影产业中使用最多的综合保险工具。演员保险仅是"娱乐产业套装保单"中的一个保险产品。娱乐套装保单通常包含以下承保范围：制作前的演员保险，演员保险，底片和录像带损失保险，道具、布景和衣柜损失保险，多种设备保险，第三方财产损害责任险，额外费用险（补偿由工会罢工、财产破坏、设施损坏等造成的延期产生的费用），商业车辆损失保险，办公文档保险，以及金钱证券和员工忠诚的总括保单。由此可见，保险公司承担了电影制作过程中各种可保风险对制片人造成的损失。

保险公司还为制片人提供完片担保，完片担保本质上属于担保的性质，并不是保险。因此对于完片担保，风险并没有真正的转移，最终还是由制片人承担不能按期完成电影制片的风险，或者由保险公司接手未拍摄完成的电影。然而制片人购买娱乐套装保单，就可以将风险转移给保险公司。依照保险合同，如果发生承保风险，保险公司就要赔偿制片人。依照完片担保合同，如果制片人不能完工或者超支，担保人赔偿银行（贷款人）后，制片人需要补偿给担保人或者担保人接手电影继续拍摄。由于有了电影保险和完片担保，发行商可以放心地给予预售合同，银行才敢借款给制片人。银行放出"无风险"的贷款，从而挣到利息收回本金，制片人交片后根据预售合同拿到制作资金，发行商靠发行影片挣钱。保险公司维持公平合理的风险分配，同时提高经济运行的效率。

五 保险业监督拍摄过程，担当电影艺术创作参与者

保险公司最初进入美国电影产业纯粹为了利润，甚至为了与著名的电影制作公司合作，保险公司不惜降低承保要求、放松风险审查。后来随着保险事故的接连发生，保险公司开始意识到电影产业风险巨大，于是参与电影制作过程从而把控风险。因此，保险公司被称为电影制作的第二只眼睛，确保制片团队时间、金钱的规划合理可行，保险公司的审查和建议对电影的成功有很大帮助。

保险公司对电影风险的控制始于电影制作前，保险人需要与制片导演等沟通剧本的细节，从而准确把握风险要素。剧本内容很大程度上决定了电影的类型，不同类型的电影拍摄时的风险会有差异，因而需要的保险也会有差异。如果保险人对剧本不了解，是无法给予制片人或者导演有效的风险控制建议的。例如，天气保险、保费取决于两个因素：保障的时间里每天的拍摄价值及保单对坏天气的定义。

保险人只有了解剧本才能从专业的角度考虑风险的来源及保障的方式。保险人不仅需要了解剧本，还需要检查几乎所有的合同。例如演员及工作人员的聘用合同。保险人需要检查制片企业与演员或导演签订的合同条款，例如合同的终止日期。一般情况下，保险人会要求合同的终止日期应该在主要

拍摄完成后预留两周的时间。保险人需要检查全体工作人员购买保险的情况，特别是临时工作人员，包括兼职人员、实习生，因为这些人最有可能无保险。演员中年纪较大的、年纪较小的和以前曾经出现过健康问题的，也是需要保险人特别注意的。例如对未成年演员，如果儿童期没有得过水痘、麻疹和流行性腮腺炎，就需要采取防御措施，因为这些疾病属于保单的除外责任范围。

在电影制作过程中，保险公司会在拍摄现场提供帮助和建议，以实现风险和损失的最小化。做电影保险的公司对电影制作非常专业，有擅长评估特效风险的风险控制专家。当电影涉及武打动作时，他们会和电影制作企业的特效协调员或特效管理员进行讨论：每个特效是如何实施的，特效演员是谁，安全是如何保障的。如果制片企业需要使用船舶、汽车、飞机等交通工具，需要与保险人协商这些工具的来源，从而考虑保险的形式。例如制片企业使用员工的私家车，就需要告知员工：员工开私家车办公事出现任何事故，首先承担赔偿责任的是员工个人的汽车损失保险和责任险；如果员工的汽车责任险金额不够，才会由制片企业的责任险赔偿。如果制片企业租赁船舶或者飞机，就需要查看制片企业与船舶飞机的所有者签订的协议条款，是否规定由制片企业为租来的飞机或者船舶承保船舶保险。

电影制作过程中如果涉及拍摄地在国外的情况，也需要保险公司或者保险经纪公司与制片企业共同商讨需要增加的险种。一般发达国家会比发展中国家有更加具体、详细的保险要求。所以有的时候，购买保险不仅是制片企业为了控制风险的主观行为，还可能是为了在某地拍摄的被动行为。电影制作后会被储存在一定的媒介里，比如光盘、胶卷、磁带等，如果存储不当也会造成巨大的损失。这类风险也可以通过保险规避。电影制作后，主要的保险都已经到期，可能还会剩下个别保险，比如信号中断保险等。

虽然保险公司并不应该干涉制片企业的艺术创作，但从 20 世纪 30年代后，保险对艺术创作过程确实有实质性影响。保险人经常可以决定电影作品最终的模样。保险公司很有可能在故事情节、动作场景和演员选派方面实施控制。比如电影《夺宝奇兵3之圣战骑兵》（*Indiana Jones and the Last Crusade*）在制作时，有一个场景是需要在威尼斯的地下墓穴里拍摄2000只老鼠，因此需要将老鼠运送到拍摄现场。制片人想买好莱坞著名的消防员基金保险公司（Fireman's Fund Insurance Co.）的保险，防止这些老鼠在运输过程中生病以至于无法拍摄。保险公司要求制片人在这个场景的拍摄过程中只用1000只老鼠，最后制片人答应了保险公司的要求。于是，世界上第一份为1000只老鼠承保的带免赔的保单生效了。此外，保险公司还巧妙而又公开地操纵着制片人选择演员的过程。例如，通过保单条款的规定，让制片人不能按照正常保费价格为某些演员购买保险，结果不得不改换其他演员。9岁以下、72岁以上以及那些本来就有健康问题的演员，尤其是患有潜在致命性疾病的，都很难得到保险。例如雷·米兰德（Ray Milland）是电影《颠倒乾坤》（*Trading Places*）最初确定的演员，后来被唐·阿米契（Don Ameche）替换，就是因为保险公司认为米兰德的身体状况不可保。电影《外国佬》（*Gringo*）中的伯特·兰卡斯特（Burt Lancaster）被格利高里·派克（Gregory Peck）取代，因为保险公司认为兰卡斯特的心脏搭桥不适合高空拍摄。

六　保险业培训制片企业风险管理
知识，担当风险管理专家

电影制作需要的保险种类很多，但并不需要拍摄前购买完所有的保险，而是应该根据项目的进展和事先的保单规划，在恰当的时间购买某种保险。所以，制片企业的风险控制人员了解保险业务就显得非常重要，只有这样才能以合理成本换取最大保障。例如，演员保险的保单，一般要求在演员入驻剧组前的三周到四周生效。非关键角色的演员只要在开拍前几天确定下来即可，那些只在镜头中出现没有台词的演员在拍摄前

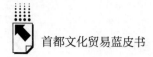

一天才着手寻找。人员确定才能购买保险，因此不同演员的保险种类和购买时间就会不一样。在当今电影大制作的背景下，关键人物险变得越来越普遍，如果制片企业给导演上了关键人物险，保单就需要在拍摄开始前的三周到四周生效，保障期限至少要到导演完成剪辑工作才可以结束。由于资金或者现实情况的改变，在电影制作过程中往往也需要对突发或者改变的事项购买保险。

制片企业在电影制作过程中无论是否购买保险，都需要承担风险控制的责任。即使购买了保险产品，如果制片企业忽略了风控的责任，那么当保险公司认为风险增加的时候，有可能退保或者拒赔。同时，保险人也可能对制片企业的专业性提出质疑，不利于未来业务的展开。

保险人需要对制片项目经理进行以下内容的培训。第一，识别没有保险保障的风险。任何电影都不可能为所有的风险购买保险，即使购买了某项保险也必然存在除外条款。导演或制片项目经理需要知道哪些风险没有被保障。例如，演员的个人物品或者员工个人的计算机等，即使为这类物品购买了保险，也通常会有免赔额。第二，认识哪些事项的发生会增大风险。例如使用飞机、船只、火车或者动物，需要及时告诉保险人或保险经纪人，因为任何一项都意味着风险增加，也许需要额外的保险保障，也许需要通过其他协议转嫁风险。第三，学习理赔的注意事项。导演或制片项目经理需要了解，在事故发生时应立刻申请理赔，而不是拍摄完成后再申请。所以发生保险事故后，要第一时间联系保险经纪人和保险公司，必要时还需要报警或联系其他第三方如消防队，保留好证据和单证，这些都是理赔的必要资料。

七　保险业通过代位求偿权，担当道德制裁者或社会控制人

保险公司运用代位追偿可使交叉补贴和逆向选择的负面影响最小化。高风险的投保人如果只需要缴纳正常保费，将更乐意购买保险，由此便产生了

逆向选择。逆向选择会产生低风险的投保人补贴高风险的投保人，于是低风险的投保人开始觉得不值得，继而放弃继续购买保险。风险池里留下的都是高风险的投保人，保费不断提高，更多的低风险投保人选择了离开。最后保费高到只有最高风险的投保人才会购买保险。代位追偿给予了保险公司权利，追讨保险事故中责任方的赔偿，减少交叉补贴和逆向选择。例如，演员为了被雇用，可能隐瞒自己酗酒的事实，保险公司可能会以普通费率承保。当保险事故发生时，保险公司赔偿制片企业后可以追讨演员隐瞒欺诈对其造成的损失，从而识别出该演员的高风险性，减少逆向选择和交叉补贴。同时，制片企业的财务状况也会得到保护，因为代位追偿会补偿超过保险金额的损失，从而改善制片企业的财务状况，有利于保障公司的股东和雇员的利益。

代位追偿的目的只是减少交叉补贴和防止道德风险。保险人过去从来没有在电影产业中运用代位求偿权，但是约翰·迪（John Candy）、李国豪（Brandon Lee）和瑞凡·菲尼克斯（River Phoenix）的相继去世，带给保险人近2500万美元的损失。这对于CNA是一个沉重的经济打击。1994年针对已故演员瑞凡·菲尼克斯的代位追偿诉讼是美国电影产业历史上第一个代位追偿案例。

1994年瑞凡·菲尼克斯在投保单中陈述自己没有使用非法药物或酒精。然而事实是1993在拍摄《我私人的爱达荷》（*My Own Private Idaho*）期间，为更好地诠释角色，他染上了毒品。在拍摄完《黑血》（*Dark Blood*）后的某个深夜，他来到好友约翰尼·德普（Johnny Depp）位于洛杉矶的酒吧，接受了朋友给他的毒品，然后倒在了酒吧前的马路上。医生给出的证明是：他的死因是药物中毒，医检报告显示他体内海洛因与古柯碱的含量是致死量的八倍。菲尼克斯死亡的时候，影片《黑血》已经基本完成，产生的损失远远超过了他即将主演的、还在前期筹备阶段的电影《夜访吸血鬼》（*Interview with a Vampire*）。1994年6月，CNA和美国意外保险公司（American Casualty Company）诉诸法律，要求占有菲尼克斯在海滩的一套房产作为对演员保险中隐瞒的惩罚。理由是菲尼克斯违反了与被保险人（制片企业）签订的服务协议，并且还在被保险人提供的医疗证明资料中做了错误陈述，否定自己有吸毒史。菲尼克斯死亡以后，他参与拍摄的两部影片的制片企业都得到了赔偿。《黑血》在他死亡时已经接近完片，结果电影几乎作废，时代华纳公司是这部电影的制片人，因此也是演员保险的受益人，获得了保险人赔偿的 550 万美元。Geffen Pictures 公司是电影《夜访吸血鬼》的制片人，因此获得了保险人赔偿的 18 万美元。在起诉菲尼克斯不实陈述的案件中，保险公司要求赔偿 80 万美元。保险人认为菲尼克斯不仅陈述不实，还属于欺诈。

虽然遇到这种情况，保险人通常的做法是解除保单，但是 CNA 选择赔偿时代华纳公司，然后通过代位求偿的法律手段，要求菲尼克斯的不动产作为补偿。CNA 之所以这么做，首先是因为如果保险人想要解除保单，需要证明时代华纳公司知道菲尼克斯做了不实陈述。这个举证要比证明菲尼克斯之前就有吸毒却在保单中否认吸毒要难得多；其次是基于对 CNA 和时代华纳构建良好合作关系的考虑，有利于未来两家公司的进一步合作。如果强迫制片企业调查雇员是否吸毒，有可能导致制片企业招聘困难，因为电影产业是以维护个人权利著称的。当然，CNA 想要代位追偿必须满足一定的条件：演员陈述不实，错误陈述的内容对风险有实质性影响，同时保险人是"被迫"支付给时代华纳赔偿的，而不是自己主动支付的。

如果菲尼克斯在投保单中说明自己吸毒，制片企业可能仍然能够得到保险保障。保险人可能仅是将与吸毒相关的风险除外或者收取较高的保费。如果保险人选择增加演员的保费，通常的做法是制片企业支付正常保费，演员自付增加的部分。当然，理性的制片人也会寻找其他保费较低的明星。保险公司询问个人行为，例如是否吸毒，并不是基于道德控制或者社会控制的目的。调查潜在被保险人的不合法、危险或者不健康的行为的目的，也不是为了树立社会的价值规范。询问和调查的目的只是想准确评估风险。保险公司既不是牧师也不是警察，并不需要演员陈述所有的事实，也不试图干涉侵犯演员的私生活。保险公司只需要知道相关信息以准确地评估风险。最初的调查也只是为了分析潜在的风险，完全不涉及行为的对错判断。

人们经常会在新闻媒体中看到明星吸毒事件。从约翰·贝鲁西（John Belushi）的死亡事件到很多明星在贝蒂·福德疗养院（Betty Ford Clinic）戒毒，显然好莱坞有太多吸毒成瘾的明星。无论是艾滋病还是吸毒①，绝大多数演员基于个人原因或职业发展的原因，都不会承认。制片人和保险人之间有保险合同，在演员保险中制片人是被保险人，而演员和制片人之间有雇用合同，演员是制片人的雇员。如果制片企业探究明星的个人行为会让制片企业感觉很尴尬，尤其在好莱坞这个业务密切交织在一起的小圈子中。例如一旦曝光某签约明星吸毒，制片企业也会受到严重影响，而且吸毒通常不会导致演员死亡或者失能，所以制片企业就更不乐意揭露明星生活问题了。于是，电影娱乐圈就显得更加宽容和更强调人权。

在保险行业中，代位追偿是获取现金和改善保险公司形象的有效工具。如果使用适当，它绝不是仅仅追讨现金的手段，它可以有效提升保险公司社会控制人和道德制裁者的社会形象。尽管保险公司询问个人行为不是为了实现社会控制或道德制裁，但是通过危险行为或不健康行为增加保费和代位追偿的做法，是对社会和经济都有利的。例如，保险公司通过在承保前要求演员和关键人员的健康状况符合投保要求，拒绝为不健康的演员承保，也是在提醒演员关注健康。在保险期间要求演员不得从事危险活动，否则保险公司可能将由此产生的风险作为除外责任。例如 CNA 的保单明确写明，演员不可以在保险期间作为飞行员或副驾驶从事飞行活动。尽管过去保险公司是以年龄来审查演员的，但是现在越来越关注演员的生活方式和习惯。这些要求都会促使制片人谨慎地选择电影演员和认真进行电影制作，否则保险公司可以在任何时候撤销保单

---

① 艾滋病并不是意味着演员无法获得演员保险，只要演员能够完成电影的拍摄就可以，但是的确影响了演员的社会声誉。即使是好莱坞的明星，吸毒也难以被保险公司和社会接受，因为毒品很可能导致演员无法正常拍摄，所以保险公司对吸毒现象是高度关注的。

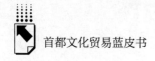

或拒绝赔偿。同时，CNA 的保单给予了保险公司在任何时候都有检查被保险人的财产及运营情况的权利。

八 对首都电影产业发展的启示

文化产业将是我国未来的支柱产业，目前电影产业的繁荣背后存在隐患。风险资本的逐利性导致电影企业融资成本过高，加大了电影产业的风险。轻资产、高风险的特点严重影响到影视行业的融资。影视行业不缺钱的背后是高融资成本的私人投资或者风险资金占比很大，而低利息的银行资本的比例很少。2012 年中国民生银行建立文化投资事业部，2015 年机构重组，撤销了该事业部，然后就很少再开展电影业务了。可见，银行资本进入文化产业困难重重。影视产业高风险、轻资产，10% 赚钱、10% 持平、80% 赔钱的行业规律加上没有抵押物，都成为银行资本进入的障碍。完片担保构建了银行资本投资电影产业的优质担保。完片担保存在的前提是各种电影保险，尤其是演员保险是防范电影风险最重要的一步。尽管完片担保是电影产业融资链的重要环节，但是没有电影保险分担风险，担保人的担保风险更大。无论是完片担保业务还是电影保险业务，都需要保险公司了解熟悉电影业务的流程制作，甚至需要具有能够接手一部没有拍摄完成的电影继续拍摄的能力。美国做电影业务的保险公司，在 1930 年左右就达到了对电影产业非常熟悉和了解的程度。我国保险公司不仅需要积累电影产业的数据，更需要引进一批电影人才。

九 结语

本报告分析了保险业在好莱坞电影产业发展中提供的服务价值。我们也可以从这些方面来构建我国保险业助力电影产业发展的框架体系，希望能够为我国电影产业和保险业的发展提供一些有意义的参考。

参考文献

荣跃明：《我国文化体制改革当前进展和未来趋势》，《文化软实力》2017 年第 2 期。

《电影观众满意度增长明显国产电影质量提升获认可》，1905 电影网，2018 年 1 月 8 日，http：//www. 1905. com/news/20180108/1245829. shtml。

〔美〕理查德·E. 凯夫斯：《创意产业经济学：艺术的商业之道》，新华出版社，2004。

《中国电影产业发展势头正劲》，新浪新闻中心，2018 年 2 月 28 日，http：//news. sina. com. cn/o/2018 - 02 - 28/doc-ifyrzinh0195497. shtml。

《德勤中国发布〈2017 中国电影产业白皮书〉：资本投入力促电影产业规模激增》，和讯网，2017 年 9 月 19 日，http：//news. hexun. com/2017 - 09 - 19/190914707. html。

《IP 的兴起对我国电影产业发展的影响》，2017 年 1 月 26 日，http：//wemedia. ifeng. com/7661307/wemedia. shtml。

司若、陈鹏、徐亚萍、陈锐：《影视风控蓝皮书：中国影视舆情与风控报告（2016）》，社会科学文献出版社，2016。

王爱：《"完片担保"对我国电影产业信贷融资风险保障机制建设的启示》，《济南职业学院学报》2016 年第 2 期。

温春林、喻冰妍：《〈电影产业促进法〉实施一周年中国电影势头正劲》，搜狐网，2018 年 3 月 1 日，https：//www. sohu. com/a/224682046_ 100111246。

《中国电影史上制作成本 TOP5，其中 4 部都亏哭了》，多彩贵州网，2017 年 11 月 1 日，http：//ent. gog. cn/system/2017/11/01/016189531. shtml。

《2017 年国际电影产业票房收入规模、电影消费市场格局及发展趋势预测分析》，中国产业信息网，2017 年 9 月 8 日，http：//www. chyxx. com/industry/201709/560588. html。

K. Anger, *Hollywood Babylon* Ⅱ , Dutton, 1984.

Balio, Tino, *The American Film Industry*, University of Wisconsin Press, 1976.

J. F. David, " Hollywood's Blind Eye：Industry Still Shuns Those With Aids," *S. F. CHRONICLE* Oct. 13 （1991） .

J. G. Grunfeld, "Docudramas：The Legality of Producing Fact-Based Dramas-What Every Producer's Attorney Should Know. " *Hastings Comm. & Ent. l. j.* （1991） .

Hubbart, O. Elizabeth, "When Worlds Collide：The Intersection of Insurance and Motion Pictures," *Conn. ins. l. j.* （1996） .

J. John, Lee, Jr. Anne Marie Gillen, The Producer's Business Handbook, Taylor & Francis, 2012.

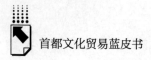
"Lancaster Sues Columbia for $1.5 Million," *UPI File* May 24 (1988).

Meg Green, "Underwriting Hollywood," *Best review* 5 (2001).

"Monica Corcoran, River Phoenix's Real Legacy: Actors Face Tougher Scrutiny from Insurers for Movie Contracts," *Montreal Gazette* Sept. 25 (1994).

J. E. Nina, "The High Cost of Stardom: Lancaster Suit Reveals Role of Insurance in Film Making," *L. A. Times* June 17 (1988).

R. F. Thomas, "Insured's Misrepresentation Defense," 67*S. CAL. L. REV.* 659 (1994).

B.15
首都图书版权对外贸易政策研究[*]

孙俊新　王　曦^{**}

摘　要： 本报告通过梳理近年来国家以及首都发布的涉及图书版权对
外贸易的主要政策，总结当前政策工作制定的重点及现状表
现为：国家政策大力支持，首都积极响应；着重落实对外文
化服务贸易的对外开放；机构改革促进效率提高；市属国有
文化企业改革不断深化；帮助文化企业获得金融服务；促进
居民文化消费升级，优质文化产品供给增加；知识产权体系
逐渐完善等。分析其政策特征，主要可归纳为：外商投资准
入负面清单逐渐放宽，文化贸易多渠道发展，开放程度不断
扩大，文化科技融合发展；注重文化空间建设；同"一带一
路"沿线国家文化贸易不断深入；依靠图书展览搭建平台；
奖励政策扶持文化企业走出海外。在此基础上，本报告提出
建议：放宽对民营企业的书号限制；扶持数字出版业态良性
转型；大力宣传、培养知识产权意识；进一步推动我国图书
出版市场双向开放等。

关键词： 图书版权　对外文化贸易　北京

---

* 本文得到北京社科基金研究基地一般项目"中国主题图书开拓全球市场路径研究"（项目编号：18JDYJB018）的资助。
** 孙俊新，博士，北京第二外国语学院经济学院副教授，首都对外文化贸易研究基地研究员、系主任，研究方向为国际贸易与投资、国际文化贸易与投资；王曦，北京第二外国语学院国际商务专业 2018 级硕士研究生。

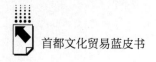

一 政策制定现状

（一）政策红利带动图书"走出去"

1. 国家政策大力支持

近年来，支持文化企业发展，推动我国优秀文化走出国门，是我国政府工作的重要任务。2014年3月，国务院正式印发《关于加快发展对外文化贸易的意见》（国发〔2014〕13号），提出要"加快发展传统文化产业和新兴文化产业，扩大文化产品和服务出口，加大文化领域对外投资，力争到2020年，培育一批具有国际竞争力的外向型文化企业，形成一批具有核心竞争力的文化产品，打造一批具有国际影响力的文化品牌，搭建若干具有较强辐射力的国际文化交易平台"[①]，对推动对外文化贸易发展工作做出了全局性部署。

图书作为主要的核心文化产品，在我国文化贸易发展中占据重要地位。国家先后资助制定和建立了中国图书对外推广计划、中外图书互译计划、中国文化著作翻译出版工程、经典中国国际出版工程、中国出版物国际渠道拓展工程、丝路书香出版工程、图书版权输出奖励计划以及图书"走出去"基础书目工程等项目，以支持和促进中国图书对外贸易蓬勃发展。

2. 北京市政府积极响应、主动作为

首都北京作为我国的文化中心和国际交往中心，长期以来积极响应国家政策，争当文化贸易发展的排头兵。

北京市人民政府办公厅在2016年3月印发的《北京市人民政府办公厅关于加快发展对外文化贸易的实施意见》（京政办发〔2016〕17号）中，将"加快推进国家对外文化贸易基地（北京）建设""支持文化企业开展对

---

① 《国务院关于加快发展对外文化贸易的意见》，《中国文化报》2014年3月20日，第1版。

外文化贸易业务"等作为主要任务，同时制定相关政策加大财税支持力度、强化对文化企业的金融支持、为文化出口优先提供通关便利并大力优化对外文化贸易发展环境。[①]

具体在图书版权方面，北京市政府大力发展国际版权贸易，重点扶持具有中国特色的版权出口，推动建立集版权评估、版权质押、版权投融资、版权交易、版权保护于一体的版权贸易平台和场所；对图书、报纸、期刊等品种多、时效性强、出口次数频繁的文化产品采用保税仓库模式，经海关批准后开展集中申报，提供 24 小时预约通关服务等便利措施。

（二）深化文化服务领域扩大开放

2015 年，国务院批复《北京市服务业扩大开放综合试点总体方案》，同意在北京市开展为期 3 年的服务业扩大开放综合试点，北京成为全国首个，也是目前唯一一个服务业扩大开放综合试点城市。[②]

2017 年 3 月，北京市人民政府办公厅印发《北京市服务贸易竞争力提升工程实施方案》（京政办发〔2017〕14 号），强调要加快推动文化贸易发展，鼓励广播影视、新闻出版等企业以项目合作方式进入国际市场，积极组织企业申报国家文化出口重点企业和国家文化出口重点项目，并加大对入选企业和项目的扶持力度，为其在市场开拓、技术创新、金融服务等方面提供便利。[③]

2019 年 1 月，国务院批复《全面推进北京市服务业扩大开放综合试点工作方案》，提出北京要立足文化中心建设，提升文化软实力和国际影响力。[④] 同期，北京市印发《北京市服务贸易创新发展试点工作实施方案》，明确提出要推动文化创意领域服务贸易发展。

北京文化服务水平一直居全国领先地位。北京地区出版单位占全国四

---

① 《北京市人民政府办公厅关于加快发展对外文化贸易的实施意见》，2016 年 3 月 11 日。
② 《国务院关于〈北京市服务业扩大开放综合试点总体方案〉的批复》，2015 年 5 月 5 日。
③ 《北京市服务贸易竞争力提升工程实施方案》，2017 年 3 月 10 日。
④ 《全面推进北京市服务业扩大开放综合试点工作方案》，2019 年 1 月 31 日。

成。位于北京天竺综合保税区的国家对外文化贸易基地，因享受保税展示、保税仓储、出口退税等优惠政策，吸引了全国300多家博物馆的文创产品进场展示交易；将"围绕数字影视、数字动画游戏、数字音乐、数字出版、VR 与 AR 等领域，引入国内外知名制作企业，形成数字内容制作产业聚集区"。在此形势下，亟待我们通过调查研究，提高相关政策实施的预见性和适用性，加强北京对外文化服务贸易领域深化改革开放的水平，并通过北京的实践，总结提炼出可以复制推广的经验，从而推动北京乃至全国文化服务行业不断深化改革开放。

（三）机构改革促进效率提高

2018 年 3 月，中共中央印发了《深化党和国家机构改革方案》，对出版工作的主管部门做出了调整："为加强党对新闻舆论工作的集中统一领导，加强对出版活动的管理，发展和繁荣中国特色社会主义出版事业，将国家新闻出版广电总局的新闻出版管理职责划入中央宣传部。"[①] 机构改革调整后，我国的新闻出版工作将由中宣部来面对面领导，无疑体现了党和国家对出版业发展的重视。

2018 年 10 月，《北京市人民政府机构改革实施方案》正式通过党中央、国务院的批准，经改革，北京市新闻出版广电局的新闻出版管理职责和电影管理职责划入北京市委宣传部统一管理，在北京市新闻出版广电局广播电视管理职责的基础上组建北京市广播电视局，为市政府直属机构。

（四）不断深化市属国有文化企业改革

党的十九大报告指出："要深化文化体制改革，完善文化管理体制，加快构建把社会效益放在首位、社会效益和经济效益相统一的体制机制。"[②] 首都北京承载着对外展示国家文明形象、对内增强文化自信、引领示范全国

[①] 《深化党和国家机构改革方案》，2018 年 3 月 21 日。

[②] 习近平：《决胜全面建成小康社会 夺取新时代中国特色社会主义伟大胜利——在中国共产党第十九次全国代表大会上的报告》，人民出版社，2017，第 44 页。

文化建设的重要使命。2017 年 11 月，北京市人民政府办公厅印发《关于深化市属国有文化企业改革的意见》（京政办发〔2017〕45 号），强调要调整优化国有文化资本布局结构，推进资产重组和资源整合，鼓励本市国有文化资本与境内外资本进行合作对接；研究制定本市国有文化企业"走出去"发展规划及相关政策，支持国有文化企业通过参与对外文化交流、扩大文化产品和服务出口、开展对外文化投资和并购、在海外设立分支机构等方式，培育一批具有国际竞争力的外向型文化企业，形成一批具有核心竞争优势的文化产品和服务，打造一批具有国际影响力的文化品牌，不断提升国际传播能力。[①]

（五）文化金融融合发展，解决图书出版业资金瓶颈

近年来，北京一直着力推动文化金融产业融合发展，一系列促进文化金融发展的各项政策文件相继出台，为文化企业发展搭建多渠道、多路径的金融服务平台。北京市发展和改革委员会在 2017 年发展计划草案中提出，要继续推动文化产业蓬勃发展，加强全国文化中心建设，完善国家文化金融合作试验区创建方案，健全首都文化投融资服务机制，继续做大做强文化创意产业投融资平台。《关于深化市属国有文化企业改革的意见》中明确提出，要拓宽国有文化企业投融资渠道，充分利用多层次资本市场，加快国有文化企业上市融资步伐，不断提高国有文化资产证券化水平。

以北京市新闻出版广电局与北京银行签署的《支持北京新闻出版与广播影视产业发展全面战略合作协议》（以下简称《协议》）为例，该协议为期五年，旨在切实解决文化企业贷款难等金融问题。依据《协议》，北京银行将为文化企业提供总额 500 亿元的授信额度，通过"绿色审批通道"提高文化企业贷款审批效率，并推出专门针对文化企业的银行网点和创业贷、文创信保贷等金融服务。北京银行被评为"支持文化创意产业最早、创新

---

① 《关于深化市属国有文化企业改革的意见》，2017 年 11 月 1 日。

最多、关注最久的银行"，曾支持新华书店、时尚杂志、雨枫书馆、磨铁图书、中文在线、掌阅等出版行业企业转型升级。截至 2018 年 12 月末，北京银行累计为 6500 余家文化企业提供贷款近 2500 亿元。

2018 年初，中国银监会北京监管局、北京市国有文化资产监督管理办公室正式联合印发的《关于促进首都文化金融发展的意见》（京银监发〔2018〕5 号）指出，接下来将进一步建立完善文化金融发展相关担保体系、风险补偿制度和财政贴息政策，建立顺畅有效的信用风险分担和补偿机制；将通过完善文化企业信用评级体系，搭建文创企业融资大数据库，加强对文创企业融资服务统计和分析；将联合制定文化金融特色机构认定标准，实施文化金融服务监管评价并予以正向激励。[1]

为了帮助文化企业走出融资难、上市难的困境，北京市文资办、上海证券交易所联合共建文化企业上市培育基地，为北京的文化企业提供改制、路演宣传、投融资对接、辅导上市和互动交流服务。此外，又联合市证监局实施"十百千"首都文化企业上市培育服务计划，重点培育服务对象为文化领域十家上市龙头企业、百家拟上市企业和千家创新创业企业。

（六）促消费升级，强文化精品

北京市人民政府于 2017 年 7 月发布的《北京市人民政府关于培育扩大服务消费优化升级商品消费的实施意见》（京政发〔2017〕20 号）中提出，支持培育实体书店，拓展文化消费空间；深入推进公共图书馆、博物馆、美术馆、文化馆和基层文化设施免费开放，继续办好北京惠民文化消费季活动，强化文化惠民消费。北京建设有国家对外文化贸易基地、北京影视译制基地、国家文化出口基地、国家数字出版基地等平台；同时，北京国际音乐节、北京国际电影节、北京国际图书节、北京国际设计周等文化活动均于首都北京举办，有助于居民在深化国际交流中丰富文化消费。在拓展文化消费

---

① 《关于促进首都文化金融发展的意见》，2018 年 2 月 1 日。

空间方面，北京市积极响应国家关于支持实体书店发展的政策措施，计划培育 400～500 家品牌知名度高、具有示范引领作用的实体书店，推动文化娱乐行业转型升级。[①]

2018 年 10 月中共北京市委和北京市人民政府联合发布《关于开展质量提升行动的实施意见》，提出增加优质文化产品有效供给，打造文化艺术精品。鼓励创造优秀文化服务产品，更好满足人民群众多样化多层次多方面精神文化需求；发挥国家文化产业创新实验区、国家对外文化贸易基地、北京国家数字出版基地、中国北京出版创意产业园区、国家版权创新基地等重点园区和基地引领辐射作用，打造一批展现中国文化自信和首都文化魅力的文化品牌；加强艺术创作引导，支持创作具有历史和现实意义、展现优秀传统文化和京味文化的优秀剧目、图书、影视作品；完善精品图书评价指标体系，搭建推广服务平台；以综合书城和标志性特色书店为支撑，建立层次分明、布局合理、特色浓郁、多业融合的发行体系；提升北京国际图书节、"书香中国·北京阅读季"、中国"网络文学＋"大会、中国北京国际文化创意产业博览会等活动及中国设计红星奖等奖项的影响力，打造"书香北京"等文化品牌；完善文化创意产业统计监测方法和指标体系。[②]

（七）完善知识产权服务体系

十八大以来，党中央高度重视知识产权保护工作，习近平总书记在博鳌亚洲论坛上演讲时，将"加强知识产权保护"作为扩大开放的四个重大举措之一。2016 年 12 月 19 日国务院发布《国务院关于印发"十三五"国家战略性新兴产业发展规划的通知》（国发〔2016〕67 号），提出完善海外知识产权服务体系，建立海外知识产权风险预警机制，支持企业开展知识产权

[①] 《北京市人民政府关于培育扩大服务消费优化升级商品消费的实施意见》，2017 年 6 月 24 日。

[②] 《关于开展质量提升行动的实施意见》，2018 年 10 月 13 日。

海外并购和维权行动。① 同月 27 日发布的《国务院关于印发"十三五"国家信息化规划的通知》（国发〔2016〕73 号）指出，大力培育网络文化知识产权，严厉打击网络盗版行为，提升网络文化产业输出能力。②

2017 年 1 月 13 日发布的《国务院关于印发"十三五"国家知识产权保护和运用规划的通知》（国发〔2016〕86 号）强调，要加强知识产权国际交流合作，进一步加强涉外知识产权事务的统筹协调，加强与经贸相关的多双边知识产权对外谈判、双边知识产权合作磋商机制及国内立场的协调等工作，加强与世界知识产权组织等相关国际组织的交流合作，拓宽知识产权公共外交渠道，继续巩固发展知识产权多双边合作关系，加强与"一带一路"沿线国家、金砖国家的知识产权交流合作；同时积极支持创新企业"走出去"，健全企业海外知识产权维权援助体系，鼓励社会资本设立中国企业海外知识产权维权援助服务基金，制定实施应对海外产业重大知识产权纠纷的政策，完善海外知识产权信息服务平台，发布相关国家和地区知识产权制度环境等信息，支持企业广泛开展知识产权跨国交易，推动有自主知识产权的服务和产品"走出去"，继续开展外向型企业海外知识产权保护以及纠纷应对实务培训。③

2017 年 3 月，国务院办公厅印发《国务院办公厅关于进一步激发社会领域投资活力的意见》（国办发〔2017〕21 号），提出加强知识产权评估、价值分析以及质押登记服务，建立健全风险分担及补偿机制，探索推进投贷联动，加大对社会领域中小企业的服务力度。④

2019 年 1 月发布的《北京市人民政府办公厅关于印发〈北京市服务贸易创新发展试点工作实施方案〉的通知》（京政办发〔2018〕51 号），再次强调要强化知识产权保护，提出坚持日常监管与专项整治相结合，加强商标、专利和版权等知识产权执法保护，严厉打击侵犯知识产权违法行为；组

---

① 《国务院关于印发"十三五"国家战略性新兴产业发展规划的通知》，2016 年 12 月 19 日。
② 《国务院关于印发"十三五"国家信息化规划的通知》，2016 年 12 月 27 日。
③ 《国务院关于印发"十三五"国家知识产权保护和运用规划的通知》，2017 年 1 月 13 日。
④ 《国务院办公厅关于进一步激发社会领域投资活力的意见》，2017 年 3 月 7 日。

建海外知识产权服务专家顾问团，探索建立针对海外知识产权风险和纠纷的快速应对机制，为服务贸易企业提供海外知识产权信息、预警及维权援助等综合服务；支持企业在境外申请知识产权保护。①

二 政策特征

（一）开放程度不断扩大

1. 外商投资准入负面清单逐渐放宽

2015 年 4 月，国务院办公厅印发《自由贸易试验区外商投资准入特别管理措施（负面清单）》（国办发〔2015〕23 号），对禁止外资进入的领域做出详细规定。在图书出版方面，禁止投资设立通讯社、报刊社、出版社以及新闻机构；禁止投资经营图书、报纸、期刊、音像制品和电子出版物的出版、制作业务；禁止经营报刊版面；出版物印刷属于限制类，须由中方控股；境外传媒（包括外国和港澳台地区报社、期刊社、图书出版社、音像出版社、电子出版物出版公司以及广播、电影、电视等大众传播机构）不得在中国境内设立代理机构或编辑部。如需设立办事机构，须经审批。②

2017 年 6 月，《国务院办公厅关于印发自由贸易试验区外商投资准入特别管理措施（负面清单）（2017 年版）的通知》（国办发〔2017〕51 号）取消了禁止从事美术品和数字文献数据库及其出版物等文化产品进口业务。③

2018 年底，《北京市人民政府关于扩大对外开放提高利用外资水平的意见》（京政发〔2018〕12 号）允许外商在特定区域（北京国家音乐产业基

---

① 《北京市人民政府办公厅关于印发〈北京市服务贸易创新发展试点工作实施方案〉的通知》，2019 年 1 月 2 日。
② 《关于印发自由贸易试验区外商投资准入特别管理措施（负面清单）的通知》，2015 年 4 月 8 日。
③ 《关于印发自由贸易试验区外商投资准入特别管理措施（负面清单）（2017 年版）的通知》，2017 年 6 月 5 日。

地、中国北京出版创意产业园区、北京国家数字出版基地）投资音像制品制作业务。[①]

2019 年 6 月，国家发改委、商务部联合发布《外商投资准入特别管理措施（负面清单）（2019 年版）》，取消电影院、演出经纪机构须由中方控股的限制；在自贸试验区取消了出版物印刷等领域对外资的限制。[②] 该政策自 2019 年 7 月 30 日起施行，开放力度进一步扩大。

2. 拓宽对外贸易渠道

2018 年 7 月，中共北京市委、北京市人民政府印发《关于推进文化创意产业创新发展的意见》（以下简称《意见》），提出组织实施文化贸易促进行动，对接"一带一路"建设，拓宽文化"走出去"渠道，拓展海外市场。

《意见》鼓励文化企业在境外设立合资出版公司、艺术品经营机构，开办本土化的海外专属频道、专属时段。支持企业以参股、换股、并购等形式与国际品牌企业合作；支持企业参加国际展览展销活动，举办自主品牌巡展推介会；支持企业申报国家文化出口重点企业、重点项目。吸引海外文创企业总部落户北京，支持国际大型交易博览会和品牌发布、贸易洽谈等活动在北京举办。支持对外文化推广，实施"中华文化世界行·感知北京"、"欢乐春节"、北京优秀影视剧海外展播季等项目。研究制定支持国家对外文化贸易基地（北京）的政策措施，集中打造文化保税综合服务中心。[③]

（二）出版科技融合发展新业态

北京国家数字出版基地，经国家新闻出版广电总局批准建设，是全国 14 家国家级数字出版基地之一。基地园区在充分发挥首都出版业的内容与文化兼具的优势，以数字文化创意产业为核心，以内容、版权交易、宣传、资金等为重点，打通全产业链链条。根据计划，该基地园区在 2020 年前，

---

① 《北京市人民政府关于扩大对外开放提高利用外资水平的意见》，2018 年 3 月 15 日。
② 《外商投资准入特别管理措施（负面清单）（2019 年版）》，2019 年 6 月 30 日。
③ 《北京市委、市政府印发〈关于推进文化创意产业创新发展的意见〉的通知》，2018 年 7 月 5 日。

将成功引进 400 家企业，打造功能更加完备的首都文化产业园示范区。

在 2018 年 7 月发布的《关于推进文化创意产业创新发展的意见》中，中共北京市委强调优化构建高端产业体系，提出创新发展的主攻方向为"全面推动文化科技融合，打造数字创意主阵地""率先布局内容版权转化，形成文化创新策源地"。重点聚焦出版发行，加快推进行业转型升级，发展数字出版新业态，开拓新兴增值业务领域。鼓励实体书店进行数字化升级改造，增强店面场景化、立体化、智能化展示功能，打造新一代"智慧书城"。①

2018 年 12 月，北京市发展总部经济工作联席会议办公室印发《北京创新型总部经济优化提升三年行动计划（2018～2020 年)》，该计划提出要加快文化科技融合的创新型总部培育。以创意设计、数字新媒体、VR/AR、动漫游戏、数字出版等文化科技融合型新业态为重点，加大对企业兼并重组、重大项目建设、人才引进、市场拓展等的扶持力度，培育一批引领中国、影响世界的"文化航母类"创新型总部企业。鼓励文化产业领域创新型总部企业加强资源整合、业务融合与创新合作，以"抱团出海"方式参与全球文化贸易市场竞争。②

（三）注重阅读空间建设

按照中宣部等部委《关于支持实体书店发展的指导意见》（新广出发〔2016〕46 号）要求，2018 年 7 月，《北京市人民政府办公厅印发〈关于支持实体书店发展的实施意见〉的通知》（京政办发〔2018〕27 号），发布北京实体书店三大目标：到 2020 年，以大型书店为骨干，打造一区一书城的综合文化体验中心；以特色书店为依托，打造重点街区文化地标和标志性文化品牌；以社区书店为抓手，打造 15 分钟公共阅读服务体系，形成以 16 家综合书城和 200 家标志性特色书店为支点，布局合理、层次分明、特色浓

---

① 《北京市委、市政府印发〈关于推进文化创意产业创新发展的意见〉的通知》，2018 年 7 月 5 日。

② 《北京创新型总部经济优化提升三年行动计划（2018～2020 年)》，2018 年 12 月 13 日。

郁、多业融合、遍布京城的实体书店发展新格局。① 当前，建设实体书店已经被北京纳入国民经济和社会发展规划，力求为广大读者提供更加舒适、智能的阅读空间。

（四）同"一带一路"沿线国家的贸易联系不断加强

围绕中央"一带一路"建设的重大战略和北京市外交工作部署，2018年11月，北京市推进"一带一路"建设工作领导小组印发的《北京市推进"一带一路"建设工作领导小组关于印发〈北京市推进共建"一带一路"三年行动计划（2018～2020年）〉的通知》（京"一带一路"〔2018〕1号）指出，要汇聚全球优秀文化，办好北京国际电影节、北京国际音乐节、北京国际图书节、北京文博会、北京国际青少年文化艺术交流周、北京国际设计周等各类文化活动，以"一带一路"沿线国家和地区为重点，进一步提升首都文化品牌效应和国际影响力。充分发挥历史文化名城和文化资源优势，建设运营好雅典中国文化中心，积极参与丝路书香、丝绸之路影视桥等工程，推动北京表演艺术、视觉艺术、文学影视等优秀作品在海外展播展销，展现中华文化魅力。加快推进国家对外文化贸易基地（北京）、中国（北京）影视译制基地、北京国家数字出版基地和多语种图书出口基地建设，成为共建"一带一路"文化产品交流的重要渠道。②

在"一带一路"国际出版高峰合作论坛上，外语教学与研究出版社与西班牙、黎巴嫩、马来西亚的出版公司，五洲传播出版社与约旦、黎巴嫩的出版社，北京时代华语与印度通用图书公司分别签订版权输出协议。

（五）图书展览平台助推图书"走出去"

2018年，北京继续积极承办、推动国内外大型展会活动的开展，促进中外文化交流及版权贸易，为图书版权对外贸易贡献积极力量。

---

① 《北京市关于支持实体书店发展的实施意见》，2018年7月17日。
② 《北京市推进共建"一带一路"三年行动计划（2018～2020年）》，2018年10月22日。

2018 年 5 月，北京出版代表团（由北京联合出版有限责任公司、北京时代华语国际传媒股份有限公司、北京工艺美术出版社、北京燕山出版社、北京工业大学出版社、北京磨铁图书有限公司、北京龙之脊文化传播公司共7 家图书出版单位组成）亮相美国书展，达成 7 项版权引进意向和《穿布鞋的马云》《新学堂歌》版权输出意向，北京联合出版公司与贝尔伦克雷出版公司就北美地区图书发行推广签订合作意向书。

2018 年 8 月，第十六届北京国际图书节成功举办，首次设立北京国际童书展，充分发挥国际书展"走出去"平台作用，推动中国原创童书"走出去"。在对展会原有童书领域版权贸易、教育、数字等板块进行全新整合的基础上，增设动画、漫画、图像小说、IP 形象授权展区，吸引中国、日本、韩国、法国等众多专注于动漫、影视、IP 授权的企业进驻。

2018 年 10 月，在法兰克福书展上，北京市新闻出版广电局在北京展区特别设立"北京图书 40 年"主题展览，充分展示了北京图书出版 40 年来的辉煌成就。

三 结论及建议

（一）扩大市场准入，激发民营出版企业"走出去"动能

自从机构改革调整后，出版业供给侧改革加速推进，图书出版逐渐由注重品种数量增长转变为更加注重选题质量，其增长特点从粗放式向精细化转型，同时书号总量大幅缩减，为国有出版社的图书经营带来不小压力，对没有书号申领资格的民营出版机构影响更甚。当前，民营出版企业想要获取书号，一般会采取与国有出版社合作的方式，国有出版社提供书号，收取书号管理费和审稿费。以后浪出版公司为例，近年来密切同北京联合出版社、湖南美术出版社、民主与建设出版社等合作，引进和出版了一批脍炙人口的书目。当前书号资源稀缺，导致书号管理费和审稿费的费用上涨，为国有出版社带来一定收益的同时，也使民营出版企业的成本不断提升。

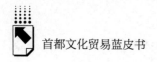
在对外出版方面，民营出版企业长期以来没有对外出版权。2014年《非公有制文化企业参与对外专项出版业务试点办法》开始执行，在此背景下，2015年5月，北京时代华语图书股份有限公司成为全国首家获得对外专项出版权的民营企业。这也是北京市服务业扩大开放的改革成果之一。电子出版物制作单位设立审批、音像制作单位设立审批、印刷业经营者兼营包装装潢和其他印刷品印刷经营活动审批等事项已经从前置审批调整为后置审批。

产业均衡发展是扩大对外贸易的基础，因此建议对民营出版机构放宽市场准入，消除玻璃天花板，推出相关政策引导和促进民营出版机构同国有出版社加强合作，发挥各自优势，促进图书出版产业均衡发展。

（二）数字出版策略有待转型优化

在文化与科技产业不断融合的大背景下，数字出版的地位越来越重要，在国际市场上，我国数字出版产品的竞争力不强，其原因主要有两点：一是在于我国数字出版根基尚浅，无论在作者、编辑还是出版企业方面的专业素养都有待于进一步提高；二是在于我国出版业饱受盗版的打击，电子书的盗版情况尤为严重。针对第一点，建议有关部门继续敦促数字文化产业融合，对数字文化交叉项目多加关注，注重培养相关人才。针对第二点，当前国内普遍采取低价策略，给电子书以极低的定价标准，从而对抗盗版，然而此举不是长久之计，并且也在一定程度上打击了企业在数字出版业务上的赢利积极性。建议政府继续出台相应保护及奖励措施，督促企业协调好电子书售价，从长期发展的角度考虑，扶持数字出版业态良性转型，尽快走出低价困境，以高质量的内容和服务取胜。

（三）大力宣传培养知识产权意识

近年来，我国在知识产权保护上已经做出不少努力，部分民众也逐渐培养起知识产权意识，然而"盗版"问题仍是出版业的心腹大患，不仅大大限制了数字出版的发展，更是影响到我国图书版权市场在国际上的口碑。除了加强对知识产权的法律保护之外，培养版权保护的思想意识也是一个不可忽视的关键因素。北京作为首都，在知识产权保护的宣传方面应当起到表率作用。建议继续加大知识产权保护，普及版权方面的法律知识，完善相关法律法规，出台更加翔实有力度的条文细则，同时着力宣传版权意识，不仅要从需求端入手，推广"知识付费"，培养读者的良好习惯，也要从版权的供给端入手，支持和鼓励版权所有者维护自己的合法权利，促进出版产业良性循环，力求打造更加健康的市场环境和良好的口碑。

（四）推动图书出版市场双向开放

文化是国家和民族的灵魂，数年来我国文化领域多受政策保护。作为核心文化领域的出版企业也是如此，这为扶持发展我国图书出版产业制造了机会，带来了卓越的成效。随着产业竞争力的提升，部分保护政策也需要择机退出，此举不仅将进一步丰富国内图书出版市场，也将激发市场主体的动能，更可能通过以进带出、技术和管理经验外溢等方式提高市场主体的竞争力和带动优秀文化作品走向世界。

下一步建议继续推动我国图书出版领域双向开放，让国外出版社能够自主发挥市场作用，带动我国优秀文学作品"走出去"。以《三体》为例，截至 2019 年初，单其英文版销量就突破 100 万册，在海外广受好评，这离不开发行《三体》英文版的出版社——宙斯之首出版社的积极努力，其高超的翻译水平大大降低了图书的文化折扣，"英国最佳独立出版社"的名气更是成为强有力的宣传。2019 年 7 月 4 日，《三体》日文版正式发售，由日本最大的科幻出版社早川书房负责出版发行，一周内就加印 10 次，并迅速登上日本亚马逊文艺作品销售榜首位。《三体》的海外热销见证了中国文化作品的潜力，同时在国际市场上显现出中国文学不菲的商业价值。建议进一步释放文化领域活力，探索让市场发挥更大作用，放宽对海外出版社的限制，推动中国优秀的文学作品依靠市场力量实现"走出去""走进去""走上去"。

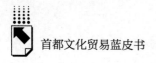

参考文献

李颖、秦茂盛、鲍媛：《从"引进来"到"走出去"——以大学出版社为例谈图书版权贸易》，《科技与出版》2019 年第 7 期。

刘珂：《探析互联网时代数字音乐版权保护问题》，《数字传媒研究》2019 年第 5 期。

秦德继：《中国文化"走出去"战略下图书版权输出环境浅析与策略分析》，《国际公关》2019 年第 5 期。

王沛：《新时代背景下的知识付费模式探析》，《出版广角》2019 年第 9 期。

王鑫、宋伟：《数字出版的著作权授权模式研究》，《科技与出版》2019 年第 6 期。

徐立萍：《版权保护强度与图书出版产业效益的宏观关系研究》，《中国出版》2018 年第 21 期。

徐耀华：《北京地区图书版权输出现状报告》，硕士学位论文，北京印刷学院，2017。

游翔：《国际数字出版产业发展现状及趋势分析》，《科技与出版》2019 年第 6 期。

张莉：《数字经济时代如何进行知识产权保护》，《中国对外贸易》2019 年第 7 期。

朱一青、谢华斌：《我国数字文化产业之发展障碍与路径选择》，《绍兴文理学院学报》（人文社会科学）2019 年第 3 期。

B.16
国家文化政策：俄罗斯戏剧复兴的保障

张变革　包诺敏*

摘　要： 俄罗斯在苏联解体后经历过戏剧发展的艰难时期，戏剧一度
衰落。自20世纪90年代末以来，俄罗斯政府开始重视戏剧
艺术，推出一系列文化政策，进行深入的文化体制改革，使
陷入困境的俄罗斯戏剧走出低谷。这些文化政策既有宏观的，
即国家层面的国家文化发展战略，将戏剧事业的发展提升到
国家战略的高度；也有微观的，即文化机构层面具体文化改
革措施，使院团体制改革落到实处。经过近30年的戏剧改革
实践，目前的俄罗斯戏剧得到了国家财政支持，剧院完善了
融资机制，传统剧院焕发新的生机，各种戏剧节方兴未艾，
国际化程度不断提高，呈现复兴繁荣的景象。本报告聚焦俄
罗斯戏剧文化政策，说明其对俄罗斯戏剧复兴的重要作用。
戏剧不仅具有文化功能，而且对实现国家文化战略目标、重
塑国家形象起到关键作用。

关键词： 俄罗斯戏剧　文化政策　国家战略　文化体制改革

众所周知，俄罗斯戏剧的发展经历了巨大的变化，曾经有过辉煌成就，
在世界戏剧舞台占有举足轻重的地位，也经历过国家解体后的艰难。纵观俄

---

* 张变革，北京第二外国语学院欧洲学院俄语教授；包诺敏，北京第二外国语学院俄语系硕士
研究生。

罗斯戏剧发展的历史,特别是最近 30 年经历国家社会制度变迁后的发展道路,可以说,俄罗斯戏剧走出了比较成功的道路,取得了丰硕的成果,实现了戏剧复兴。戏剧复兴不是简单地恢复俄罗斯曾经有过的辉煌,恢复曾经在世界戏剧界的重要地位,而是要展现崭新的时代风貌,即实现俄罗斯民族戏剧在当代的繁荣景象。具体表现为传统剧院焕发新的生机,新兴剧院数目不断增多,剧院组织形式更加多样,国家层面如"大巡演"等戏剧活动遍及全国,以及民间的戏剧节方兴未艾,戏剧文化不断推出精品,国际化程度越来越高。可以说,戏剧不仅具有文化功能,更成功实现了对内凝聚民族精神、对外重塑国家形象的国家战略目标。

俄罗斯戏剧复兴源于多种因素,既有深厚的民族戏剧传统,更得益于俄罗斯转型时期国家推出的系列文化政策。俄罗斯戏剧文化政策规定着俄罗斯戏剧事业发展的方向、目标,这包括宏观布局和微观指导。俄罗斯戏剧在经历 20 世纪 90 年代初的危机之后,能走上复兴之路,在很大程度上依靠政府及时出台的各项政策法规。接下来,笔者从宏观和微观角度分析俄罗斯阶段性推出的文化政策对戏剧发展的推动作用。

一 宏观战略性文化政策

自 20 世纪 90 年代以来,俄罗斯政府高度重视戏剧文化法规的研究与制定。从苏联解体至今,戏剧方面文化政策的制定、实施、修改等工作从未间断。俄罗斯文化政策在其不同发展阶段,文化方针重心和指导思想也有不同侧重。根据文化政策在不同阶段的特点,可以分为三个时期:第一个阶段(1991～1999 年)——文化政策的初建时期,这是苏联解体后的十年,这一时期是俄罗斯国家社会政治经济文化重建期,法制基础建设处于探索阶段,文化政策集中于完成文化体制改革;第二阶段(2000～2011 年)——文化政策发展时期,这是普京就任后的时期,随着民主化的发展,戏剧文化体制改革不断深入,国家对文化的引领作用逐渐加强,文化政策不断出台,文化治理更加完善合理;第三个阶段(2012 年至今)——文化政策提升期,这个时期，普京政府在全球化的大背景下对文化政策做了大幅度调整，将发展文化进一步提升到国家战略层面，政府对文化的治理能力不断提高，扶持力度不断加大，明确提出在国际舞台塑造文化大国的形象，此时期亦是俄罗斯文化政策蓬勃发展时期。

（一）完成戏剧文化体制改革

1991 年苏联解体后，苏联时期的文化管控也宣告结束，文化艺术传媒领域的书刊审查制度被废除。俄罗斯在政治、经济文化各个领域进行了尝试性的改革。与苏联时期相比，文化政策发生了转轨，主要向非意识形态化、现代化以及制度化方向发展。探索文化体制改革，实现文化治理，成为此时国家战略发展的目标。苏联解体后的最初十年，政治经济自由化趋势影响到文化领域，政府将文化视为一种自由创作的活动，不对文化创作过多管控，给予文化创作更多自由。这一点在 1993 年颁布的宪法中，第 44 款"保障文学、艺术、技术、教育和其他种类创作自由"[1] 中有充分的体现，即文化政策的主要目的是保障创作的自由。这一时期文化领域主要的政策依据是 1993 年宪法中关于文化的条款，联邦第 3612 - 1 号法令《俄罗斯联邦关于俄罗斯文化的立法原则》以及《俄罗斯联邦关于非商业组织的条款》等。在这些政策条款中规定了国家有保障文化创作自由和独立的义务，同时也限制了国家对思想自由的干预。在 1993 年宪法中第 13 项条款明确规定："1. 俄罗斯联邦境内承认意识形态领域内的多样性；2. 任何一种意识形态都不能认为是国家的或必须的。"[2] 国家削弱自己在文化领域内倡导意识形态的作用，允许其他社会文化主体参与文化建构。国家文化体制基本实现了从文化管理走向文化治理的转换，国家倾向于减少自己在文化生活中的参与（包含文化财政支持），将文化生活推向市场调节机制、赞助行为和文化机

---

[1] Конституция Российской Федерации 1993，http：//www. constitution. ru/10003000/10003000 - 3. htm - 29. 08. 2015.

[2] Конституция Российской Федерации 1993，http：//www. constitution. ru/10003000/10003000 - 3. htm - 29. 08. 2015.

构自己的赢利。这也推动了戏剧所有制形式的改革，即将戏剧由单一的国家所有制向多种所有制方向发展。

1999 年出台的《俄罗斯联邦关于戏剧事业支持的相关规定》文件中，明确规定了联邦剧院的创立者可以有两种："1. 俄罗斯联邦行政机关，俄罗斯各主体权力执行机关，各地方自治行政机关；2. 公民和法人（其中包含国外公民）。"[1] 同时，该文件还规定，剧院是非商业组织。剧院作为一种文艺机构，其建立是为了实现一定的社会文化或非商业性质的功能。根据剧院创立者的不同，剧院共有四种存在形式，实际在市场上，剧院就是以国家财政、国家自治机构、私人机构以及自治非营利组织四种形式存在。同时，无论哪一种形式存在的剧院，都是非营利组织，但其法人代表有权从事赢利活动，法人有权支配所获收入。

以个体私人机构和自治非商业组织形式存在的剧院在经济活动和资金来源上更具自主性，并且拥有更多创收机会，以这两种形式存在的剧院也更符合创作自由的原则。1999 年出台的《俄罗斯联邦关于戏剧事业支持的相关规定》还规定了国家和市级剧院融资原则的条例。根据这个条例，"俄罗斯联邦国家和市级剧院的融资是国家重要的社会和经济义务之一"，"俄罗斯联邦国家和市级剧院的融资标准不得低于国家和市级剧院的预算融资标准"[2]。

这些政策规定充分保障了戏剧创作的自由和所有制形式的多样化，并保障了戏剧具有灵活多变的经营方式，完成了戏剧文化体制改革。

（二）戏剧发展期的纲领性文化政策

如果说，20 世纪 90 年代的文化体制改革，带来的是国家削弱乃至放弃

---

① 俄罗斯文化部官网：О государственной поддержке театрального искусства в РФ：Постановление Правительства РФ от 25 марта 1999 г. N 329，http：//docs. cntd. ru/document/901729266 # loginform。

② 俄罗斯文化部官网：О государственной поддержке театрального искусства в РФ：Постановление Правительства РФ от 25 марта 1999 г. N 329，http：//docs. cntd. ru/document/901729266 # loginform。

了自己在文化领域内引领意识形态的作用；普京时代，政府则强调国家在保护和传承俄罗斯传统文化中的主导作用。此时的文化政策，对文化的理解，从经济的角度将其理解为具有价值的商品；从国家层面，将其解读为一种任务与使命，即文化负有捍卫俄罗斯民族独特传统、弘扬俄罗斯道德美学和文化价值的民族使命。国家在文化政策层面认识到自己在保护、促进文化发展上的义务和责任。

2005 年 12 月，俄罗斯政府通过了联邦发展纲领性文件《2006～2010 年俄罗斯文化》。该纲领的主要目标是确保为文化提供更好的市场经济条件，同时指出国家财政支持对俄罗斯民族文化发展的重要性。[①]

2007 年俄罗斯总统普京在慕尼黑安全政策问题会议上的演讲，被许多专家称为历史性演讲，是俄罗斯民族文化明确发展方向的最具标志性的事件。普京严厉批评了单极世界模式、无正当理由对他国动用武力、北约东移和美国的对外政策。在这个讲话中，普京将俄罗斯本民族文化和文化政策的发展提到国家安全的战略高度。[②]

2009 年出台的文件《俄罗斯联邦 2020 年民族安全战略》谈及文化安全，是将文化提升到国家战略层面的又一标志性事件。在文件中第一次提到面向边缘人群的、大众的、商业的文化是对俄罗斯本民族文化的威胁；首次提出保障本民族中文化领域内长久安全问题，强调文化在国家复兴中的重要作用，包括保护本民族文化道德价值，巩固多民族精神统一，塑造俄罗斯的国际形象以及对俄罗斯公民进行爱国主义教育，在独联体国家地区内创建统一的人文环境。[③]

具体到戏剧领域，2011 年出台的《俄罗斯戏剧事业 2020 年前发展长远

---

① 俄罗斯文化部官网：федеральная целевая программа культура России（2006－2010）годы，docs. cntd. ru/document/901959919。

② 俄罗斯文化部官网：Выступление и дискуссия на Мюненской конференции по вопросам политики безопасности，http：//archive. kremlin. ru/appears/2007/02/10/1737＿ type63374type63376type63377type63381type82634＿ 118097. shtml。

③ 俄罗斯文化部官网：Стратегия национальной безопасности Российской федерации до 2020 года，http：//pravo. gov. ru/。

构想》① 更是一部俄罗斯新时期戏剧事业发展的纲领性指导文件，表明国家政治层面对戏剧发展的高度重视和长远规划。

文件在翔实地分析了俄罗斯戏剧拥有的传统优势后，指出了国家艺术的生存与发展融入全球化环境的重要性，确立了戏剧事业发展的主要方向是：充分借鉴世界戏剧发展的优秀经验；在文化无疆界的开放世界中，国家应在戏剧发展方面采取保护主义，首先保护俄罗斯传统的公立和私立的经典剧目剧院（repertory theater）模式；国家要通过建立新的体制机制以及提供财力支持来提高俄罗斯剧院（团）和戏剧院校的国际竞争力。在这部纲领性文件中，提出了实现戏剧复兴的具体措施，并给出了具体措施实施的时间和要达到的目标。包括实施戏剧惠民政策，不断充实戏剧剧目，在 2020 年前保障增加剧院的演出总量，至少是 2009 年（139000 场）的 2 倍；振兴国内巡演制度，提出要制定国家扶持戏剧巡回演出活动纲要，依靠联邦预算，俄罗斯联邦主体预算和地方预算资金支持俄罗斯剧院巡演活动；加强戏剧人才建设和保障工作，在 2020 年前要保障为至少 50% 的国立和市立剧院建设办公用住地，用于应邀演员、导演、指挥、编舞、艺术家和其他专业人士的临时住宿；大力支持新剧创作、推进青少年戏剧建设，在 2020 年前保障儿童和青少年的剧目应占整个俄罗斯境内巡演数量的 20% 以上；提高儿童剧目的排演数量，不少于剧院创办人下达的任务或委托新剧的 15%；完善戏剧理论研究；扶持非国立剧院建设为了支持独立的非营利性戏剧组织的发展；等等。这些措施的实行离不开国家的引导和支持，体现了国家重振戏剧文化的决心和能力。这份国家战略层面的文件是近十年戏剧事业发展的纲领性文件，对俄罗斯戏剧繁荣复兴起到了指导和推动作用。

（三）戏剧上升期的纲领性文化政策

自 2011 年出台《俄罗斯戏剧事业 2020 年前发展长远构想》以来，国家

---

① 俄罗斯文化部官网: Концепция долгосрочного развития театрального дела в Российской Федерации на период до 2020 года, http://www.mkrf.ru/。

在文化政策中的引导作用越来越突出，重塑文化大国的意图越来越明确。2012年3月3日，俄罗斯联邦政府推出了《联邦专项计划：俄罗斯文化（2012～2018）》，政府给予文化发展以极大的财政支持。这项联邦专项计划分为2012～2014年及2015～2018年两个阶段实施，国家给予总共1900多亿卢布的文化经费，用于支持国家各个文化艺术领域的文化活动，改善文化基础设施，实现文化设备现代化改造，增加对民族传统文化遗产的保护力度，完善艺术教育等。紧接着推出一系列文化项目，将文化政策推向更高阶段，充分强调国家文化的战略性。

2014年2月，俄罗斯成功举办索契冬奥会，在开幕式和闭幕式的演出中，俄罗斯向世界明确传达了以文化重塑强大的俄罗斯国家形象的信心。这一年也是俄罗斯的文化年，12月24日颁布了文化法令《俄罗斯文化政策立法基础》。普京这样评价这项政策："在这项法令中反映出我们将文化作为一种使命的态度，将文化作为一种历史价值和历史遗产对待。"[1] 这部法令可以说是普京"新俄罗斯思想"的最终政策实践，也是国家文化建设发展遵循的基本准则和指导性文件。在此法令基础下，2016年2月俄联邦政府发布《2030年前国家文化政策战略》（以下简称《战略》），进一步将文化政策作为一项重要的国家战略，确定文化是"提升生活质量和社会和谐关系的最重要因素，是维护统一文化空间和俄联邦领土完整的保证"[2]。

从戏剧角度来看，这项战略性文化政策是在前期戏剧复兴的基础上，对戏剧文化的发展方向进行了调整，进一步明确了将戏剧文化繁荣提升到国家发展战略层面。

首先，2030年前俄罗斯戏剧事业发展的优先方向不再强调学习世界优秀经验的重要性，而是进一步要求俄罗斯戏剧扩大自己的国际影响力。其次，在剧院发展过程中，俄罗斯戏剧保护政策从重点保护经典剧目剧院过渡

---

① 俄罗斯文化部官网：Путин утвердил основы культурной политики России. ，http：//vz. ru/politics/2014/12/24/636026. html。

② 俄罗斯文化部官网：Страдегия государственной культурной политики на период до 2030 года，http：//static. government. ru/media/files/AsA9RAyYVAJnoBuKgH0qEJA9IxP7f2xm. pdf。

到消除剧院发展的区域不平衡阶段，为此俄联邦文化部自 2014 年来连续支持"大巡演"项目的开展，为戏剧艺术的普及做出了突出努力。最后，在构建剧院财政能力方面，俄罗斯当局做出了更多努力——为迎合文化政策新模式的浪潮，积极鼓励开展"国家—私人"合作，进行慈善活动和文化庇护。

与此前颁布的《俄罗斯戏剧事业 2020 年前发展长远构想》相比，《战略》更强调改善戏剧发展的区域不平衡现象，实现戏剧文化的产业化发展。为此，在俄联邦文化部支持下，各戏剧院团应积极开展国际巡演和戏剧节，鼓励国内优秀戏剧团队出访国外，进行戏剧合作与交流，提升俄罗斯戏剧文化的国家影响力；继续挖掘俄罗斯戏剧文化的发展潜力，改善剧院分布的不平衡现象；开创新的现代化戏剧管理模式；积极吸引国家预算外资金；提高"俄罗斯戏剧家协会"等非营利文化组织在解决相关戏剧问题上的话语权；优化国家津贴发放的竞标体系。

《战略》的目标是俄罗斯戏剧事业继续发展的指向标，指明了新时代俄罗斯戏剧发展所要达成的最终成果，《战略》给出 2030 年前俄罗斯戏剧的发展目标：构建统一的俄罗斯戏剧空间，培养创造型人才，在大力发展戏剧教育的同时，为保障每个人都能享受到戏剧文化创造条件。

通过对俄罗斯文化政策三个阶段的梳理，我们了解了文化政策在宏观层面的指向，即完成文化体制改革，弘扬俄罗斯民族戏剧传统，在国际舞台上重塑俄罗斯文化大国的形象。接下来，本报告将对微观层面的戏剧文化政策进行探究，以期理解俄罗斯戏剧复兴在文化层面的具体措施。

二 微观策略性文化政策

在阶段性出台战略性文化政策的同时，俄罗斯也出台了诸多微观层面的文化政策，为俄罗斯戏剧的发展提供具体的策略和指导，这些政策分别指向经费拨款资助、改善劳动关系、促进剧院非国有化成分、促进戏剧专业人才教育等方面，使戏剧发展落实到具体层面。如进入 21 世纪后，俄罗斯政府重视文化法制建设，为适应不断变化的社会条件的需要，对《俄罗斯联邦民法典》进行了 119 次增补和修改，删除不符合时代的内容，针对不断变化的社会形势进行修改，并相应地制定配套性法律。

接下来，本报告将对这些微观策略性文化政策进行分析，探究俄罗斯戏剧发展的成功经验。

（一）关于经费拨款资助的政策

根据俄罗斯联邦政府 1999 年颁布的《关于戏剧艺术的国家支持》法令，戏剧事业的主要资金经费来源有：创立者的拨款、演出票务收入、演出时服务收入、完成合同规定下活动及服务的收益、银行和其他贷款机构的贷款、商业收入以及来自赞助者自愿捐赠。① 同年施行的《国家预算法典》严格规定了国家对文化机构财政支出的框架。由国库系统计划的预算拨款制度，在很大程度上限制了剧院财政的灵活性。俄罗斯政府对此进行了一系列的调整。文化政策对戏剧事业的资助，强调资助方针要符合戏剧事业自身发展的特点，带有一定的鼓励刺激性质，较之于前一时代文化政策，来源广、途径多、资助力度大。

在此前国家对戏剧给予财政支持的基础上，在戏剧发展的上升阶段，国家进一步出台新的政策，加大支持力度，主要体现在以下几个方面。

第一，为戏剧事业定位设计的财政经费。根据 2011 年《俄罗斯联邦 2020 年前社会经济发展长期构想》的规定，到 2020 年，文化艺术机构的财政资金经费定位设计是国家计划发展的优先建立机制。剧院资助办法和国家对戏剧事业发展方向的调整也被列入该文件。②

第二，俄罗斯联邦计划性纲领《联邦专项计划：俄罗斯文化（2012～

---

① 俄罗斯文化部官网：О государственной поддержке театрального искусства в РФ: Постановление Правительства РФ от 25 марта 1999 г. N 329, http://docs. cntd. ru/document/901729266。

② 俄罗斯文化部官网：Концепция долгосрочного социально - экономического развития РФ на период до 2020 года, http://economy. gov. ru/minec/activity/sections/fcp/rasp_ 2008_ N1662_ red_ 08.08.2009。

2018 年)》① 规定了以补贴形式作为对剧院创作活动的奖励，以鼓励剧院排演新剧从而复兴话剧事业。2015 年拟计划补贴 836 万卢布，2016 年这一数额达到 2866 万卢布，2017～2018 年将达到 4800 万卢布。这些奖励联邦预算提供 85% 的资金，预算外来源提供 15% 的资金。戏剧艺术领域内文化产品传播的支持依靠国家资助戏剧节的举办、巡演实现。联邦计划目标规定为这些事业的大额拨款。联邦纲领中规定的对戏剧事业的资助奖金，既考虑到财政预算内的来源，又考虑到财政预算外的来源；既考虑到联邦对戏剧事业的资助义务，也规定了地方政府的资助义务。奖金支持符合戏剧设计定位的资助原则，为戏剧发展提供了充足的资金。

第三，对联邦主体管辖和市属剧院、独立剧院组织的奖金。考虑到俄罗斯众多的非联邦剧院和自治非商业剧院，2014 年俄罗斯总统普京签署了《关于国家对联邦主体所属剧院和市级剧院、独立剧团的支持政策》（354 号总统令），根据该条约规定，每年以奖励金形式发放的补助为 1 亿零 100 万卢布，资金以各剧院竞争的形式分发，每年戏剧院获奖名额为 5 所、音乐剧院 3 所、木偶剧院 2 所。该奖项公平公开地在所有地区间展开。

第四，设立总统奖金和联邦奖金。除了财政资助和联邦发展大纲中的政策奖金，俄罗斯还设立有总统奖金和联邦政府奖金来鼓励对文艺创作事业做出杰出贡献的人。2001 年颁布《关于强化俄罗斯联邦对于文化艺术的国家支持》，用于奖励杰出的文艺工作者。② 此后又不断增加奖金金额。普京任职期间，多次对该法案进行修改调整，以期更好地激励文艺工作者投身艺术创作。根据 2013 年制定的《关于俄罗斯联邦总统在文化艺术领域 2013～2015 年年度奖金》，自 2016 年起，各剧院将采取竞争机制，但这种竞争机制的考察对资源丰富、历史久远的首都及彼得堡的国家剧院更为有力，地区剧院很难在竞争中对老牌剧院产生威胁。于是在 2015 年，俄罗斯政府针对这一情况出台新的总统法令，2015 年 12 月

---

① 俄罗斯文化部官网：http://fcpkultura.ru/programma/。
② 俄罗斯文化部官网：О мерах по усилению государственной поддержки культуры и исскуства в Российской Федерации，http://www.kremlin.ru/acts/bank/9678。

出台的第 688 号总统令《关于俄罗斯联邦总统在文化艺术事业内奖金》[1]取消了关于竞争机制的规定条款，并确定每年对文艺事业奖金的支持额度将达到 53 亿卢布。[2]

政府对戏剧活动的资助拨款、政策调整和渠道拓宽为戏剧发展营造了坚实的经济基础和相对充足的资源保障。

（二）改善戏剧行业劳动关系的政策

2001 年俄罗斯颁布《俄罗斯联邦劳动法典》，代替此前使用了 30 年的相关法律条文。新的劳动关系法典用于调整和管理劳动组织关系、就业关系、专业人才储备、再培训、解决劳动纠纷等涉及劳动关系的一系列问题。法典颁布后经过多次修订和补充。较之前的劳动法，2001 年生效的《俄罗斯联邦劳动法典》准许剧院、电影制作组等机构有权以灵活的合同制接收创作人员。

劳动报酬条件问题，在商业部门由行政者与集体和国家保障之间的集体合同协议解决；在非商业部门，尤其是对于像文化预算机构来讲，这些问题由国家权力机关或地方权力自治机关解决。此前，行业内工资制度是以统一税收等级制度标准为指导的，这个系统内包括 18 个基本等级类别，并在 1992 年开始于所有预算机构内实行，但它只是保障了文化行业内最低工资，已经不适应市场时代的要求。2006 年《俄罗斯联邦劳动法》修正案的出台，为预算部门工作人员工资制度的改革奠定了基础。

2008 年文化部下达《关于批准俄罗斯联邦文化部下属的文化艺术、教

---

① 俄罗斯文化部官网：О ежегодных размерах грантов Президента РФ в области культуры и искусства на 2013 ~ 2015 годы: Постановление Правительства № 453, 2013, https://www. mkrf. ru/documents/o – ezhegodnykh – razmerakh – grantov – prezidenta – rossiyskoy – federatsii – v – oblasti – kultury – i – iskusstva – na – 20/：。

② 俄罗斯文化部官网：О грантах Президента Российской Федерации в области культуры и искусства：Указ Президента Российской Федерации от 31 декабря 2015 г. № 688, https://www. mkrf. ru/documents/pravila – podachi – na – konkurs – 2018 – g – /：。

育、科学联邦预算机构雇员劳动报酬示范条款》① 法令，所有联邦文化机构的员工被编入新的薪资系统。新的劳动报酬工资系统更适合市场经济条件下的文化现状，有利于形成良性竞争，调动广大戏剧文化从业者的创作与表演积极性。

（三）促进剧院非国有化成分的政策

戏剧文化市场内的非国有成分，有利于促进戏剧艺术的完善。非国营剧院剧团在艺术范围内的实验性尝试和创新丰富了艺术资源，推进了戏剧艺术的发展；非国营成分与国有成分的良性竞争，也有利于戏剧文化市场的健康发展。俄罗斯政府同样重视戏剧市场内非国有成分的发展，在 2001 年颁布的《关于剧院和剧院活动》中，规定了非国营剧院与国有剧院拥有同样的权利参与国家权力机关和当地自治机关举办的竞争招标。②

非商业剧院的收入主要有售票收入、赞助和来自机构创建者的资金和国家补贴。俄罗斯政府为保障非国营剧院的运营也制定了相应的完善措施。

俄罗斯政府于 2009 年颁布了《关于俄罗斯联邦推进慈善事业发展的观念》，第三条"关于协助国有及地方机构和其他非商业机构更充分有效吸收赞助"的条例，规定要为广大非商业机构获得赞助创建更完整的法律法规体系，在将来扩大物质赞助的范围，对赞助者给予免除税收等优惠措施。③这一举措，鼓励了广大的赞助者，也为戏剧注入了更多民间赞助的资源。

2014 年发布的《关于对俄罗斯联邦和各主体剧院以及独立戏剧集体的国家支持（拨款奖励）》，明确规定私有独立剧院同国有剧院有同样的权利

---

① 俄罗斯文化部官网：Об утверждении Примерных положений по оплате труда работников федеральных бюджетных учреждений культуры и искусства, образования, науки, подведомственных Министерству культуры Российской Федерации, http：//docs. cntd. ru/ document/902119907。

② 俄罗斯文化部官网：О театре и театральной деятельности, http：//docs. cntd. ru/document/ 901814689。

③ 俄罗斯文化部官网：О Концепции содействия развитию благотворительной деятельности добровольчества в Российской Федерации, http：//economy. gov. ru/minec/activity/sections/ admReform/publicsociety/doc091224_ 1949。

竞争国家奖金支持。①

2011 年发布的《俄罗斯联邦 2020 年前戏剧事业长期发展构想》将扶持非国有剧院的发展单独列出，并指出在一个国家内拥有非国有成分的剧院是一个国家公民社会发展的标志，俄罗斯将会继续完善税收等相关法律，以发展壮大戏剧市场内的非国有份额。

（四）促进戏剧专业人才培养的政策

专业人才的培养是戏剧事业发展的关键环节。戏剧事业的繁荣与发展离不开高水平人才，戏剧艺术需要大量的优秀人员：导演、演员、舞者、剧院管理、营销人才等。可以说，人才是戏剧的第一资源也是最重要的资源。关于专业人员的培养、遴选、使用等相关问题，是一个相当大且系统的工程，而且与政府的政策密不可分。

可以说，20 世纪 90 年代俄罗斯戏剧文化市场内的戏剧危机，在很大程度上是戏剧人才缺失导致的危机。21 世纪以来，俄罗斯政府意识到，文化艺术领域的核心要素是人才的竞争，对文化艺术人才的培养和管理高度重视，制定了完整的戏剧教育体系和相应的法规，保障戏剧人才队伍的稳定发展。

俄罗斯政府在培养戏剧艺术专门人才方面做了多方面努力。俄罗斯有从中小学、大学到社会的完善的戏剧教育系统。目前在俄罗斯境内有 8 所国有戏剧专门高等院校、3 所专科学校，专门培养具有中等专业水平的演员。此外，还包括一系列国有及民办文化艺术机构，获有国家认可权利开办演员导演培训相关课程。在文化市场越来越发达的今天，剧院制作人在剧院生活中扮演着越来越重要的角色，他们可以根据文化市场需求提出新的创作想法，

---

① 俄罗斯文化部官网：О государственной поддержке （грантах） театрам, находящимся в ведении субъектов Российской Федерации и муниципальных образований, а также независимым театральным коллективам, https://www.mkrf.ru/documents/o - gosudarstvennoy - podderzhke - grantakh - teatram - nakhodyashchimsya - v - vedenii - subektov - rossiyskoy - federa/。

对剧团内人员的专业技能做出准确的定位和评价。2009 年俄罗斯联邦政府颁布的《关于批准高等职业教育培训方向名单计划及获取相应高等教育年限（本科、专家或研究生）及专家职称的高等教育方向清单》，确立了国家教育标准规范，同时在这项法令中将艺术导演（总监）这一专业列入高等专业教育培训领域的清单。①

在戏剧艺术的社会教育方面，由 1996 年制定的联邦法律《关于高等专业教育及高等院校毕业后专业教育》，经过 2009 年、2011 年的修改后，该项法律对 2.1 条款中关于高等教育和高等教育毕业后教育一体化的章节规定了六种形式的一体化教育方式，充分保障在高等院校和毕业后都能享受到专业戏剧艺术教育培训，提升专业技能。

完备的戏剧教育系统保证了戏剧人才能够及时被发现和培养，为戏剧事业的发展奠定了坚实的基础。同时，完整的教育体系也为戏剧演员不断提升专业技能提供了条件，从而使演出行业保持较高的专业水平。

此外，国家文化也充分重视为戏剧事业做出杰出贡献的人，为其提供相应的社会地位和物质保障。根据 2002 年出台的文件《关于为对俄罗斯联邦做出杰出贡献的公民给予每月物质津贴》，部分艺术领域内的人员没有资格享受该项津贴。联邦政府在 2011 年出台了修正条例，其中条款 1.5 扩大了享受津贴的人员范围，条例规定：对于在文化、科技领域为人民和国家公共事业做出杰出贡献的俄罗斯联邦公民，可获得由俄罗斯联邦总统提供的额外物质资助。② 这表明国家对文艺事业工作者的重视，不断调整文化政策，以

---

① 俄罗斯政府官网：Об утверждении перечня направлений подготовки（специальностей）высшего профессионального образования, по которым установлены иные нормативные сроки освоения основных образовательных программ высшего профессионального образования（программ бакалавриата, программ подготовки специалиста или программ магистратуры）и перечня направлений подготовки（специальностей）высшего профессионального образования, подтверждаемого присвоением лицу квалификации（степени）специалист, http：//docs. cntd. ru/document/902193222。

② 俄罗斯政府官网：О дополнительном ежемесячном материальном обеспечении граждан Российской Федерации за выдающиеся достижения и особые заслуги перед Российской Федерацией, http：//docs. cntd. ru/document/901811969。

最大限度地促进文化事业发展。

在 2011 年的《俄罗斯戏剧事业 2020 年前发展长远构想》中，将戏剧事业的人才保障、社会保障列为戏剧事业发展的重要一环，并指出在近年内将会实施创造人才（演员）流动机制，建立起"演员交易所"制度，为全俄罗斯的演员和院团雇主之间搭建桥梁，减少演员寻找工作的困难，为激活戏剧市场打下了基础。

通过对这些政策的分析，可以了解到俄罗斯通过颁布文化政策和法令，加大了国家对戏剧事业的拨款资助，不断改善戏剧从业人员的劳动关系，使演职人员的生活得到保障，创作热情被激发。同时，国家出台的关于人才培养的文化政策，为戏剧事业发展培养后备人才，使国家戏剧事业可以持续发展。微观策略性文化政策同宏观战略性文化政策配合，共同促成了俄罗斯戏剧的复兴。

三　戏剧复兴的繁荣景象

俄罗斯戏剧经过近 30 年的改革，国家阶段性出台文化政策，保障了俄罗斯戏剧的正常发展。可以说，戏剧不仅具有文化功能，更成功实现了对内凝聚民族精神、对外重塑国家形象的国家战略目标。

（一）成功的剧院改革

俄罗斯戏剧复兴得益于政府推出的系列文化政策，而戏剧复兴的首要表现是戏剧院团经历改革后重新焕发生命力，演职人员的生活得到保障，艺术创作力得到充分发挥，不断推出精品剧作。

以大剧院为例，俄罗斯大部分知名剧院都走过了经济体制改革、管理运作机制更新的阶段。俄罗斯大剧院（创立于 1776 年）作为国际顶尖剧院不论在戏剧创作还是剧院管理方面都保持在世界先进水平之列。

苏联解体后，受国内经济危机的影响，大剧院面临资金严重短缺的威胁。为了寻求预算外投资资源，大剧院开始探索一种新的经济管理模式——

融资①。

大剧院最初的融资效果并不明显，但很快找到了与世界知名剧院的差距，并制订了合理的方案。为了解决预算外投资资源不足的问题，剧院一方面要厘清投资方的投资动机，另一方面应该认识到文化产业市场所具有的巨大潜力，做好融资定位。在厘清投资者的投资动机、做好投资方的融资定位之后，剧院分别从部门设置和经济管理机制两方面着手，采取了一系列体制改革措施。为了对戏剧项目进行管理，大剧院特别设置了新的管理部门——项目中心，专门负责与项目合作方沟通、联系。在经济管理模式改革中，剧院内部建立起一种长远发展的战略性融资机制——多层次融资机制。

大剧院的体制改革为剧院发展提供了稳固的屏障，2002～2004年，面对国家文化政策的"紧缩"状态，大剧院仍然取得了显著的成果。这主要得益于多层次融资机制在剧院的成功运作。2000～2004年，大剧院预算外收入从840万卢布（约29.3万美元）②增加至10050万卢布（约350.2万美元），预算外收入增长为原来的12倍左右。

大剧院在国家预算拨款紧缩的情况下，依然能够利用多层次融资机制为剧院发展争取可观的预算外投资资源。在资金充足的前提下，剧院在排演新剧目、戏剧巡演、员工福利、戏剧教育和国际交流等方面都取得了巨大的进展。大剧院的体制改革是国内外剧院改革的成功范例，具有十分重要的借鉴意义。

在大剧院改革模式以外，俄罗斯各个剧院都根据自己的战略目标制订了改革方案，结合预算拨款和融资，调整剧院内部管理体制，走出了自己的发展道路。

---

① 融资（фандрейзинг）为大剧院2008年发行书籍《文化机构在市场经济条件下的资源保障》（ресурсное обеспечение учреждений культуры в условиях рыночной экономики）中的通行用法，现多译作 фандрайзинг。

② 卢布对美元汇率根据2004年平均汇率按28.7来计算，https：//cn. investing. com/currencies/usd－rub－historical－data。

（二）繁荣的戏剧奖项和戏剧节

俄罗斯众多戏剧节与戏剧奖项的盛况也是俄罗斯戏剧复兴的重要标志。据不完全统计，自 20 世纪 90 年代以来，俄罗斯目前有近 300 个著名的戏剧奖节和戏剧奖项，它们的活跃是俄罗斯戏剧持久魅力的阐释和明证。

国际著名的戏剧奖项"金面具奖"和戏剧界最知名的"契诃夫戏剧节"，都已经成为国际知名的品牌，成为考量戏剧创作的重要标志。同时，众多以著名作家和文学作家作品命名的戏剧奖项和戏剧节方兴未艾，是展现俄罗斯戏剧复兴的另一重要内容。

作为目前俄罗斯影响最大的综合性戏剧节，"金面具奖"汇集了戏剧、歌剧、木偶剧等各戏剧文化领域的优秀作品，全面地展现了当代俄罗斯戏剧的发展现状和前景。而作为一个非营利性的独立文化组织，"金面具奖"以其成熟的运营机制、战略性的发展模式成为俄罗斯国内各剧院发展的成熟范例。从其机制运营、衍生奖项设置、教育发展到宣传策划，无一不体现着俄罗斯国家文化政策发展理念和战略要求。可以说，"金面具奖"是国家文化政策的战略基地，是俄罗斯戏剧事业发展的前沿和导向。对"金面具奖"运营机制和发展模式的分析和研究，对我国戏剧事业发展具有很强的借鉴意义。

"金面具奖"作为集戏剧奖、戏剧节和戏剧组织于一身的综合体，最早可追溯到 1993 年，由俄罗斯文化部、俄罗斯戏剧家协会和莫斯科市三方联合发起。作为戏剧奖，"金面具奖"具有综合性特点，奖项内容涵盖话剧、歌剧、芭蕾舞剧、音乐剧、轻歌剧、现代舞剧、木偶剧等多个剧种。随着奖项规则的不断细化和日益完善，奖项设置不断呈现多样化，包括最佳布景奖、最佳交响乐奖、最佳戏剧组织奖和最佳戏剧评论奖等。作为戏剧节，"金面具戏剧节"于每年 2～4 月举行，为了保证公正、公平，奖项评选工作由鉴定委员会和评委会合作完成。如 2018 年戏剧节收到来自全国一百多个城市的 832 部作品，经鉴定委员会初审，共有 62 部作品进入主竞赛单元，其中包括 29 部戏剧、9 部歌剧、7 部芭蕾舞剧、7 部现代舞剧、5 部音乐喜

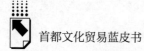

剧和 5 部木偶剧。① 作为戏剧组织，"金面具奖"以其创新项目为主要依托，在机制运营、衍生奖项设置、教育发展和宣传策划等方面有着成熟的操作经验，并高度契合《2030 年前国家文化政策战略》的发展方向。可以说，"金面具奖"是俄罗斯国家文化政策的战略基地，是俄罗斯戏剧事业发展的前沿和导向。

剧院改革的成功，使院团焕发了活力，保障了戏剧事业的繁荣。不断发展中的戏剧节和戏剧奖项既反映了俄罗斯戏剧复兴的盛况，也使俄罗斯戏剧成为展现俄罗斯文化实力的重要国际平台，在国际舞台上成功地塑造了俄罗斯国家形象。

① http：//tass. ru/info/5066438.

B.17
北京市文化出口重点企业对外
文化贸易情况调查报告研究

李嘉珊　田　嵩*

摘　要： 北京市作为全国政治文化中心，"四个中心"建设战略的提出，为北京市未来的发展指明了方向。文化贸易作为北京城市经济发展的重要增长点，在城市升级、改善民生、拉动消费、提升国际影响力等多个领域都有不可替代的优势。本报告基于对全国范围采集到的77家北京和225家其他地区国家重点文化出口企业问卷调查数据开展实证分析，探讨北京与其他地区文化出口企业在资金、人员、对外出口、发展潜力、面临问题等方面的差异，发掘北京文化贸易的行业发展现状和文化出口企业的经营差异，同时对文化出口企业在对外开放过程中的"提质增效"发展提出相应的发展对策。

关键词： 文化出口企业　文化贸易　北京

2017年9月发布的《北京城市总体规划（2016年~2035年）》，提出了

---

* 李嘉珊，北京第二外国语学院教授，中国服务贸易研究院常务副院长，国家文化发展国际战略研究院常务副院长，首都国际交往中心研究院执行院长，首都对外文化贸易研究基地首席专家，国家文化贸易学术研究平台专家兼秘书长，研究方向为国际文化贸易等；田嵩，北京第二外国语学院基础科学部副教授，首都对外文化贸易研究基地研究员，研究方向为数据可视化、贸易数据分析等。

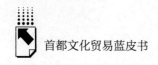

将北京市建设成为全国政治中心、文化中心、国际交往中心、科技创新中心的城市战略定位。北京拥有丰富的历史文化底蕴和人才储备，使其在我国文化贸易的发展过程中扮演着举足轻重的角色。

文化贸易过程中的文化产品和服务的高附加值和低资源消耗，使世界各国开始重视文化产业的发展，特别是文化产品和服务的对外贸易，可以在获得经济效益的同时，实现文化的有效输出。为发挥中华文化的传统优势，鼓励和支持我国文化企业参与国际竞争，提高国际竞争力，扩大我国文化产品和服务出口，商务部、外交部、文化部等部门于 2012 年 2 月共同制定了《文化产品和服务出口指导目录》，并每隔两年由商务部、文化部等部门共同认定国家文化出口重点企业和重点项目名单。进入名单的企业和项目都具备了鲜明的中华文化特色和海外市场开拓能力，可以说是本地区文化贸易发展水平的集中体现。

本报告以在全国范围发放的国家文化出口重点企业（以下简称"重点企业"）问卷调查数据为基础，并将调查问卷的结果数据按照企业所在省份（直辖市或自治区）分为北京和其他地区。通过来自文化出口企业的第一手数据资料，了解文化出口企业的发展现状和出口过程中面临的差异化问题。将北京与国内其他地区文化出口企业进行对比分析，主要考虑北京作为我国首都在政治和文化上的特殊地位，同时北京有全国范围内数量最多的央属、部属企业，其发展规律在文化贸易领域也会存在特殊性。最后，本报告力求以实证研究的形式发掘北京在国家对外文化贸易中的发展规律和独特属性，并以此为基础提出面向未来、面向新形势的北京对外文化出口企业发展对策。

一 基本信息分析

（一）重点企业分布情况介绍

为了全面了解国家文化出口重点企业的发展情况，我们设计了四大类共

36个问题的调查问卷《全国重点文化出口企业调查问卷——文化企业走出去"提质增效"专题》。调查问卷包含文字录入题、单项选择题、多项选择题、排序题、简述题等，通过我们的数据采集平台发放并回收。这四大类问题分别涵盖文化出口企业基本信息、人员和经营情况、企业出口和国际化情况以及面临困难与前景预判部分（见图1）。

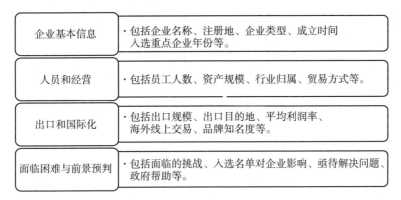

图1　调查问卷分类和主要项目构成

资料来源：本报告中所有图表均由作者根据《全国重点文化出口企业调查问卷—文化企业走出去"提质增效"专题》的结果绘制。

截至2019年10月，共回收302家企业的调查问卷，其中隶属于北京的国家文化出口重点企业样本77家，国内其他地区样本225家。通过对原始数据进行标准化和筛选分类，统计得出的北京市国家文化出口重点企业基本信息如下：

在北京市77家国家文化出口重点企业中最早成立的是人民出版社，成立于1921年，61%（47家）的北京市文化出口重点企业成立于2000年后，全国其他地区则有76%（172家）的国家文化出口重点企业成立于2000年后。相比较而言，北京市文化出口企业成立时间更加悠久，但是2000年之后成立的新企业比例与国内其他地区相比较低。具体的企业成立年份分布情况如图2所示。

调查中，北京市共77家国家文化出口重点企业分布于北京市内的7个区县，且这7个区县间数量分布差距较大，其中填报数量最多的区县是海淀区（32家），占比约为41.6%（见图3）。朝阳区（11家）、东城区（11

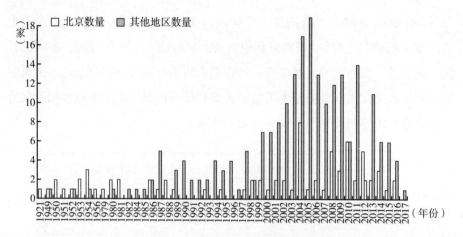

图 2 302 家国家文化出口重点企业成立时间分布

家）、西城区（11 家）这三个区县填报的数量相同，大兴区（6 家）、石景山区（4 家）、丰台区（2 家）数量则相对较少，北京市其他区县没有相关调查数据。

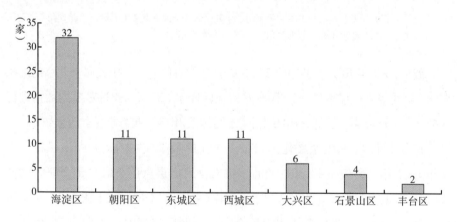

图 3 北京市各区县重点文化出口企业数量分布

　　总体而言，绝大部分国家文化出口重点企业分布于北京市的核心城区，剩余企业也坐落于经济发展较好的近郊区县。海淀区分布的数量遥遥领先，这其中不仅有地区经济发展的因素，海淀区高校人才和高端企业的聚集效应也是不可或缺的重要原因。从重点文化出口企业的区县分布可以看出，地区经济繁荣和人才聚集优势，是文化类企业得以发展的重要基础。

（二）重点企业人员规模

人员和资产情况是反映一家企业规模的直接指标，北京市和全国其他地区重点企业员工数量的对比如表 1 所示。

表 1　企业员工数量分布

单位：家，%

企业员工规模	北京	占比	其他地区	占比
10 人及以下	3	3.9	5	2.2
11～100 人	23	29.9	85	37.8
101～300 人	19	24.7	59	26.2
300 人以上	32	41.6	76	33.8

北京市重点企业员工规模在 10 人及以下的企业共计 3 家，占比 3.9%；11～100 人的企业共计 23 家，占比 29.9%；员工数在 101～300 人的企业共计 19 家，占比 24.7%；300 人以上的企业最多，达到 32 家，占比 41.6%。与其他地区重点企业员工人数的对比可以看出，其他地区重点企业的员工数量以 11～100 人的小型企业为主，同时 101～300 人和 300 人以上规模的分布也较为平均，而北京市的重点企业则以 300 人以上的大中型企业为主。员工数量分布上的差异可以明显地看出北京地区重点企业的从业人员在规模上更倾向于大中型企业。另外，在 10 人及以下的微型企业统计中，北京市的微型企业占比高于国内平均水平，而微型文化企业入选重点企业名单的难度则更大，因此在微型企业的创新力和市场开拓力方面，北京市具有一定的优势。

（三）重点企业资产规模与企业类型

重点企业资产规模可以直接地衡量企业的资金实力，北京和其他地区重点企业的资产规模分布，如表 2 所示。

表2　企业资产规模分布

单位: 家, %

资产规模	北京	占比	其他地区	占比
资产规模≥50亿元	6	7.8	11	4.9
10亿元≤资产规模<50亿元	16	20.8	17	7.6
1亿元≤资产规模<10亿元	34	44.2	82	36.4
1000万元≤资产规模<1亿元	13	16.9	73	32.4
资产规模<1000万元	8	10.4	42	18.7

通过表格数据的对比可以更加清晰地看到，北京市的重点企业资产规模在1亿元及以上的占比达到72.8%，而其他地区相同规模的只有48.9%，在1亿元以下资产规模中，其他省市企业占比则更高。因此，可以说北京市重点企业在资产规模上，相比国内其他地区占有较大的优势。

在此次问卷调查统计的77家北京市和225家其他省市的国家文化出口重点企业中，共涉及7种不同的企业类型。而北京市与其他地区重点企业在企业类型上的差异仍十分明显（见表3）。

表3　国家文化出口重点企业类型比较

单位: 家, %

国家文化出口重点企业类型	北京市数量	占比	其他省市数量	占比
股份有限公司	6	7.8	50	16.7
股份合作企业	0	0	4	1.3
有限责任公司	37	48.1	78	26.0
私营企业	6	7.8	32	10.7
国有企业	27	35.1	39	13.0
外商投资企业	0	0	9	3.0
港澳台商投资企业	1	1.3	11	3.7
其他	0	0	2	0.7

注: 问卷调查中有两家企业未填写企业类型, 故列为其他。

通过表3可以看出，北京市文化出口企业在有限责任公司和国有企业数量上占有明显优势，即集体企业和国有企业是北京市重点企业的主体组成部分，其他企业类型占比较少，都低于全国平均水平，特别是外商投资和港澳台商投资企业，在北京市仅有一家，这与北京独特的政治和文化生态存在一定关系。国内其他地区除了有限责任公司占比较高外，股份有限公司、私营企业、国有企业等的分布较为接近，外商投资企业和港澳台商投资企业合并后占比达 6.7%。

结合对重点企业的员工数量、资产规模和企业类型逐一进行的对比分析，可以看出北京市重点企业无论是企业员工数，还是企业资产规模都倾向于更大的体量，且有限责任公司和国有企业在北京占有绝对的比例，与国内其他地区的差异是否会带来文化产品和服务出口的不同，下面将进一步展开分析。

二 文化产品和服务出口情况分析

国家文化出口重点企业评选的主要目的是推动文化产品和服务对外出口的增长，优化我国文化贸易产业结构，实现中华文化"走出去"的提质增效发展，因此对于重点企业文化产品和服务的出口情况是我们最为关注的，下面从入选重点企业、出口情况、利润情况等方面分析北京和国内其他地区间的异同。

（一）重点企业入选情况

通过对比北京和国内其他地区各年份入选重点企业的数量，可以发现入选企业总体上呈现逐年增加态势，北京和国内其他地区在 2017 年和 2018 年都达到峰值。从入选企业数量的增长趋势上看，北京入选重点企业的逐年增加量更加平稳，其他地区在 2011 年和 2012 年的入选数量有大幅增长，其后的入选数量增加较为平稳，具体数量对比如图 4 所示。仅从入选数量上看，北京入选重点企业数量的增长更为稳定，其他地区重点企业的入选数量则波动较大。

另外，笔者重点统计了多次入选重点企业的数量，一家企业可以多次入选重点企业目录，则可以更好地说明企业在经营上具备很好的延续性，从企

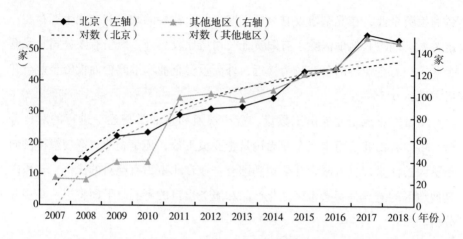

图4 入选国家文化出口重点企业年份分布状况

业和文化事业的长期发展来讲，延续性强的企业应该得到更多的鼓励和重视。无论是北京还是其他地区，多次入选重点企业的比例都达到70%以上。因此，可以说绝大部分重点企业都具备一定的延续性，对于重点企业入选次数的占比情况如表4所示。

表4 重点企业入选次数占比情况

单位：家，%

入选次数	北京	占比	其他地区	占比
1	15	19.5	46	20.4
2	15	19.5	48	21.3
3	1	1.3	7	3.1
4	9	11.7	21	9.3
5	1	1.3	7	3.1
6	7	9.1	17	7.6
7	3	3.9	8	3.6
8	2	2.6	40	17.8
9	1	1.3	6	2.7
10	6	7.8	7	3.1
11	3	3.9	3	1.3
12	11	14.3	13	5.8
14	3	3.9	2	0.9

从图5的入选重点企业次数占比情况图中，可以更加清楚地看到无论是北京还是其他地区仅入选一次重点企业目录的比例都在20%左右，而在长期连续进入重点企业目录的比例上，北京市的重点企业占有较为明显的优势，例如连续12次进入目录的北京企业有11家（占比14.3%），国内其他地区有13家（占比5.8%），连续14次进入目录的北京企业有3家（占比3.9%），国内其他地区仅有2家（占比0.9%）。由此可见，北京重点企业在企业发展连续性上要明显好于全国标准，这些连续进入目录的企业拥有更加成熟的产品实力和发展潜力。

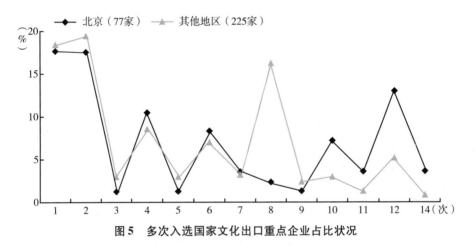

图5 多次入选国家文化出口重点企业占比状况

入选国家文化出口重点企业后，北京的77家企业有80%以上实现了出口的增长，出现下降的仅有1家（1.3%），而国内其他地区的225家企业有67.6%实现了出口的增长，同时也有18家（8.0%）出现了出口下降的情况（见表5）。总体而言，北京的重点企业更加受惠于重点企业评选机制，且绝大部分企业在入选后可以继续保持出口的增长。

表5 入选重点企业后企业出口变化情况

单位：家，%

入选后出口变化情况	北京	占比	其他地区	占比
增长	62	80.5	152	67.6
持平	14	18.2	55	24.4
下降	1	1.3	18	8.0

（二）2018年度出口规模、行业、目的地国和签署订单

对于出口情况的具体分析，我们从几个方面展开。首先是对出口金额的区间规模分析，北京和国内其他地区出口规模的对比情况见表6、图6。

表6 企业出口规模情况表

单位：家，%

出口规模	北京	北京占比	其他地区	其他地区占比
2万美元以下	4	5.2	14	6.2
2万～10万美元	7	9.1	20	8.9
11万～50万美元	15	19.5	28	12.4
51万～100万美元	14	18.2	40	17.8
101万～1000万美元	23	29.9	76	33.8
1001万～1800万美元	6	7.8	11	4.9
1800万美元以上	7	9.1	34	15.1
未填写	1	1.3	2	0.9

从图6可以看出，北京和其他地区企业出口规模区间分布基本一致，用SPSS软件计算得出二者占比的相关性为0.921（$p=0.001$）。因此可以说，在出口规模上，北京市的重点企业并没有因为地处首都且有资金和人才的优势，而体现出更高的出口能力，在实际的对外出口规模方面，北京的重点企业还有一定的提升空间。

重点企业的出口方式主要由产品出口和服务出口组成北京的重点企业在服务出口方面占有较大的优势，占比达74%，而国内其他地区则在产品出口和产品＋服务出口方面领先于北京的重点企业（见表7）。总体而言，北京地区的重点企业在提供文化服务出口方面要高于全国水平，这也与北京限制发展制造业、优先发展服务业的城市整体定位相一致。

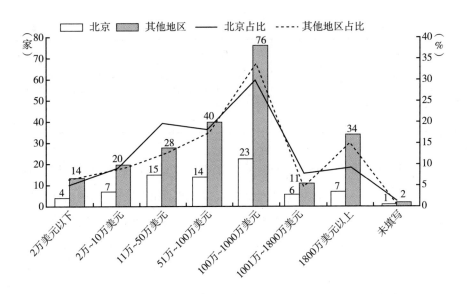

图6 企业出口规模区间分布

表7 重点企业文化出口类型情况

单位：家，%

出口方式	北京	占比	其他地区	占比
产品出口	6	7.8	45	20.0
服务出口	57	74.0	121	53.8
产品＋服务	14	18.2	59	26.2

在重点企业出口所属行业划分上，北京和国内其他地区同样表现出了明显的差异（见表8）。

表8 重点企业出口所属行业

单位：家，%

出口所属行业 （可多选）	北京	占比	其他地区	占比
新闻出版	33	37.1	50	18.6
广播影视	21	23.6	36	13.4
动漫网游	14	15.7	56	20.8
文化旅游	8	9.0	30	11.2

续表

出口所属行业 （可多选）	北京	占比	其他地区	占比
艺术品创作	1	1.1	24	8.9
创意设计	3	3.4	40	14.9
其他	9	10.1	33	12.3

从数据可以看出，新闻出版和广播影视在北京重点企业出口所属行业中占据了一半的比例，而国内其他地区则是动漫网游占据最大比例。这种情况的出现与北京作为国家对外文化传播中心的地位相一致，而国内其他地区的行业分布相比而言更为均衡。另外，北京重点企业出口所属行业的其他包括文化教育、语言翻译服务、版权贸易等，国内其他地区重点企业所属行业的其他包括互联网信息服务、工艺美术和收藏品、休闲娱乐服务、电子乐器、摄影及舞台设计、乐器制造等行业领域。比较而言，北京重点企业出口所属行业以文化服务为主，国内其他地区则兼顾文化产品和文化服务的出口。

根据对重点企业出口目的国的统计，欧洲、北美、东南亚、中国港澳台地区为重点企业出口的目的国家和地区，北京和国内其他地区出口国家具体占比情况见表9。无论是北京，还是国内其他地区，除了传统的主要出口地区外（前述4个地区），其他地区出口占比非常接近。从占比分布上来看，北京的分布更为平均，但与其他地区相比差异不大。

表9　重点企业出口目的国家和地区

单位：家，%

出口国家（可多选）	北京	占比	其他地区	占比
欧洲	62	16.5	141	17.1
北美	52	13.9	132	16.0
南美	22	5.9	60	7.3
东南亚	55	14.7	136	16.5
南亚	23	6.1	37	4.5
西亚	26	6.9	24	2.9

续表

出口国家(可多选)	北京	占比	其他地区	占比
大洋洲	25	6.7	44	5.3
欧亚地区(独联体地区)	21	5.6	26	3.2
非洲	24	6.4	39	4.7
拉丁美洲	14	3.7	30	3.6
中国港澳台地区	45	12.0	136	16.5
其他国家(地区)	6	1.6	19	2.3

另外,我们在调查问卷中还统计了 2018 年重点企业出口订单签署金额的同比变化情况,出口订单金额的增减直接反映了重点企业出口过程中与不同国家企业间的业务交往能力。一般来讲,出口订单金额的增加将更加有利于企业未来的发展和提高企业的抗市场波动能力。北京和其他地区 2018 年度出口订单金额签署的增减情况,见表 10。

表 10　2018 年出口订单金额签署同比变化情况

单位:家,%

2018 年订单金额变化	北京	占比	其他地区	占比
增长	40	51.9	116	51.6
持平	25	32.5	67	29.8
下降	10	13.0	35	15.6
未填写	2	2.6	7	3.1

对于出口订单金额变化的具体分布,笔者还设计了 6 个跨度的增长或下降区间(见表 11)。

表 11　出口订单金额增减区间统计

单位:家,%

北京			其他地区		
增长幅度	数量	占比	增长幅度	数量	占比
50%以上	13	32.5	50%以上	13	11.2
41%~50%	3	7.5	41%~50%	1	0.9

续表

北京			其他地区		
增长幅度	数量	占比	增长幅度	数量	占比
31%~40%	2	5.0	31%~40%	7	6.0
21%~30%	2	5.0	21%~30%	14	12.1
11%~20%	9	22.5	11%~20%	44	37.9
10%及以下	11	27.5	10%及以下	37	31.9

北京			其他地区		
下降幅度	数量	占比	下降幅度	数量	占比
50%以上	0	0.0	50%以上	11	31.4
41%~50%	0	0.0	41%~50%	0	0.0
31%~40%	1	10.0	31%~40%	4	11.4
21%~30%	3	30.0	21%~30%	6	17.1
11%~20%	2	20.0	11%~20%	10	28.6
10%及以下	4	40.0	10%及以下	4	11.4

在出口订单金额增长对比中，北京在50%以上、10%及以下增长率中占有绝对优势；而在下降对比中，北京在10%及以下的下降幅度中占有更大优势；其他地区重点企业在出口订单金额下降50%以上区间的选择上达到了31.4%的比例。可以看出，北京的重点企业表现出了更好的发展势头，而其他地区的重点企业在表现出了良好发展势头的同时，选择出口订单下降的企业也表现出了明显的出口波动。

（三）核心产品2018年度利润情况

核心产品利润率是评价重点企业产品或服务出口内在价值的一项重要指标，通常情况下文化价值越高的产品或服务，能够带来更高的利润。作为重点企业在实现文化产品或服务对外出口的同时，更应该注重文化价值在其中的体现，以及文化带来的高附加值。

北京和其他地区重点企业核心产品及服务的平均利润率如表12所示，根据数据，北京和其他地区核心产品及服务的平均利润率占比较为接近，在

41%～50%利润率的产品及服务中北京稍占优势，即在高利润率产品及服务上，北京的重点企业能够提供更占优势的文化内容产品及服务。

表12　重点企业核心产品及服务的平均利润率

单位：家，%

利润率	北京	占比	其他地区	占比
5%及以下	12	15.6	36	16.0
6%～10%	20	26.0	60	26.7
11%～20%	19	24.7	68	30.2
21%～30%	8	10.4	28	12.4
31%～40%	5	6.5	16	7.1
41%～50%	5	6.5	4	1.8
50%以上	6	7.8	7	3.1
未填写	2	2.6	6	2.7

三　企业面临的挑战、影响和海外活动情况

除了通过问卷调查的形式了解重点企业的基本信息和贸易情况之外，笔者还设计了关于面临的挑战、影响和海外活动情况等问题，以此来了解重点企业当前发展过程中急需关注和解决的问题，以进一步提升文化类企业的市场开拓能力。

（一）扩大出口过程中面临的主要挑战

针对大部分重点企业在对外出口过程中可能面临的挑战，我们设计了包含资金、税收负担、人才、土地等在内的共12个对外出口过程中面临的主要挑战备选项，同时要求重点企业选择其中的5项并按照重要程度进行排序。这样做的目的在于不仅可以观察到重点企业面临的主要挑战或问题，还可以判断这些挑战中哪些是企业最为关心，也就是亟须解决的问题。按照主要挑战作为第一重要的重点企业数量降序排名情况（见表13），作为第一重

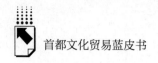
要挑战选择数量的多少说明了相关问题的重要性和急迫性，选择第一重要的数量越多越能说明在相关地区这一问题亟待解决。

表13　按照主要挑战作为第一重要的选择数量排序

单位：家

	数量排序	资金	税收负担	人才	政策限制	工资上涨	原材料价格上涨	国际贸易保护	行政审批	汇率波动	环境成本提高	土地	其他
北京	第一	20	15	10	8	4	4	4	3	3	1	0	0
	第二	11	6	12	11	7	0	4	7	7	5	1	1
	第三	5	12	11	10	8	2	4	4	7	9	0	0

	数量排序	人才	税收负担	资金	政策限制	原材料价格上涨	汇率波动	工资上涨	环境成本提高	行政审批	其他	国际贸易保护	土地
其他地区	第一	48	31	28	21	17	15	14	12	7	7	4	2
	第二	37	14	36	27	16	11	35	11	6	2	10	1
	第三	27	25	20	10	25	22	26	28	12	1	6	4

北京重点企业最为迫切关注的主要挑战是资金、税收负担和人才，即北京重点企业在扩大对外出口过程中，资金欠缺是企业面临的最重要问题，而出现这一情况可能有两方面原因。一是北京地区企业经营成本的不断提高，特别是物业和薪资成本的增加；二是企业对外出口不断扩大所导致资金需求的合理增加，这两方面在北京重点企业中普遍存在。国内其他地区重点企业面临主要挑战排名前三的依次为人才、税收负担和资金，这其中最大的变化是国内其他地区将人才作为最为重要的挑战放到了排名的首位，而将资金放到了第三的位置。出现这一现象最为合理的解释是北京充沛的高端人才储备和对周边地区强大的人才吸引能力，尽管人才仍旧是北京重点企业面临的主要挑战之一，但是并不作为制约企业对外发展的首要因素。而国内其他地区在吸纳人才方面暂时还无法和北京相抗衡，由于人才的欠缺而导致的重点企业对外发展受到牵制的情况急需得到地方政府和企业的重视。

对重点企业选择的面临主要挑战进行另一种形式的统计，即按照主要挑战选择数量的总数多少进行统计（每家企业可以选择5项主要挑战），选择数量更多的说明相关问题在重点企业发展过程中具有普遍性（见表14）。

表14　按照主要挑战选择的总数排序

单位：家

总数排序	人才	政策限制	税收负担	资金	汇率波动	国际贸易保护	行政审批	工资上涨	环境成本提高	原材料价格上涨	其他	土地
北京	53	47	45	45	39	28	27	27	26	15	7	1
总数排序	人才	资金	工资上涨	税收负担	汇率波动	政策限制	环境成本提高	原材料价格上涨	国际贸易保护	行政审批	其他	土地
其他地区	156	131	123	105	99	96	85	84	69	51	18	13

尽管北京重点企业在主要挑战作为第一重要中选择最多的是资金，但是在总数上和国内其他地区一样，人才成了主要挑战中选择最多的项目。这说明，人才问题仍旧是所有重点企业所面临的最为普遍性的挑战，即使人才缺乏的问题在北京不作为企业选择的首要挑战，但也仍旧是企业发展过程中重点关注的问题。在北京和国内其他地区面临的主要挑战选择数量排名上，北京重点企业选择政策限制（排名第二）、国际贸易保护（排名第六）、行政审批（排名第七）等项目的排名都远高于国内其他地区对应选择的排名（对应排名分别为第六、第九和第十）。造成这种局面的原因，与北京作为全国政治文化中心的地位密不可分。北京的独特性在带来重点企业人才和资金优势的同时，也给企业带来了更多政策因素的影响和造成对外文化出口过程中的更大压力。而在资金、工资上涨、环境成本提高等方面，则是国内其他地区选择的总数排名要高于北京，即这些因素对于北京重点企业关注度更低，对于企业对外出口的影响更小。

对于重点企业面临主要挑战的其他部分，笔者设计了开放性选项。从填写结果来看，北京重点企业主要面临的其他挑战包括：国际文化差异及文化壁垒、国与国之间的关系改变、国内企业在海外的无序竞争、出口退税政策落实不足等；其他地区重点企业面临的重要挑战包括：企业出口资质欠缺、出口平台不足、信息获取困难、国际市场不稳定、民族和宗教等因素影响、国际运输成本提高、国际司法维权成本高等因素。

总体来看，北京的重点企业相比其他地区占据了更好的人才和产品成本方面的优势，同时作为全国政治文化中心也受到了政策和贸易保护方面的限制和影响。土地和环境成本提高对于北京重点企业的影响较小，这与北京重点企业偏重于文化服务出口的特征相一致。

（二）入选国家文化出口重点企业对企业的影响

商务部国家文化出口重点企业评选每两年公布一次，为了了解入选重点企业名单是否会对文化类企业的出口业务起到积极的促进作用，我们在问卷中设计了相关选项用来了解企业是否多次入选重点企业名单以及是否真正促进企业对外出口面的扩大。

首先，在调查问卷中统计了 2007～2018 年入选重点企业名单的情况，统计结果如表 15 所示。

表 15　2007～2018 年入选重点企业名单的情况

单位：家

年份	北京入选数量	其他地区入选数量
2007	15	24
2008	15	24
2009	22	40
2010	23	41
2011	29	101
2012	31	102
2013	32	98
2014	35	106

年份	北京入选数量	其他地区入选数量
2015	43	119
2016	44	126
2017	54	154
2018	53	149

入选数量上的差异并不能准确反映北京和其他地区文化类企业入选重点企业目录的变化趋势，所以笔者利用入选数量绘制了折线图并添加了趋势线（见图7）。尽管入选数量上北京和国内其他地区都在不断增长，但是增长的速率方面则是国内其他地区（$y = 12.406x + 9.697$）更占优势，北京重点企业入选数量（$y = 3.6434x + 9.3182$）的增长幅度则要低于全国平均水平。单纯从入选数量上判断，商务部的重点企业目录更加倾向于从全国更大范围中选择有发展潜力的企业。

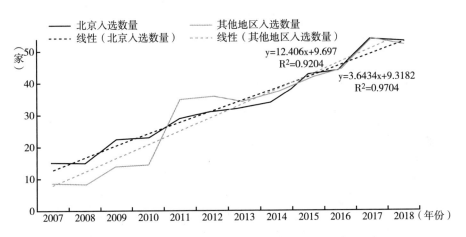

图7　2007～2018年北京和其他地区重点企业入选数量及趋势情况

能够多次入选重点企业目录，可以从侧面说明该企业具备更好的发展延续性，对问卷调查中多次入选重点企业目录的统计结果如表16所示。从结果来看，北京和国内其他地区多次入选重点企业目录的比例非常接近。这说明无论是北京，还是国内其他地区能够入选重点企业目录的文化类企业都是本行业中的优质企业，在文化产品和服务的对外出口贸易中，扮演着非常重要的角色。入选企业相比本行业中的其他企业不仅具有更高的出口贸易额和更加鲜明的文化内涵，也有着更好的发展延续性和核心竞争力。

表 16　多次入选重点企业目录情况

单位：家，%

多次入选重点企业	北京	占比	其他地区	占比
是	54	70.1	162	72.0
否	23	29.9	63	28.0

重点企业的评选很好地反映了国内优质文化类企业的发展现状，但是入选重点企业目录是否能够真正促进企业对外出口的增长，特别是地区间增长的差异情况，还需要我们进一步判断。前面已经分析了重点企业年度订单金额的增长情况，但是仅仅通过贸易额的变化并不能全面地反映文化类企业的出口现状，我们还关注文化产品和服务的对外辐射情况，在调查问卷中设计了入选重点企业目录对于企业出口地区和国别的变化情况（见表17）。

表 17　入选重点企业目录对企业出口地区和国别的变化情况

单位：家，%

入选后出口地区和国别变化	北京	占比	其他地区	占比
增长	62	80.5	152	67.6
持平	14	18.2	55	24.4
下降	1	1.3	18	8.0

从统计结果来看，入选重点企业目录后，无论是北京还是国内其他地区，大部分的文化类企业对外出口的地区和国别都有所增加。但是从占比角度来看，北京重点企业的增长比例达到80.5%，下降比例仅有1.3%，而国内其他地区的增长比例为67.6%，下降比例则为8.0%。在其他地区入选重点企业目录增速加大和多次入选重点企业目录比例与北京持平的前提下，北

京地区的重点企业实现了更加理想的对外出口空间拓展，说明了北京重点企业文化类产品和服务的国际竞争力更强，文化产品和服务的内在价值能够得到更加广泛的国际社会认同。

同时，对于入选重点企业目录后对企业影响的主观判断，调查问卷同样进行了统计。统计项目包括：增强企业自信、政府认可度增强、激发企业动力、国际竞争力提升、拓展企业发展空间、融资更加便捷及其他选项（见表18）。

表18　入选国家文化出口重点企业对企业的影响

单位：家，%

影响因素	增强企业自信	政府认可度增强	激发企业动力	国际竞争力提升	拓展企业发展空间	融资更加便捷	其他
北京	76	75	66	52	54	20	2
占比	98.7	97.4	85.7	67.5	70.1	26.0	2.6
其他地区	216	197	178	164	156	57	2
占比	96.0	87.6	79.1	72.9	69.3	25.3	0.9

从统计结果来看，入选重点企业目录对企业的影响总体上呈现积极作用，特别是增强企业自信、政府认可度增强和激发企业动力方面，北京和其他地区的选择比例都达到75%以上。北京重点企业在国际竞争力提升这一选项上比例明显低于国内其他地区，造成这一现象的原因是北京重点企业本身国际化程度较高，因此入选重点企业目录对于提升国际竞争力的影响较为有限。另外，对于"融资更加便捷"这一选项，北京和其他地区的选择比例都较低，说明入选重点企业目录对于帮助企业提高融资能力较为有限，即入选重点企业在提升企业形象的同时，还需要更多针对性金融政策的支持，以帮助企业改善出口营商环境。对于开放性的其他选项，重点企业填写的主要是企业形象提升、加快自主产权输出等内容。

（三）参与海外公益活动和海外线上交易情况

重点企业参与海外公益活动，可以了解企业在经营活动之外，是否还通过更多形式来扩大海外影响力及促进中华文化的对外传播。表 19 显示了北京和其他地区重点企业在参与海外社会公益活动的情况，从表中的数据可以看到，北京（46.8%）和其他地区（56.0%）都有一半左右的重点企业没有参与到海外社会的公益活动中，同时在参与海外社会公益活动的企业中，北京重点企业在组织和参与的比例上要高于国内其他地区，而在资助海外社会公益活动上，比例则低于国内其他地区。因此可以看出，北京重点企业在参与海外社会公益活动中，更倾向于直接组织或参与主导性活动，而国内其他地区重点企业则更倾向于从资金上协助海外社会公益活动的开展。

表 19　重点企业参与海外社会公益活动情况

单位：家，%

参与情况	组织	参与	资助	未涉
北京	15	34	4	36
占比	19.5	44.2	5.2	46.8
其他地区	14	89	20	126
占比	6.2	39.6	8.9	56.0

　　尽管北京是我国高科技产业和创新经济的中心城市，但是在文化类企业对外出口过程中，其并没有更好地利用数字经济的优势地位，在利用海外线上交易平台方面，占比要低于国内其他地区（见表 20）。这说明在利用以互联网和数字媒体等创新型技术方面，北京重点企业还需要更多的尝试和突破，其运营交易模式有待进一步优化与完善。

表 20　重点企业是否参与海外线上交易情况

单位：家，%

是否尝试海外线上交易	北京	占比	其他地区	占比
是	15	19.5	57	25.3
否	62	80.5	165	73.3
未填写	0	0	3	1.3

在已尝试海外线上交易的重点企业中，选择使用的电子化平台主要包括：亚马逊、苹果、谷歌、银联支付、华文联盟平台、IPR在线版权交易平台、阿里巴巴、秒鸽网络交易系统、海外联运、相关游戏运营平台等，部分重点企业还采用了自建海外平台的形式。

四 亟待解决的问题与"一带一路"政策影响

前面通过问卷调查的形式，分析了重点企业的经营情况以及当前面临的种种挑战，接下来我们需要了解作为贸易主体的企业对于政府扮演角色的期望，以及针对问卷调查结果发现的种种问题，提出解决对策以更好地促进我国文化出口企业的进一步发展。

（一）希望得到政府支持和亟待解决问题

重点企业评选工作由政府主导并推进，对于入选企业除了获得相应的荣誉和政府认可之外，在经营过程中还希望得到哪些政策上的支持，我们也在本次问卷调查中进行了相关数据的采集工作。北京和其他地区重点企业选择的希望政府提供的相关政策或工作如表21所示。

表21 北京和其他地区重点企业选择的希望政府提供的相关政策或工作

单位：家，%

需求	出口市场政策信息	潜在客户信息	出口培训	融资支持	政府推荐	其他
北京	64	56	41	42	46	3
占比	83.1	72.7	53.2	54.5	59.7	3.9
其他地区	180	136	113	112	130	4
占比	80.0	60.4	50.2	49.8	57.8	1.8

无论是北京还是其他地区的重点企业对于希望政府提供出口市场政策信息和潜在客户信息的需求都是最高的。同时，北京重点企业在希望政府提供相关支持的各个维度上都有更高的意愿，特别是对于潜在客户信息的需求更

是大幅高于其他地区。因此，一方面可以看出北京重点企业对于提升对外出口能力的愿意更加强烈；另一方面也可以说明北京重点企业相比于其他地区的重点企业，在意识上更加依赖于政府提供相关政策或支持工作，特别是在对外出口方面对于政府的依赖性更高。

在重点企业对当前经营过程中亟待解决问题的分析上，我们同样设计了包括国家政策、资金周转、知识产权等在内的 8 个问题分类，并要求按照问题的急切程度选择重要性最高的 5 项进行排序。企业经营过程中亟待解决问题的情况（按第一重要选择总数排序），如表 22 所示。

表 22 企业经营过程中亟待解决问题的情况（按第一重要选择总数排序）

单位：家

地区	重要度	国家政策	营销渠道	海关通关及税费	资金周转	语言翻译	品牌打造	知识产权	其他
北京	第1数量	20	12	10	10	9	7	4	0
	第2数量	8	15	6	10	5	15	13	0
	第3数量	11	22	8	7	5	10	7	2
其他地区	重要度	国家政策	资金周转	营销渠道	海关通关及税费	品牌打造	知识产权	语言翻译	其他
	第1数量	46	41	41	25	24	17	14	1
	第2数量	21	30	60	21	46	19	12	0
	第3数量	30	23	43	22	55	25	9	2

从统计结果来看，对国家政策的把握是重点企业在经营过程中最为关注的亟待解决问题。同时，营销渠道、海关通关及税费也是北京重点企业亟待解决的两大问题，而品牌打造和知识产权则在第一重要亟待解决问题中的选择数量最少，可以看出北京重点企业更加急切地关注国家政策和经商渠道的建设问题，相对应的企业软件建设（如：品牌、产权等）则发展得比较成熟，而没有作为最为亟待解决的问题。国内其他地区则把资金周转和营销渠道作为国家政策之外的另两个最为亟待解决的问题，知识产权和语言翻译则在第一重要亟待解决问题中的选择数量最少。因此，可以说国内其他地区对于国家政策和资金、渠道建设更为关注，软实力建设则放到了较为次要的地位。

按照各重点企业选择亟待解决的问题的总数进行排序，在所有重点企业关注的亟待解决的问题中，营销渠道的选择总数最多（见表23），说明几乎所有的重点企业普遍关注的仍旧是对外出口的市场开拓问题。表23中的排序除了北京重点企业选择国家政策高于品牌打造的排名外，其他项目的排序与国内其他地区重点企业基本一致，说明北京重点企业相比于国内其他地区除了更加关注国家政策对企业经营的影响外，其他亟待解决问题与国内其他地区企业关注的问题基本相同，即各重点企业在企业经营过程中最为关注的亟待解决问题还是政策、市场和资金方面的问题，最后则是企业经营项目中的软实力问题，如知识产权、语言翻译等。

表23　企业经营过程中亟待解决的问题情况（按选择总数排序）

单位：家

亟待解决的问题	营销渠道	国家政策	品牌打造	资金周转	海关通关及税费	知识产权	语言翻译	其他
北京	49	39	32	27	24	24	19	2
其他地区	144	125	97	94	68	61	35	3

（二）与"一带一路"沿线国家合作情况

"一带一路"是我国发布的一项重要的国际化经贸合作倡议，该倡议的提出是否会对重点企业的对外出口产生影响，我们也通过问卷调查的形式进行了数据的采集。与"一带一路"沿线国家合作情况如表24所示。

表24　与"一带一路"沿线国家合作情况

单位：家，%

是否与"一带一路"沿线国家有合作	北京	占比	其他地区	占比
是	60	77.9	127	56.4
否	17	22.1	95	42.2
未填写	0	0.0	3	1.3

续表

是否受惠于"一带一路"沿线国家的政府间协议	北京	占比	其他地区	占比
是	22	28.6	39	17.3
否	53	68.8	175	77.8
未填写	2	2.6	11	4.9

从统计结果来看，北京重点企业中与"一带一路"沿线国家已经建立合作关系的比例远高于国内其他地区，同时受惠于"一带一路"国家的政府间协议比例也高于其他地区。这说明北京重点企业能够更好地借力"一带一路"沿线国家政策，国内其他地区重点企业在"一带一路"沿线国家的文化出口市场建设方面还有较大的开拓空间。对于受惠的具体政府间协议内容，则主要集中于文化交流、教育培训合作、出版翻译、学术联盟、文化中心、关税优惠政策等方面。

五 结论与对策

（一）结论

通过前面对于本次问卷调查的统计性描述和对比性分析，可以得出以下结论。

1. 北京文化出口重点企业发展的龙头地位

北京文化出口重点企业在人力资源、企业规模、出口增速以及海外市场拓展等方面都处于全国领先地位，文化服务业作为北京重点企业的主要文化出口类型，新闻出版、广播影视和动漫网游成为北京重点企业的主要文化出口行业，这不仅与北京作为全国政治文化中心的定位相一致，也对我国文化产品和文化服务市场的对外拓展起到了很好的示范作用。

2. 北京文化出口重点企业发展的特殊定位

北京在全国特殊的城市定位，使北京文化出口重点企业不仅有更加悠久的企业历史和更大的企业规模，同时更高的国有企业及有限责任公司比例，也使北京重点企业在发展对外出口市场的过程中，肩负起更多地推广文化和促进国际间合作的社会责任。特别是"一带一路"倡议的施行，在为北京重点企业带来更多发展机遇的同时，也对这些企业在对外文化交流过程中扮演的角色寄予了厚望。

3. 北京文化出口重点企业的发展潜力

北京有着悠久的历史和深厚的文化底蕴，扎根于整座城市的文化基因也融入各类企业中，从而具备了地处于其他城市或地区的企业所难以具备的文化内涵，这使北京文化出口重点企业拥有了更加优质的文化资源和高附加值的文化产品或服务。从问卷调查的统计数据来看，北京重点企业在高利润率产品及服务的占比要远高于国内其他地区，海外市场的拓展情况也要优于国内平均水平，北京重点企业具备更好的发展潜力，但同时也需要通过政策、税收等机制的调节来更好地支持北京文化类企业进一步拓展海外市场。

（二）问题与对策

1. 以中国特色文化内涵为核心，打造高附加值文化服务产业

文化产品或服务与传统意义上的贸易产品或服务最大的不同就在于其以文化内涵为核心，同时文化产品或服务还要具备传统商品的基本属性，需要符合市场规律来发展。反观我国对外出口的文化产品或服务，还有较大比例的海外贸易停留在初级代工和服务层面，并未能够很好地利用"中国"元素去实现高附加值产品或服务的生产。北京重点企业在文化产品或服务的高附加值方面处于全国领先地位，但是与发达国家文化产业相比还有很大的提升空间，特别是对本土文化有待深入挖掘。

因此，对于文化出口重点企业的支持，应该重点扶持具有核心文化竞争力且具备完善海外市场开拓能力的企业，特别是能够将中华传统文化元素与西方普世价值观相结合，且能够被海外市场所接受的具备文化出口潜力和市场竞争力的文化类企业。

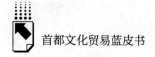
2. 以复合型人才和创新型平台为依托，打造多元化的文化产业链

文化贸易和市场营销等专业类人才的欠缺，仍是文化类企业在海外市场拓展过程中面临的主要挑战，特别是高附加值文化产品或服务的对外输出，更是考验企业人力资源和市场开拓能力的综合素质。从问卷调查中反映出来的企业面临的普遍挑战来看，人才特别是具备较高文化素养和国际贸易能力的复合型人才仍是企业所急需的，因此应加大文化类企业与高校相关专业的合作，特别是由政府和高等院校牵头打造创新型人才培养模式，通过与文化类企业的及时对接，解决企业的人才瓶颈。

同时，在问卷调查中也发现，尽管北京重点企业具备了良好的发展基础和海外市场开拓能力，但是在创新型技术，特别是基于互联网和数字贸易的海外线上交易平台使用率还较低，这与北京作为科技之都和高技术人才会集之地的身份不相符合。因此在协助文化类企业海外市场推广过程中，应该加大对创新型数字化平台的推广和使用，同时利用北京高科技人才集聚优势，保障数字贸易过程中的数据和资金安全，建立适合我国国情和北京城市发展现状的跨国数字交易平台。

3. 依托首都文化中心地位，发挥文化产业的地区经济带动作用

北京文化出口重点企业在分布上还存在较为严重的区域发展不均衡问题，特别是文化类企业的分布基本集中于核心城区，远郊区县还没有能够形成规模化文化产业，这与城市经济和历史发展密切相关。但是，根据发达国家已有的经验，文化产业的发展具有非常明显的区域带动作用，往往可以给本地区经济、社会带来整体性提升。

所以我们在打造首都文化中心地位的同时，也应该更多地关注北京市整体的文化产业发展，以文化推动地区的全方位提升。文化出口重点企业具有很好的经济、文化和社会示范作用，因此从政府层面应该进一步加大对文化出口企业的支持力度。特别是要关注远郊区县文化出口企业的发展潜力，在全市范围内推出更多具有代表性，即具备北京多样化文化特性的文化企业和产品，在促进文化产品和服务出口的同时，带动北京区域经济和社会的发展。

参考文献

http：//www. mofcom. gov. cn/aarticle/b/c/201202/20120207980777. html.

文宏武：《增强文化自信　加快推进中华文化走出去》，《理论视野》2017 年第 3 期。

王修志、王菊：《国家文化出口重点企业发展的实证分析》，《广西大学学报》（哲学社会科学版）2014 年第 2 期。

刘薇：《"一带一路"战略下北京文化贸易发展新思路》，《中华文化论坛》2017 年第 3 期。

比较与借鉴篇

Comparison and Reference Reports

B.18
纽约：文艺孵化之巢

《首都文化贸易发展报告（2019）》课题组

摘　要： 美国最大的城市——纽约（New York），有着庞大的人口数
量、多元的人口构成，不仅是美国的经济中心，更是美国的
文化中心。纽约的出版业、演出行业、旅游业占据着独具优
势的地位，这样自由的、稳定的发展离不开相关机构的设置
以及相关法律法规的支持。"世界之都"纽约是国际级的经
济、金融、交通、艺术及传媒中心，更被视为都市文明的代
表。本报告将着重研究分析文化艺术在纽约的发展。

关键词： 文化贸易　纽约　文化自由

一　城市概况

纽约，是纽约都会区的核心，也是美国最大的城市。该市位于美国东海

岸的东北部，是美国人口容量最大的城市，也是个多族裔聚居的多元化城市，拥有来自 97 个国家和地区的移民。截至 2012 年，纽约市人口约为 834 万人，其中包括西裔在内的白人约占 68%、非裔 15.9%、亚裔 5.5%。美国人口调查局在 2010 年统计纽约人口约为 818 万人。根据统计数据，纽约市的人口占到全纽约州的 40%。

纽约以其独特的地理优势逐渐成为世界三大金融中心城市之一。据统计，截至 2008 年底，纽约控制着全球 40% 的金融资金，被称为世界上最大的金融中心。纽约证券交易所是全球上市公司总市值最大的证券交易所，成功吸引了来自世界各国的跨国公司在此上市。此外，纽约的地产业、零售业、旅游业等行业均位于全国前列，机器制造、军火生产、石油加工和食品加工等行业也在全国经济发展中占有极其重要的地位。

文化和经济相辅相成，纽约牢固的经济基础必然促进其文化的繁荣发展。因此，从文化层面上看，纽约也是美国乃至世界的文化中心，吸引各国专家学者去感受纽约文化艺术的魅力。纽约拥有各式各样的美术馆、博物馆、图书馆、科研机构；也是世界级画廊展览以及演艺大赛的聚集地。美国有着世界上最发达的广播产业，其中实力最强的三大广播公司——全国广播公司、美国广播公司、哥伦比亚广播公司，总部均设在纽约。同时，纽约还有世界上非常著名的戏剧、音乐剧的发源地——百老汇，其巨大的国际影响力，世界有目共睹。纽约当地汇集了众多优质的文化资源，文化领域的发展现状处于世界一流水平并潜移默化地影响着各个国家。

纽约的旅游业十分发达。每年来到纽约的国内外游客约有 5500 万人，来自世界各地的人们通过各种各样的方式体验着这座城市丰富的文化内涵以及文化的多样性和包容性。游客们能在高大宏伟的帝国大厦观景台 360 度俯瞰整座城市，可以看到世界的十字路口——繁华的时代广场，可以看到曼哈顿中心的大型都会花园——中央公园，可以看到美国的象征——自由女神像。唐人街是美国最大的华人社区，居民以华人为主，至今仍然保持着中国人的风俗习惯，从来没有改变过自己的风格，街道两旁的水果摊、理发店、书店、餐馆、古玩店，到处充满着浓浓的中国风和中国味道，其特有的氛围

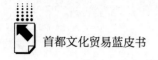
让游客以为自己此时此刻身处中国，没有一点点异国情结。唐人街以其独有的魅力吸引来自世界各地的游客会聚纽约。

二 纽约城市文化市场发展现状

纽约主管文化的纽约文化事务部没有制定专门的文化产业发展和贸易战略，相对于提升文化产业发展的国际高度，他们更加关注如何让市民能够享受文化繁荣的现状，就此他们提出了政策发展目标——促进和保持纽约文化的可持续发展，提高对经济活力的贡献度。

文化事务部是文化艺术的创导者、资金提供者，能够从不同的角度促进文化产业的发展进步。它的服务对象主要是非营利文化机构、工艺科学与人文机构，包括动物园、植物园、历史和遗迹保护以及居住在纽约市五大行政区的各层次创作艺术家和硕士研究生。纽约市设有电影戏剧与广播市长办公室，主要功能是帮助从事影视戏剧领域的公共、私人组织和个人，促进戏剧产业的发展，提供影响该产业发展的政策和协调管理方面的事务洽谈，提高纽约市作为国际文化产业中心的名誉。

（一）演出行业

美国演出行业市场化程度也已十分成熟。提到演出市场，"百老汇"绝对是美国演出市场中的金字招牌，它在戏剧和剧场行业中，代表着最高级别的艺术地位和商业地位。由此，我们就能从百老汇的运营模式中对整个纽约演出行业的市场特色有所了解。

首先，从市场客户定位确定观众的群体来看，百老汇在20世纪70年代末就对市场客户进行了调查。做这样的关于持久观众群体的调查有利于每部戏剧的制作，而且有利于将来的宣传。其次，从产品定位与开发上看，百老汇相对于短期市场收益，更注重作品的原创和对演员的培养。最后，从赢利模式上看，百老汇演出销售灵活多变，可以团队购票，可以包场，也可以在百老汇大街上购买销售人员售卖的优惠券购票，还能以更便宜的价格购买当天的余票。百老汇会对新剧目进行"轰炸式"营销宣传，经演出证明是好的剧目就长时间演出，使之成为经典，形成固定的客户群体，以利于剧目巡演。经典剧目除了驻场演出之外，也会在世界各地巡回演出。这样，一方面使剧目通过不断打磨，成为优秀和经典；另一方面节约运营成本，短期内实现盈亏平衡，带动周边产业的发展。这种成功的商业运作模式给投资人带来高回报，也有助于进行融资。利用广阔的市场空间，从规模化生产性演出中收获丰厚的利润。

在剧目的选题方面，百老汇采用了与好莱坞相似的方法，从热点题材入手，精确匹配消费者的心理需要，以此给消费者带来视觉和听觉上的震撼。百老汇从人才入手，根据相对稳定的市场消费能力、市场偏好调查，以演艺娱乐项目跨过整合演艺团体、管理、导演、演员等人才，找到最好的专家进行创作，并重视演员的培养以及选用大明星。百老汇剧院区上演的剧目有六大类，根据所占的比例，依次为音乐剧、音乐喜剧、话剧、喜剧、舞蹈音乐会和个人秀。百老汇每一台歌剧的制作成本都在 1000 万美元左右，从策划到制作一般需要 2 年。各剧场规模大小不一，每家剧场可容纳 500~2000 名观众，主要上演大成本、大制作的歌舞戏剧，剧场布景富丽堂皇，各种现代化的科技手段配合音响、灯光，使舞台表演变幻莫测。表演形式融舞蹈、音乐、喜剧于一体。

（二）旅游行业

正如纽约市前市长迈克尔·布隆伯格所说："我们一直致力于将纽约市打造成一个充满魅力的大都会，以此来吸引全球的游客并促进就业。"根据《城市未来》2018 年发表的报告，纽约市旅游业的繁荣给餐饮业和其他行业创造了成千上万的工作机会。报告称，近年来游客的消费促进了城市的餐厅和酒吧行业的爆炸式增长。从 2000 年到 2016 年，纽约市新增加了 14.2 万个工作岗位，数量较 2000 年几乎翻了一倍。随着游客人数的增加，2009~2016 年，纽约市仅与旅游相关的就业人数就增长了 27%，比整体就业增长速度更快。

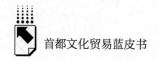

然而，缓解就业压力并不是旅游行业发展带来的唯一好处。据报道，2016 年纽约的游客在食品和酒水上的花费人均达到 91 亿美元（约合人民币 579 亿元），较 2009 年增长了 35%。根据 Visa 信用卡数据的分析，2016 年在该市的餐馆中，有 24% 的就餐者是外地游客。

餐馆老板也表示，游客对于餐馆的持续营运做出了巨大的贡献。据纽约会更好联盟（Association for a Better New York）和时代广场联盟（Times Square Alliance）资助的报告，2017 年纽约市游客数量达到创纪录的 6280 万人，接近 1998 年 3310 万人的两倍。

除此之外，庞大的游客群对博物馆也产生了巨大的影响。从 2002 年到 2016 年，曼哈顿和布鲁克林的博物馆的就业人数增长了 81%，达到 8870 人。同时，包括大都会艺术博物馆（Metropolitan Museum of Art）和布鲁克林博物馆（Brooklyn Museum）在内的 33 个城市文化机构的成员，2016 年的游客数量达到了 2320 万人，比 2006 年增长了 33%，游客人数增加了一半以上。

综上可知，旅游业的发展不仅解决了就业问题，也带动了周边产业的协同发展。

（三）出版行业

美国是世界新闻事业十分发达的国家之一，而纽约则是美国报刊出版行业的发展中心和重心。美国著名报刊《纽约时报》和《华尔街日报》的总部，均设立在纽约。纽约出版的三大期刊——《时代》《新闻周刊》《美国新闻与世界报道》，领导着世界新闻报刊业的发展走向。《纽约时报书评》《纽约客》等文化类刊物，及时向世界的英语学习爱好者传递美国的文化艺术、科技发展水平以及当今学术思潮的最新动态、政治立场与观点。纽约之所以能够成为出版发行的翘楚，主要是因为其发行的刊物能及时反映现代的思想文化潮流，能够追踪到全球社会文化发展的新趋势，市场化运作能力强，有宽松的言论表达氛围。

纽约的图书市场同样处于世界前列。纽约的图书市场是美国图书市场的缩影，它是一个细分的市场，这完全符合纽约文化市场分割的策略。纽约图书市场上的图书大致可分为三种类型，一是商业图书及大众市场图书，二是专业图书，三是教科书。商业图书的销售对象大多是成年的普通消费者，主要依靠零售来获取利润；大众市场图书与普及类图书类似，但其销售途径与普及类图书有所不同；专业图书的销售对象是大学教授、学生及科研机构的专家学者。

纽约书店不只为读者提供阅读书籍的服务，更通过提供良好的读书环境，让读书变成一种身体与心灵的享受。例如博得书店（Border Bookshop），它是全美最大的连锁书店之一，位于纽约世贸中心，每天吸引很多上班族和逛街购物人潮。而巴恩斯与纳伯书店则成立于 1873 年，它不仅是最好的，也是全美最大的连锁书店之一。除了连锁书店之外，还有各种极具特色的小书店，如王尔德书店（Oscar Wilde Bookshop）就以曾两度因同性恋罪名被起诉的英国大文豪王尔德之名为店名，可以说是全美同性恋书店的始祖，位于纽约同性恋大本营格林尼治村。另外，莎士比亚书店（Shakespeare and Company）更是世界闻名，该书店所藏纳的书目十分广泛，据当地人透露，在其他书店找不到的书也许都能在这里找到，该书店还收藏着许多珍贵的莎翁剧本。

在纽约同样积聚着各大著名图书出版公司，如美国最大图书出版公司之一的西蒙与舒斯特出版公司，现为哥伦比亚广播公司（CBS Corporation）的分公司，它在 2011 年上半年出版了《乔布斯传》。还有麦格劳希尔出版公司，它成立于 1888 年，是美国著名的常青藤公司，还是世界 500 强企业，是国际领先的教育、信息及金融服务机构。此外，德国媒体集团贝塔斯曼旗下的兰登书屋出版社（Random House）也在美国纽约，它号称是世界最大的英国商业国际性出版社。纽约还有世界最大的地图及地图集出版公司之一的蓝德·麦克纳利书店（Rand McNally Map & Travel Store）以及美国最著名的皮书出版社——班坦图书公司（Bantam Books）。班坦图书公司因以矮脚鸡作为社标，故又有"矮脚鸡"公司之称，并与英国"企鹅公司"齐名。该公司成立于 1945 年，现为"班坦多布尔戴"又译"双日德尔"出版集团（Bantam Doubleday Dell Publishing Group Inc.）的成员公司。

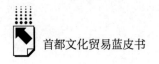

三 纽约文化发展政策分析

（一）绿色城市建设方针

纽约因其良好的地理位置和产业基础，引领着世界城市的演变潮流，这一演变过程经历了三个阶段。第一个阶段是制造业阶段，制造业的快速发展加快了纽约城市的现代化进程，但随之而来也给纽约带来了许多负面影响，比如环境污染、资源浪费以及一系列社会问题等。为了解决纽约城市化发展过程中遇到的问题，纽约积极发挥市场的调节和政府方针政策的作用，从而促进产业的升级和结构的调整。第二阶段是从制造业向服务业的转变，服务业成为纽约支柱产业。第三阶段是知识密集型服务业、绿色产业和文化创意产业快速发展阶段。其中，绿色产业发展是纽约城市转型的基本趋势。

在绿色城市建设过程中，一是纽约积极实行创新驱动发展战略，以创新带动科技、金融、商业、文化的发展。二是纽约高度重视高素质人才的培养和引进。高水平、高素质、专业能力强的人才在城市转型升级的过程中发挥着不可替代的作用，也是技术创新和产业发展的智力支撑。纽约的教育体系十分完善，政府制定了使人才、教育与市场需求相匹配的教育政策，促进了产业结构朝着专业化的方向发展，同时也为一些人解决了就业问题，减轻了社会压力。三是纽约主张发展低碳循环经济，实行脚踏车共享计划，补助绿色住宅用户、屋顶绿化建设等，从而促进纽约绿色城市的发展。

（二）人才引进政策

纽约常住外国人口约占总人口的20%，国外出生者约占总人口的8%。在纽约高校就读的外国留学生多达45.5万人，这些为纽约带来了丰富的外来人才资源，为纽约经济、文化、科技的发展注入无限的活力，起到了强大的智力支撑作用。

纽约能够吸引来自世界各地的人才，主要有以下几个原因：一是自由的移民政策是美国吸引人才，尤其是高科技人才的重要保障，其为纽约提供了专业的科研团队以及充足的科技后备队伍；二是纽约教育资源丰富，能接触到世界一流的金融资讯、先进的科技、多元的文化；三是美国联邦政府推行《肯定性行动计划》，旨在消除对少数族裔和妇女等不利群体在就业、教育等领域的歧视。① 这一政策强调了"人人平等"的用人制度，使纽约吸引了许多来自世界专业领域的一流人才。

纽约市前市长迈克尔·布隆伯格在其为英国《金融时报》撰写的《世界都市的未来》一文中特别强调：在目前的城市竞争中，智力资本和人才是促进城市发展的重要因素；人才吸引资本远比资本吸引人才更为有效，效果也更持续；一个希望吸引创新者的城市，必须提供能够培育新理念、簇生创新的肥沃土壤。由此可见，自然环境的保护和创新产业在美国文化产业中占有突出位置，尤其强调了文化创新人才在实施文化战略中的重要性，即文化战略的重点在于人才战略，人才的领先才是在竞争中保持领先的关键。因此，切合纽约人才政策的落实，关注和培养一大批文化领域的国际化专业人才至关重要。

（三）税收优惠政策

在文化建设方面，美国政府实行了一系列税收优惠政策以推进文化的发展。美国各级政府实行对出版物不征收消费税，对进口的图书免征进口税，对出口的图书免征营业税和增值税。同时，纽约政府的支持不仅包括税收优惠政策，还有一系列的财政支持，在很大程度上刺激了社会资本对该市文化建设的大力资助。

纽约拥有各式各样、大大小小著名的现代艺术博物馆，政府为支持其发展还专门设立了纽约文化资源基金，该基金有大额的税收优惠政策，其中2010 年不动产税的免税额约为 1340 万美元。百老汇地区以戏剧和音乐剧闻

---

① 刘宝存：《美国肯定性行动计划：发展·争论·未来走向》，《新疆大学学报》2002 年第 4 期，第 49 页。

名于世，政府规定，如果符合一定的表演条件，就会对商业实行租赁费减税优惠政策，从而激发其产业的热情与活力。对于相关教育机构，从联邦到纽约市都有一系列税收优惠政策。例如，克莱斯勒大厦的拥有者是柯柏高等科学艺术联盟学院，为了促进科技和艺术教育，纽约市对克莱斯勒大厦免除不动产税，从而节省相应的资金用于教育发展。①

（四）文化投入支持

纽约市政府重视纽约文化的发展，不仅在政策上充分支持，在支出上也给予极大的支撑。根据纽约市政府公布的数据，2007～2009年，纽约公共财政对文化投入整体呈上升趋势，2008年投入8.97亿美元，同比增长14.8%，2009年投入10.9亿美元，同比增长21.6%。并且在2009年，纽约人均的公共财政文化支出额从2007年的94.32美元增加到了130美元。

在文化投资中，最核心的中坚力量便是纽约市文化局，它是美国最大的地方文化资助机构，其主要为非营利组织、团体提供充足的公共资金，致力于发展和鼓励高水平艺术作品的诞生，使其成为文化发展的新动力。②

四　纽约文化发展对中国城市发展的借鉴意义

（一）发展中国城市的文化创意产业

进入21世纪以来，科学技术的快速发展，推动了世界各个城市的演变潮流，主要表现为由传统制造业到服务业再到知识密集型服务业，文化创意产业快速发展阶段。中国城市如果想要发展成为像纽约那样的国际大都市——以文化和金融为中心，必须要重视文化创意产业的发展。

---

① 谢波峰：《纽约市税收优惠政策分析与启示》，《涉外税务》2010年第12期，第52～55页。
② http：//www. sohu. com/? strategyid＝00001&spm＝smpc. content. content. 2. 15612918365770J4Atam.

基础设施、人才是创意企业的重要组成部分。首先，基础设施的建设能够为新型文化创意提供强有力的支撑。纽约的文化基础设施建设已经有很长时间的历史了，如纽约建有各式各样的艺术博物馆、美术馆、图书馆。中国各个城市发展状况不同，要根据城市的发展阶段和特色建设与之相适应的文化基础设施。建设文化广场、电影城、博物馆、图书馆，形成多级公共文化设施网络。同时，积极组织开展各类文化活动、举办文化节、扶持文化出口重点项目、打造民间传统艺术等。其次，人才的引进为纽约提供了强有力的智力支撑，为其经济文化的发展注入了许多新鲜活力。中国各个城市应积极推行各种人才引进的政策，简化办理人才引进的手续，从而招纳各种专业性、科研能力、职业技能强的人才，以推进创意产业的发展。

（二）充分运用国家财政政策

政府是促进文化产业发展、保护文化资源的重要力量。纽约文化机构被分为营利性和非营利性两类，对非营利性文化机构政府大力扶持。非营利性文化机构约占全市的50%。2006年，纽约文化部预算支出1.3亿美元，以补助的形式分配给34家博物馆和非营利性研究机构。在中国，各级城市政府在补贴的同时，应采取措施鼓励全社会积极进行文化投入，鼓励公众资助非营利性的文化企业和文化基金会以及个人的募捐等。为扶持创意产业，中国各级城市政府还应设立大量非营利性的创意产业教育和培训机构，培养更专业的人才。

（三）注重文化遗产的保护

文化遗产代表着一座城市的历史积淀、历史文化，代表着各个城市的独特个性，同时也为城市披上了一层神秘的面纱，使之散发迷人的光彩。纽约在早期城市化进程中，因过度追求经济发展，而忽视了对文化遗产的保护，进而使很多文化资源遭到严重破坏。通过纽约文化精英的努力，纽约颁布了法律保护其文化遗产，并且成立了纽约市古迹保护委员会。首先，中国各城

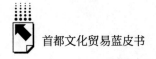

市应充分吸取纽约发展的教训，采取一系列积极的措施平衡好城市经济的飞速发展和保护城市文化遗产之间的关系，努力实现城市现代化和传统文化的完美统一。其次，城市居民以及一些民间组织要主动唤起大众保护传统文化和文化遗产的意识。

（四）注重城市品牌的塑造

纽约因其发达的经济文化，受到了世界的高度关注。充分认识到这一点，纽约开始关注对品牌的塑造，比如，提到百老汇，人们就会想到纽约。对于中国城市来说，首先，应对本城市的特点进行精准分析；其次，在构建文化产业时，要有明确的目标及规划，从而构建更完善的产业链，提高自己的知名度，打造特色品牌。

结　语

纽约市坐落在世界最大的都会区——大纽约都会区的心脏地带，是国际级的经济、金融、交通、艺术及传媒中心，更被视为都市文明的代表，被称为"世界之都"。随着国际化的迅速膨胀，各国文化壁垒逐渐被冲破，纽约作为中流砥柱的代表，如何保持这种文化优势成了重中之重。

作为美国的文化中心，纽约具有健全的政策法规，健康良性的市场环境，社会各界纷纷助力支持文化产业发展，在以自由为傲的文化氛围下，各行各业通过更加宽松的施展空间和更加健全的税收优惠减免政策为其保驾护航。文化市场的多元发展助力纽约独占文化高地，打造了经典的新闻中心——经典报刊、百年经典——百老汇、魅力都会——旅游业。

展望纽约的文化市场前景，能够在现有的市场需求中寻找未被满足的新兴需求痛点，丰富完善产业结构，突出核心产业的引导作用，传承发展支柱产业的市场优势、文化内涵，这将为纽约的文化市场保驾护航，促进其在全球文化浪潮中平稳前进。

参考文献

刘宝存：《美国肯定性行动计划：发展·争论·未来走向》，《新疆大学学报》2002
年第 4 期。

谢波峰：《纽约市税收优惠政策分析与启示》，《涉外税务》2010 年第 12 期。

任一鸣：《纽约二十一世纪以来城市文化发展观测》，《上海文化》2014 年第 10 期。

B.19

纽卡斯尔：泰恩河上的文化之城

《首都文化贸易发展报告（2019）》课题组

摘 要： 早在19世纪，纽卡斯尔就以"活力之城"享誉天下，而现在正以更加积极的面貌向世界展示其非凡的魅力，为世界文化转型和发展提供属于自己的独特经验。纽卡斯尔曾经是英国的工业中心，是典型的"煤城"，煤炭工业也带来了一些严重的问题。18世纪，纽卡斯尔的环境一度受到严重污染，并且由于电力工业的发展，煤矿逐渐停产，纽卡斯尔市经济下滑，逐渐走向衰败，失业率猛增，市民归属感丧失。但是，纽卡斯尔政府明智地采取了多年的环境改造和文化复兴策略，在由文化建筑发展起来的文化旅游中心的发展、艺术和文化遗产建设、艺术节的创造、创意产业的打造四个方面进行了独具特色并效用显著的文化转型，在良好的艺术文化的渲染下，它完美变身为当之无愧的"泰恩河上的文化之城"。由此，纽卡斯尔的城市文化转型之路，对我国有很强的借鉴意义。旧城市的发展可以将文化产业化发展，增加老城区的文化设施建设，保护历史要素，并通过市场运作机制促进城市文化中传统要素的保护，树立属于自己城区的新的文化品牌，以促进本城市的文化转型，走可持续发展之路。

关键词： 纽卡斯尔 文化转型 文化市场

一 纽卡斯尔市城市文化发展现状

纽卡斯尔，全称"泰恩河畔纽卡斯尔"，其名字源于征服者威廉的长子罗伯特在此修建的一座诺曼底式巨型城堡 Castle Keep。纽卡斯尔位于泰恩河下游北岸，是英格兰八大核心城市之一，历史悠久，可追溯到罗马帝国时期，纽卡斯尔和其周边地区的人通常被叫作"高地人"，蛮勇彪悍、口音独特。在 14 世纪，纽卡斯尔以其羊毛贸易而闻名，后来发展成为主要煤矿区之一，16 世纪，随着港口的开放，船坞和船舶工程产业在泰恩河上迅速兴起，纽卡斯尔成为当时全球最大的造船和修理中心。纽卡斯尔早在 19 世纪就以"活力之城"名誉天下，而两个世纪后的今天更是有了新的发展，美丽的人行天桥奇迹般地升入云层，河边矗立着一座由古老粮仓改造的艺术中心，另有一座建造中的音乐厅，后面是一间时髦而气派的酒店。纽卡斯尔市在文化发展的路上不断前行。

随着多年来纽卡斯尔政府开发与保护并重的城市复兴策略的推广，城市重心由工业向文化的转变，以及多届艺术与视觉节的成功举办，使这座城市在艺术的渲染下，完美转型成了当之无愧的"泰恩河上的文化之城"。在经济效益方面，文化设施周边的房价比其他地区高出 5%，纽卡斯尔的成功为有工业遗产的城市提供了范例，2006 年，它被"艺术世界"电视频道评为英国最具艺术气息的城市；2009 年，荣登英国"绿色城市"排行榜首位；2014 年分别被英国《卫报》和《观察家报》的读者们票选为英国最佳城市；2015 年，纽卡斯尔被旅游网站 Creative Boom 评选为英国最适合居住、工作、玩乐的十大创意城市第四位。

二 纽卡斯尔市的文化转型之路

历史上，纽卡斯尔 13 世纪伊始便因煤而兴，16 世纪煤炭贸易激增，到 17 世纪每年约有 40 万吨煤从此运出。工业革命以煤为主要引擎，水运又是当时主要的运输方式，因而造就了一大批如纽卡斯尔般繁忙、肮脏、吵闹，"如用煤炭雕刻"一样的港口城市。煤炭造就了纽卡斯尔，但也让纽卡斯尔的生活水平不断下降。20世纪的纽卡斯尔一度沦为煤炭废都。而深受煤烟之苦的居民，或许更能体会明净天空的珍贵。20世纪90年代，围绕泰恩河的世纪改造工程开始，此后的一系列政策实施，逐步将它拖出污染的深渊，使其变回为熠熠发光的文化中心。

美国城市规划家芒福德在其所著的《城市发展史：起源、演变和前景》中提到城市的三个基本使命，即贮存文化、流传文化、创造文化。① 下文将从由文化建筑发展起来的文化旅游中心的发展、艺术和文化遗产建设、艺术节的创造、创意产业的打造四个方面阐述纽卡斯尔市的文化转型之路。

（一）由文化建筑发展起来的文化旅游中心的发展

纽卡斯尔在历史上曾是英格兰的核心城市之一，多中世纪教堂建筑。但由于之前几个世纪的煤炭贸易的发展，本地居民都深受煤烟之苦，吸引游客就更成为天方夜谭，纽卡斯尔的文化旅游之潮就此淡去。

但是，在纽卡斯尔政府意识到环境和文化的重要性后，充分利用了这里的历史优势，并进行了新的建设，现如今，纽卡斯尔不仅有纽卡斯尔大学、工业学院、教育学院等教育机构，有考古博物馆、科技博物馆和艺术博物馆等观光景点，波罗的海当代艺术中心和盖茨黑德音乐厅等著名建筑也成为城市发展的名片之一。

以纽卡斯尔的中心城区格兰吉尔镇为例，这里历史悠久，是市中心重要的一部分，并且隶属于多领域的再生计划。从再生与合作的角度来看，这是英国传统文化的重要项目之一。该地区大部分在市议会的中央保护区之内，并且该地建筑还受到列表建筑等级的保护，其中许多是高等级的。例如，有着近百年历史的泰恩电影院，在接受遗产基金会、欧洲区域发展基金的资助及民间超过700人的捐赠后进行了翻修，共耗资700万英镑，设备与放映资源也与时俱进，最终形成了脱离"院线"，遗产与现代相结合的运营模式。

---

① 〔美〕刘易斯·芒福德：《城市发展史：起源、演变和前景》，宋俊岭、倪文彦译，中国建筑工业出版社，2005。

在纽卡斯尔码头区，酒吧和住宅的建造使这里重获人气，造价4600万英镑的波罗的海当代艺术中心为当代艺术展览提供了全新空间，在五楼的观景台即可将泰恩河的美景尽收眼底；塞奇音乐中心除了为市民提供音乐教育和日常生活空间，还是北方交响乐团和民乐之家；连接盖茨黑德码头区与纽卡斯尔的千禧桥因其独特设计而被称为"眨眼桥"，获得了2002年的英国皇家建筑协会斯特林奖。这些建筑再次赋予了这座工业城市新的文化意义，使该地区成为全新的公共聚焦点，旅游业得到极大发展。

正是这样的建设，发展了纽卡斯尔的文化旅游，也让纽卡斯尔变得更加著名，走上了文化发展的道路。同时，这些艺术场所的发展，也为艺术节的创作和展示提供了地点。

（二）艺术场馆和文化遗产联合开发

艺术场馆和文化遗产为纽卡斯尔文化市场的重要组成部分。

英国早在20世纪50年代就制定了城市复兴策略，只是在这一阶段，其实质为"重建"而并非对历史老城的复兴，一直到20世纪70年代，"旧城改造复兴"才被划为正式的城市规划议题，20世纪90年代，在英国遗产委员会的推动下，以历史遗产为导向的城市复兴开始实行。

纽卡斯尔将1287英亩的废弃地重新改造，建设了24英里的新道路和行人通道，把造船办公楼和仓库转变成宾馆、公寓和酒吧，扩建了波罗的海当代艺术中心，将纽卡斯尔与盖茨黑德码头通过千禧桥连接起来，纽盖地区拥有多种建筑遗产。在艺术方面，1994年盖茨黑德委员会委托英国著名艺术家安东尼·葛姆雷制作了一尊巨大的雕塑，价值120万美元，它就是"北方天使"。

纽卡斯尔通过对文化遗产和艺术相结合的改造，彰显了城市特色；通过提高观光度和居住价值，不仅推动了旅游产业发展，也带动了城市文化复兴。

纽卡斯尔的这种改造形式，使泰恩河恢复了往日的荣耀，"在英国，如格拉斯哥、伦敦、利物浦、纽卡斯尔和曼彻斯特等城市，已经运用文化导向

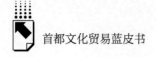

的城市发展战略，而新的文化机构如盖茨黑德的波罗的海和伦敦的泰特现代馆，是城市发展中文化转向的标志。"①

（三）艺术节增添文化发展广阔空间

说到纽卡斯尔文化发展之路的蜕变，艺术节绝对值得一提。艺术节的全称是"艺术与视觉节"（Arts and Visual Festival），它是大不列颠最具声望的盛事之一，特点是持续时间长、主题鲜明、表现形式多样。艺术节始于2003年，现已成功举办了七届，成功打造了城市文化品牌，促进了周边地区的经济发展，增强了国际间合作交流，体现了英国国家艺术委员会落实关于《城市复兴：艺术在内城更新中的作用》的文件精神。

目前已成功举办的艺术节，历届文化主题都创意十足，分别是"试行版、生活模拟、广播、能量、越慢越好、凝萃、社会主义"，通过主题的演变，彰显了城市复兴的魅力，极大地推动了纽卡斯尔从工业城市到文化城市的转变，艺术节也成了纽卡斯尔的文化符号，被《卫报》评为"多年来大不列颠最具有创造力的艺术节之一"。②

此外，艺术节能够成功举办，除了其自身创意，还需要一个能够被广泛认同的氛围和环境，也就是说，它需要借助城市特殊的地理位置和资源优势。通过城市对艺术节的多方面促进，比如财政支持和场所的营造，才能够推进改善当地的公共文化基础设施，改善当地的文化氛围，夯实当地的文化发展基础。

由此可见，艺术节对城市复兴具有特别的影响力，只有打造特色十足的艺术节，展现城市形象，才能推动城市消费导向转变，文化市场才会越来越广阔。

（四）打造特色鲜明的创意产业

创意产业也是在英国历史上非常著名的一项内容，纽卡斯尔作为英国重要的文化转型城市，也一直走在建设创意城市的路上。

---

① Steven Miles, Malcolm Miles, *Consuming Cities*, New York, N. Y.: Palgrace Macmillan, 2004, p. 45.
② 汪睿：《艺术节对城市复兴的影响——以英国纽卡斯尔的"艺术与视觉节"为例》，《四川戏剧》2016年第8期。

英国是世界上第一个运用政策推动创意产业和创意城市发展的国家，仅在英格兰地区就有超过 20 座城市进行了创意城市理论的实践活动，纽卡斯尔就是代表城市之一。① 英国政府把文化创意产业定义为"发源于个人创造力、技能和天分，能够通过应用知识产权创造财富和就业机会的产业"②。英国政府认为，个人的创造力、灵感、理念和技能是创造价值的核心，对文化创意产业概念的界定也不断更新，最新的文化创意产业包括九大类：广告与营销业，建筑业，手工艺品业，设计业，广播和摄影业，IT、软件和计算机服务业，出版业，博物馆、美术馆和图书馆业，音乐、表演和视觉艺术业。这些产业在政府的引导和推动支持下，极大地增强了国家的文化软实力，扩大了英国的国际影响力，并推动了英国的经济发展。

以经济增长为例，近年来，英国文化创意产业的发展呈稳定增长态势。2017 年，英国文化创意产业国民增加值（GVA）达到 1015 亿英镑，相较于 2016 年增加了 7.1%（见图 1）。其中，伦敦地区占 51.4%，为 522.3 亿

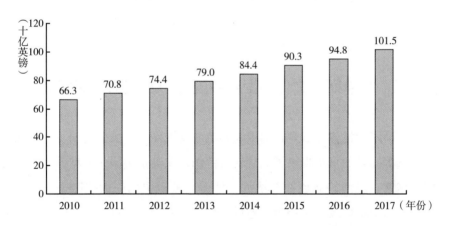

图 1 2010～2017 年英国文化创意产业国民增加值

资料来源：DCMS Sector Economic Estimates（provisional）2017：GVA Report。

---

① 王长松、田昀、刘沛林：《国外文化规划、创意城市与城市复兴的比较研究——基于文献回顾》，《城市发展研究》2014 年第 5 期，第 110～116 页。
② 张娜、田晓玮、郑宏丹：《英国文化创意产业发展路径及启示》，《中国国情国力》2019 年第 6 期。

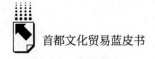

英镑，地区排名第一；东南部次之，占 16.7%，为 169.1 亿英镑（见图 2）。同时，文化创意产业国民增加值的百分比也在逐年攀升，2010 年文化创意产业 GVA 占比为 4.64%，2017 年增加至 5.52%。

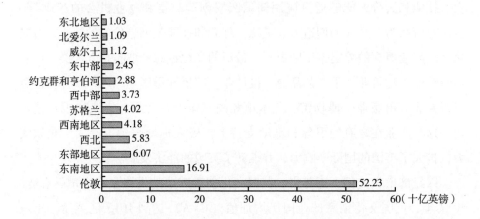

图 2 2017 年英国各地区文化创意产业国民增加值

资料来源：DCMS Sectors Economic Estimates-Regional Gross Value Added（GVA）。

三 纽卡斯尔文化转型对中国城市发展的借鉴意义

纽卡斯尔为世界上很多目前面临制造业发展停滞、亟待转型、存在城市体系弊端等问题的城市提供了成功转型范例，尤其是中国——世界上最大的发展中国家，正面临着创新与挑战，城市化进程中的三大差距——城乡差距、东西部差距以及阶层差距，地域特色逐渐模糊等困难，虽然问题与纽卡斯尔不尽相同，但通过借鉴其文化为导向的城市复兴策略，对中国也有极大的帮助。

首先是对老城区城市文化中的传统要素采取选择性保护策略。纽卡斯尔市在发展中很重要的一项就是充分建设之前的旧有建筑，将纽卡斯尔发展成一个文化旅游中心，让其拥有更好的文化氛围。中国作为有着上下五千年悠久文明史的国家，无数城市中都封存着文化瑰宝。北京市就是一个很好的例子，从最开始拆除胡同和四合院，到现在保留修缮甚至特意建造。纽卡斯尔在老城改造中所采取的"立面主义"也很值得学习，立面主义即对具有历史意义和建筑价值的建筑外立面（一般是沿街的一面）进行保护，对于被保护建筑身后（即非沿街建筑）不符合当代建筑功能的老建筑进行拆除，从而为引进新开发项目预留空间①，这一做法既保持了视觉的一致性和美观，保留了城市特色，又达到了历史建筑翻新再利用的目的。

其次是树立新的文化品牌，促进文化产业化发展。通过一些重要项目的改造，逐步树立老城的品牌效应，展示其未来形象，不仅可以保护历史文化，还可以创造更有时代感的优秀产品，发展城市文化品牌。文化品牌效应的扩大与推动文化向产业化发展相互促进，政府应出台政策以及提供资金支持，提供良好的产业化环境，促进新的文化产业的开发与发展，进而推动经济发展。

最后是加强文化产业人才培养及创新文化产业指导政策，以应对在全球化环境下不断提出的创新要求。在人才培养时也要注意加强产学研的紧密结合，在制定产业发展政策时，要深入进行调查研究，也要把握行业发展的方向，更要有具体的、指导性的行业发展举措。

参考文献

〔美〕刘易斯·芒福德：《城市发展史：起源、演变和前景》，宋俊岭、倪文彦译，中国建筑工业出版社，2005。

Steven Miles, Malcolm Miles, *Consuming Cities*, New York, N.Y.: Palgrace Macmillan, 2004.

汪睿：《艺术节对城市复兴的影响——以英国纽卡斯尔的"艺术与视觉节"为例》，《四川戏剧》2016 年第 8 期。

王长松、田昀、刘沛林：《国外文化规划、创意城市与城市复兴的比较研究——基

---

① 张乃戈、朱韬、于立：《英国城市复兴策略的演变及"开发性保护"的产生和借鉴意义》，《国际城市规划》2007 年第 4 期。

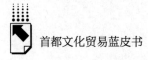

于文献回顾》，《城市发展研究》2014 年第 5 期。

张娜、田晓玮、郑宏丹：《英国文化创意产业发展路径及启示》，《中国国情国力》2019 年第 6 期。

张乃戈、朱韬、于立：《英国城市复兴策略的演变及"开发性保护"的产生和借鉴意义》，《国际城市规划》2007 年第 4 期。

B.20
杜塞尔多夫：文化贸易的中继器

《首都文化贸易发展报告（2019）》课题组

摘　要： 在德国重要经济中心杜塞尔多夫重建的过程中，会展经济起到了决定性的作用，而杜塞尔多夫展览有限公司则是带动这一经济发展的主角。杜塞尔多夫展览有限公司成为行业翘楚的原因之一，是它独特的经营特点——分区域经营、一体化经营、分类别经营，每一个经营策略都为公司的发展带来高效率。除了自身的经营成果外，政府对会展行业各种形式的支持，也是杜塞尔多夫展览有限公司取得成果的原因。随着时代的发展，会展行业不再局限于产品、买方和卖方，它将更多行业、更多地区联系在一起。多行业的融合并步发展，使会展行业为德国经济带来多个增长点。杜塞尔多夫展览有限公司，乃至全德国知名会展企业的成功之路，为我国会展业的发展提供了很多行之有效的路径。

关键词： 杜塞尔多夫　会展　文化贸易

杜塞尔多夫是多瑙河畔一颗璀璨的艺术文化明珠，市内有 13 世纪~18世纪的古迹、艺术学院、著名陶器博物馆等，并以其歌剧场、话剧院等在德国负有盛名。德国著名诗人海涅诞生于此，市内有海涅博物馆。位于格拉贝广场的 20 世纪艺术收藏馆是欣赏克利、毕加索、恩斯特、博伊斯等古典现代派大师艺术作品的首选地点。在如此深厚的文化底蕴加持的背景下，杜塞尔多夫的文化贸易产业也处于蓬勃发展的状态。

杜塞尔多夫市内坐落着众多画廊、美术馆，在这里达成的古典美术作品买

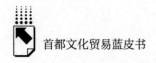

卖数量众多；剧院也是杜塞尔多夫的艺术闻名于世的原因之一，本地剧团进行世界巡演时座无虚席；杜塞尔多夫的旅游业也十分发达，莱茵河边的优越地理区位以及圣诞集市、狂欢节的魅力，使各国游客慕名而来；除此之外，杜塞尔多夫也是世界著名的时尚都市，每年无数的 T 台大秀在这里举办，国王大道的奢侈品店与独立设计师店林立，吸引着许多买手前来探店消费；广告业也是杜塞尔多夫在文化贸易中不得不提的，本土的广告公司 BBDO 服务着奔驰等国际知名品牌；最后，也是最重要的会展业，用傲人的数字证明着它为这座城市所做的贡献。

无论是传统艺术产业还是具有现代商业模式的时尚产业、广告产业、会展产业，都是这个莱茵河畔古老城市持续注入活力的来源。但是在这些源源不断的动力中，最持续、最持久的，还要数诞生于德国莱比锡的会展产业。

一　德国展会现状

根据德国经济展览和博览会委员会（AUMA）的数据来看德国的会展行业规模以及成熟的会展产业为德国带来的经济贡献。

2018 年，德国举办展会总面积达 710 万平方米，相比 2017 年增长 1 个百分点；展商总数达 195000 家企业，相比 2017 年增长 1.5 个百分点；参展人数高达 950 万人，相比 2017 年下降 0.5 个百分点。在全球展览公司 20 强中，来自德国的公司连续三年占据 7 席（2015～2017 年）。

在多重红利方面，来自展会的直接收入高达 144.5 亿欧元，其中展商直接支出 96 亿欧元，参展人支出 47 亿欧元，展览中心投入 2 亿欧元；除此之外，展会衍生出的利润则达到 280 亿欧元，创造了 23.1 万个就业岗位。

由此可见，德国会展行业规模庞大，并且呈持续扩张趋势，其作为经济增长引擎为德国整体经济注入了巨大的活力。

二　杜塞尔多夫与它的会展

杜塞尔多夫是德国的重要城市之一，是欧洲人口最稠密、经济最发达的地区，也是北莱茵－威斯特伐利亚州的首府。在第二次世界大战中，杜塞尔多夫几乎被同盟军因轰炸夷为平地，但杜塞尔多夫在战后积极重建，逐渐成为德国最重要的经济增长引擎。现在，这个莱茵河边的城市，是德国乃至欧洲重要的广告业、时尚业、会展业以及艺术文化中心。

杜塞尔多夫作为 Opencities 的开放与包容吸引着世界各地的商人与游人，在经济开放与文化开放的进程中，会展行业扮演着不可或缺的角色。而在其中，作为先驱者和领航者的杜塞尔多夫展览有限公司（Messe Dusseldorf），则是我们不得不谈到的话题。

（一）庞大的会展规模

杜塞尔多夫展览有限公司是德国的五大展览集团之一，成立于 1947 年，拥有近 70 年的办展经验，迄今为止举办过 5000 个以上的项目。所办展会被分为五个大类：机械制造类、工艺品零售与服务类、医疗器械与保健类、时尚休闲类、手机娱乐类，五个类别涉及社会行业的各个方面。杜塞尔多夫拥有 17 个大型展览馆，室内面积 261800 平方米，室外面积 43000 平方米。市内每年至少举办 50 场大型博览会，其中大约 23 场是全球性的国际展览。在2018 年的德国各市 GDP 排名中，杜塞尔多夫以 477.58 亿欧元占据榜单第七位，其中杜塞尔多夫会展集团的贡献为 3.67 亿欧元。

杜塞尔多夫展览有限公司不仅仅在国内拥有庞大的规模与实力，它在国际上拥有服务 139 个国家的 75 个驻派代表办公室，以及 8 个跨国子公司。这些子公司在本地树立起良好的信誉，拥有众多贸易伙伴，建立了良好的商业关系，展开贸易往来。该公司的主要贸易国有中西欧地区的其他发达国家、俄罗斯、中国、印度、日本、美国、加拿大以及东南亚各国。

（二）以会展促文贸发展

展会是商品和文化贸易的重要增长引擎，它们为企业间提供了面对面交流和了解的平台，加强了几乎所有经济区域内的商业竞争和贸易往来，保证了经济增长和就业率的提高。在所有的市场工具中，交易博览会是拥有最多

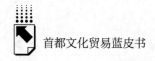

影响的手段，它会直接影响商业管理模式、国民经济以及整个社会的文化精神层面。

在市场层面上，杜塞尔多夫展览有限公司致力于为企业提供寻找潜在合作伙伴的机会，帮助企业维持并加强已有的商业关系。它能够使企业提高自己的品牌知名度，也能令企业进行更详尽的市场竞争分析。博览会既是在现有市场中展示新产品的平台，也是挖掘新市场的途径。

在经济层面，杜塞尔多夫展览有限公司自己带来的经济收入可以以倍数比例投射给其他行业。交易博览会不仅仅能够使展商和观展人获益，它同样能够给主办城市，甚至是所在的州和国家带来红利。博览会有着极强的外部效应，给交通、住宿、餐饮这些有着直接联系的行业带来极大的促进作用。除此之外，能够给博览会提供相关服务的行业，例如设计、建设、翻译、传译等，也会或多或少地被带来收益。该公司会给上述提到的行业（不限于此）创造更多就业岗位，从而带动整个城市的经济发展，由此影响到北莱茵－威斯特伐利亚州的经济收入。

在社会层面上，杜塞尔多夫展览有限公司起到了提高知识传播效率的作用。博览会本身是知识和信息的集合体，它起到了筛选、整合的作用。在信息高度烦琐的时代背景下，博览会极大地降低了企业获取知识的成本，并提高了人们获取信息、知识的质量。

三　杜塞尔多夫会展文化市场特点

（一）区域划分的经营战略

杜塞尔多夫展览有限公司将自己的海外经营范围划分为 7 个区域——中西欧地区、俄罗斯地区、中国地区、印度地区、日本地区、北美地区和东南亚地区。公司会根据每个地区的人文特征、经济状况、产业分布等社会情况来制定特有的发展策略。

在俄罗斯，莫斯科作为东欧的经济中心，国际贸易业务往来极其发达，也是整个区域最大的交易博览会聚集区。这里有着巨大的商业潜力，将近40万家公司在莫斯科登记注册，很多外国企业也在这里设立办事处。在经济持续扩张的情况下，俄罗斯企业对先进技术设备的需求也越来越大，在他们进口的产品中，先进技术设备占据了总量的51%。杜塞尔多夫展览有限公司自1963年便在莫斯科设立子公司，随着俄罗斯企业对科技密集型产品的需求变大，公司也将办展的重点放在了科技集成产品上。

印度拥有12亿人口，并且以每平方千米362位居民的数据成为世界上人口密度最大的城市。在快速的、规模巨大的城市化进程中，中产阶级迅速崛起。这一发展状况给城市带来很多问题：交通拥挤、疾病肆虐、物质产出跟不上精神需求。但是，这也给药品保健公司、服务行业公司提供了机遇。杜塞尔多夫展览有限公司在印度多与生物制药公司合作，举办数十次医疗器械展览，并取得巨大成功。

中国经济自1978年进入增长黄金期后便令世界瞩目，目前致力于经济转型与长期可持续发展。杜塞尔多夫展览有限公司1999年开始进军中国市场，与众多公司建立合作关系，支持并帮助中国企业开拓世界市场。在中国，杜塞尔多夫展览有限公司致力于与权威组织机构建立合作关系，为中小企业提供交流与展示的平台，眼光长远地助力中国经济的增长，以从中分取一杯羹。

（二）一体化服务经营方针

博览会本身既是商品展销的平台，也是很多服务行业的联结点。不仅仅局限于带动本地区的服务行业，杜塞尔多夫展览有限公司凭借自己的实力开展多项服务业务，旨在为展商、观展者、媒体提供周到便捷的一站式服务，优化每个企业或个人的参展体验，同时还赚取了相应的利润。

对于展商来说，杜塞尔多夫展览有限公司是他们全方位展示自己产品的保证。杜塞尔多夫展览有限公司为每一个参展机构提供专业的咨询服务，为他们的产品制订整体计划，进行广告宣传，提供虚拟展览模型

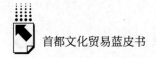

以及陈列方案。同时，前期的运输服务、酒店预订、航班预订和公共关系的维护，后期的进出口相关手续和售卖后的持续跟进，也都在他们可提供的服务范围内。

除了展商外，杜塞尔多夫展览有限公司也考虑到了媒体和参展人的便利。他们为媒体安排采访机会，提供新闻稿，主持记者招待会以及媒体需要的照片、视频等；也为参展人提供住宿和航班的预订服务，提供观展手册和目录等。

杜塞尔多夫展览有限公司一体化的办展模式，既可以成为企业自身的比较优势，又可以成为盈利点，一举两得。

（三）积极开展海外合作

与其他众多展览公司一样，杜塞尔多夫展览有限公司为各个行业的产品提供会展服务，但是，不同的是，这家公司会给展览对象进行分类。针对不同的被展产品，该公司有相应的专门团队来进行策展。这样做的原因是，不同类型的产品有着迥异的特点，展商的需求以及参展人的期望也不尽相同。在分类别策展的情况下，一个团队可以聚焦于某一个特定的行业，更详细地了解行业市场与市场中的买卖双方，紧跟行业变化趋势，分析研究什么样的产品才能够打动客户，如此，专业到极致，便能达到事半功倍的效果。

杜塞尔多夫展览有限公司的展览业务被划分为五类——机械制造类、工艺品零售与服务类、医疗器械与药品类、时尚休闲类、手机娱乐类。机械制造类是科技含量最高的展览大类，它涉及新型材料、精密仪器、大型机械设备的研发。DRUPA、Glasstec、wire/Tube以及亚洲智能集成及智能制造解决方案展都是这个项下的展览。医疗器械与药品类，不单单专注于产品的推广，更注重全球范围内医药领域的发展。杜塞尔多夫的MEDICA，世界领先的医疗器械展；REHACARE，复健与恢复器械博览会。考虑到医疗信息的有效传播，杜塞尔多夫展览有限公司不单单在本市举办展览，该公司在新加坡、新德里、苏州等地也都举办过促进医疗行业发展的大型展会。时尚休闲类的重点是高级时装行业，得益于杜塞尔多夫发达的时尚行业，该公司发展这一项下业务时便少了很多阻力。杜塞尔多夫市内的 BEAUTY DUSSELDORF、TOPHAIR&mads 涉及时装、饰品、化妆品行业，促进这些行业的外贸发展。除此之外，杜塞尔多夫展览有限公司还将时尚大秀 Collection Première 带去了莫斯科，以发展自己的海外事业。

（四）与进出口业务

公司通常会为企业提供有效拓展国际市场的渠道——大约 1/3 的参展人来自海外，甚至多于一半的参展人来自欧洲外的其他国家。目前，大多数企业都看到了在海外市场展示自己实力的需要，15 年前，约 20% 的德国企业会参与海外博览会，而如今，这一数字升至 40%。更多的海外参展再加上德国产品的质量保证，意味着贸易合约数量的增加。会展通常与外贸密不可分。

（五）政府的"不作为"

德国经济展览和博览会委员会（AUMA）指出，德国会展经济能够取得成功的最大原因是政府的"不作为"。德国政府没有制定特别的政策与法规来参与或控制德国会展行业，政府信任行业委员会，使其在市场中发挥自己最大的作用。

但"不作为"并非真正的不作为，这只是表示政府不会出台对会展行业产生消极影响的政策，并不是说全无作为。德国联邦政府及各州政府都对国内及国外的本国参展企业提供资金支持，每年都会从财政中拨出一笔可观的资金，其目的是使商品与服务市场更好地运作，促进德国企业挖掘国内及国外市场，并且向展商提供科技支持。

对于国内与国外的展会，政府提供资助的标准是不同的。如果企业在德国境内参与展览，国家政府和地方政府只会给年轻的科技创新型企业提供资金支持；而如果企业在国外参展，各级政府都会给予支持，但

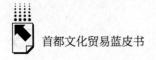

对参展形式有所限制。其中，联合摊位展览、信息中心小型展览，以及涉及德国经济与能源部、食品与农业部制定项目的展览可以得到政府的大笔资助。

四　独具创新的"会展＋"发展模式

（一）与数字媒体结合

随着现代科技的发展，会展行业的运作模式也产生了变化。在数字媒体技术越来越普及的当下，有人开始质疑传统会展行业是否会被取代，原因是数字媒体使买卖双方可以无时间、空间限制的进行交流。随着网店和社交平台的风靡，会展行业似乎没有存在的必要了，但事实上，会展行业的规模仍在持续扩大，会展行业与数字媒体应该处在一个共赢的局面中。一方面，无阻碍地进行产品的购买、售后对 B2B 模式来说是很重要的一点；另一方面，产品变得更加复杂，质量、投资回报率或可持久性，都更加难以评定。前者可以通过数字媒体解决，类似于天猫、阿里巴巴这样的平台为企业间绝佳的高效平台；后者则需通过博览会来解决，除了展览会外，没有更好的方式能够使企业间面对面的交流与亲自评定产品的优劣。现代展会行业正在经历数字化的过程，但它的核心依然是与人和产品的近距离接触与体验。

（二）与制造业合作

德国制造"made in Germany"长期以来都是德国企业产品的加分项，在境外展会中看到德国参展企业时，观战人会不由自主地对该产品产生好感，开始有咨询意向，在了解的过程中，逐渐达成交易。德国制造企业一直很重视与会展企业的合作，希望它们能够定期地、频繁地、系统地举办展会，从而双方都从中受益。德国制造与德国会展都是极具影响力的隐形品牌，由德国展会来宣传自己的德国制造则是再合适不过的一件事情。两个品牌进行相互宣传，相互融合，相辅相成。

五　对我国会展行业发展的启示

（一）建立健全人才培养机制

一个行业的发展最重要的是要有源源不断的活力，而人才就是这种活力的载体。德国具有成熟的会展人才培养体系，其中德国经济展览和博览会委员会起到了极其重要的作用。德国经济展览和博览会委员会在联邦经济与技术部和消费者保护、营养与农业部协助下，为德国官方参与国外展会计划做筹划准备工作。它不仅会参与到会展业的商业活动中，还对会展相关的学术研究和发展史撰写提供支持与帮助，同时也大力支持德国各院校的会展职业教育事业。

会展业是综合度很高的行业，自然也需要综合素质高的人才。会展的从业人员需要有国际化的视野，不仅要掌握本行业的专业知识，还要对业务行业有相当的了解，否则，若是无法精准掌握业务行业动向，为客户提供准确的咨询与建议就无从谈起。而中国的会展人才培养处于刚刚起步的阶段，在教育方面也需要向德国学习，多进行组织机构、学校间的交流。

（二）制定战略时进行市场细分

对中国的会展企业来讲，如果要进行跨国经营，可以借鉴杜塞尔多夫展览有限公司区域细分的特点，针对不同地区的特点制定发展战略，形成有针对性、个性化的国际发展格局。

会展行业虽是综合性产业，但在举办每一场展会时，却也有着极高的专注性。各行业的生产消费模式不同，所参与展会的侧重点自然也会发生变化。世界上的各个地区，并不是所有生产行业都齐头并进地同步发展，相反地，某一地区通常会因为接近的地理区位而形成相似的工业化规模，冒尖的生产行业也会因为知识技术的近距离传播而相似。因此，了解区域发展重点，对于想要跨国经营的会展企业来说是极为重要的。

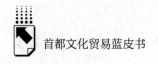

（三）加大会展行业的规模化发展

由于会展经济融合多个行业的特点，企业为使自身有更好的发展，一是可以加强与相关企业的合作，将会展的附加服务做到周全、细致；二是可以扩大自身规模，多方面发展，拓宽业务范围。两者的好处显而易见，前者拉动地区经济发展，带着整个区域一起前进，协同发展；后者扩大企业自身版图，创造更高额的利润，逐步成为巨大的会展集群集团，从而在国际上打造自己的品牌，谋求更广阔的发展。

（四）与城市综合实力相互加成

会展业本身是一个综合度极高的行业，对发展城市有着较高的要求。结合杜塞尔多夫的会展行业发展经验，由于杜塞尔多夫本身经济发达，是欧洲通讯业、广告业、时尚业和艺术文化行业的中心城市之一，所以杜塞尔多夫展览有限公司在发展业务时或多或少会因此而受益，被多个行业所支撑，举办展会时会减少很多阻力。放眼全球的会展名城，无一不是经济发达、文化繁荣的国际中心都市。因此，企业在选择业务区域时，应充分考虑区位因素——经济因素、人文因素或社会因素。经济发达包括城市平均劳动效率、入驻企业的多少、吸引外资的金额以及基础设施是否完善，人文因素则囊括习俗信仰、宗教礼节、地区文化素养和文化内涵等，这些因素无一不影响着一场展会能否办下来、办成功。

（五）让创新成为推动企业发展的引擎

创新有两个层面的含义：一是展会形式的创新，二是展会内容的创新。

在这个物联网快速发展、5G进入大众视野的时代，行业壁垒被迅速打破，我们永远不知道会展行业未来会与什么行业结合。目前，会展业与互联网大数据的结合已被广泛用于提高信息的传播效率，消除信息壁垒，促进厂商们的信息交流，从而有利于达成贸易往来。以后，会有什么样新的结合，要看企业在发展中遇到的问题以及解决问题的主观能动性。

展会内容的创新在于开拓新的市场。展会行业发展之处，我们展示的内容局限于实打实的物品，看得到、摸得着；后来，随着科技的发展，我们开始接触看得到但摸不着的——VR 等，以及摸得着但看不到的——物联网远程技术等；现在，我们拓展版图至看不着也摸不到的——语言。语言展览会已经在巴黎、柏林、伦敦等城市成功举办过多次，国内企业也不应落后。在紧跟别人步伐的同时，也要努力走出自己的路。

新的时代正在到来，行业间的融合逐渐变得不可阻挡。从传统意义来看，会展行业已经取得了巨大的成就，但能否继续进步，保住原有成就并取得新的胜利，就要取决于当代会展人的视野了。研究过去、回顾成功、借鉴学习很重要，展望未来、开拓版图、不断进取同样不可或缺。

参考文献

王瑞祥：《会展要与产业发展同行》，《中国会展》2019 年第 11 期。

李彦薇：《会展产业内涵及对我国会展产业发展启示》，《经贸实践》2018 年第 9 期。

刘大成：《德国会展经济发展经验的启示》，《四川日报》2018 年 10 月 12 日。

刘馨蔚：《中国会展业高速发展国际合作成趋势》，《中国对外贸易》2018 年第 7 期。

赵艳丰：《多元化运营探秘世界知名会展中心的运营模式》，《中国会展》（中国会议）2018 年第 8 期。

Harald Kötter，"Exhibition Industry-key Figures，" https：//www. auma. de/en/facts – and – figures/trade – fair – sector – key – figures.

Abstract

In 2018, the development trend of cultural trade in the capital has been steadily rising, and the functions of cultural center and international communication center have been continuously brought into play. The development of cultural trade in the capital has become more forward-looking and leading throughout the country. This report takes the theoretical exploration and development practice of capital cultural trade in 2018 as the research object. Combined with the special advantages of Beijing as a national cultural center, the implementation process of the integration of Beijing, Tianjin and Hebei, the "one belt, one road" initiative and the opportunities and challenges brought by trade friction, it analyzes and studies the capital from two aspects: macro and micro level. The development status of cultural trade and the corresponding suggestions are put forward, so as to enhance the international influence and competitiveness of the capital's foreign cultural trade, create the capital's cultural business card, and make Beijing the first window to show Chinese culture to the world.

Research report of Beijing International Cultural Trade (2019) focuses on the development of cultural trade in the capital from an interdisciplinary perspective. Starting with the general report on the development of cultural trade in the capital in 2018, it summarizes the general situation of the development of cultural trade in the capital, summarizes the characteristics of the development and puts forward the prospect of the development of cultural trade in the capital. On this basis, the hot issues in the theory and practice of cultural trade in the capital are discussed and analyzed through four parts: report, annual special topic, policy and comparative and reference, field investigation and typical case study, literature data analysis and comparative study.

The part of Lease Reports study seven core industries: radio, film and television, book copyright, performing arts, game industry, animation industry, cultural tourism services and works of art. Overall, the development momentum of the seven above-mentioned industries in Beijing in 2018 is good. They have their own characteristics and bright spots in foreign trade, but there are still some problems such as insufficient supply of talents and imperfect top-level design. Based on the analysis and judgment, this part gives some pertinent opinions and suggestions to further enhance the capital nuclear power. The development of heart culture trade. The annual thematic articles select China's standard dance, innovative copyright trade of Chinese books, original hand-travel and other hot issues of cultural trade with international influence in Beijing for in-depth study. The policy section includes the opportunities and prospects for the capital to open up cultural markets in 16 countries of Central and Eastern Europe, and the trend of key cultural enterprises in Beijing. The comparative and reference chapter selects three successful cases of cultural development in New York, Newcastle and Dusseldorf in the United States, which can provide an important reference for the high-quality development of Beijing as an international and super-large capital.

Keywords: Cultural Trade; Cultural Industry; Cultural Policy; Capital Development

Contents

I General Report

Abstract: In 2018, the development of Beijing's cultural trade has steadily increased, and the functions of cultural center and international communication center have been continuously brought into play. The development of cultural trade has become more forward-looking and leading throughout the country. At the present stage, Beijing firmly grasps the strategic positioning of the capital city, strengthens policies to guide the organic integration of the cultural market and capital market, enlarges the market main body, concentrates on solving structural problems such as dislocation of supply and demand, excess capacity and insufficient effective supply in the development of the capital cultural industry, consolidates the basic strength of cultural enterprises, and further raises the issue. To enhance the international influence and competitiveness of Beijing's foreign cultural trade, to create Beijing's cultural business card, to follow the development strategy of Beijing's cultural trade, and to participate in international cultural cooperation and competition on a wider scale and at a higher level, make Beijing the first window to show Chinese culture to the whole world.

Keywords: National Cultural Center; Cultural Trade; Cultural Industry

II   Industry Reports

B. 2   Report On the Development of Beijing Radio, Film
and Television International Trade   *Li Jidong, Wu Xi* / 015

Abstract: In 2018, the goverment has implemented the Measures for the Administration of Special Funds for the Promotion of International Broadcasting and Television Industry in Beijing and the "Measures for the Evaluation of Special Funds and established the first project bank for the promotion of international broadcasting and film and television industry in China. In the international trade mechanism of the broadcasting film and television industry, it continues to promote international affairs activities, participate in film and television festivals and cooperate in co-production. Relevant high-quality film and television products can also be displayed on the platform of external communication. At the same time, the international trade of Beijing Radio, Film and Television industry also has problems such as lack of marketization and lack of international vision as well. It is necessary to continue to make efforts in the construction of global industrial value chain, the development of Beijing-Tianjin-Hebei film and television collaboration and the training of film and television talents in an international perspective.

Keywords: Beijing Radio Film and Television Industry; Foreign Trade; The Belt and Road Initiative; Beijing-Tianjin-Hebei Film and Television Cooperation

B. 3   Research Report of Beijing International Trade
of Book Copyright   *Sun Junxin, Tang Wei* / 023

Abstract: This article analyzes the status quo, characteristics and existing problems of the foreign trade development of book copyright in Beijing through the compilation of the book copyright industry activities in 2018 in Beijing, and puts forward corresponding suggestions in this area. The achievements in 2018 are as following: book publishing industry in Beijing grows steadily compared with last year; the overseas publishing of Chinese theme books boomed; enterprises in the cultural market got more achievement; government introduced new policies to strengthen the strategic position of capital;; the exhibitions promoted cultural "going out"; capital elements were active in cultural markets; copyright protection was in full swing; internet literature showed not bad scene. However, several problems exist: the enterprises in Beijing paid insufficient attention to the ancillary copyright of books; the export destinations of book copyright were undiversified; the copyright trade level of each publishing unit was imbalanced. It is recommended to pay attention to book-affiliated copyrights, cultural connection with exporting destinations, and participation in the exhibition.

Keywords: Book Publishing; Books Copyright; Copyright Trade; Copyright Export; Beijing

B. 4　Research Report of Beijing Performing Arts Trade

Zhang Wei, Gao Mengtong / 039

Abstract: As a national cultural center, Beijing is an international venue which gathers large-scale performing arts troupes and famous performing arts performances, an important link for economic cooperation between Chinese and foreign performing arts, and a platform for promoting interactive exchanges and open trade between domestic and foreign performing arts subjects. Beijing is densely populated, and its residents'consumption demand and level of cultural products rank very high in China. Actively promoting the development of Beijing's performing arts trade will help catalyze the development of the national cultural industry and enhance the competitiveness of domestic performing arts on the international stage.

Keywords: Performing Arts Market; Capital Cultural Trade; Cultural Center

B. 5　Foreign Trade Development Report of Beijing Game Culture

Sun Jing / 052

Abstract: In 2018, Beijing's games foreign trade volume continued to grow, and has become the backbone of the overseas dissemination of Chinese culture. This article from the Beijing games overseas markets, the main works to game companies and representative sea, presented the 2018 Beijing games culture international trade present situation, and points out the main problem with Beijing games out, finally from the game of academic research, the education system and puts forward the feasible Suggestions in aspects of energy efficiency game products, in order to enhance the diversity of the Beijing games foreign trade products and innovative.

Keywords: Foreign Cultural Trade; Game Industry; Game Culture; Beijing

B. 6　Development Report on the Foreign Trade of Beijing Animation Industry

Lin Jianyong / 070

Abstract: In recent years, Beijing animation industry has shown an explosive trend of growth, and has become the one of the main force in the foreign trade of China animation industry. At present the foreign trade of Beijing animation industry has the following characteristics such as introduction of continuous support policy, consolidation of industrial basis, rapid growth of export scale and so on. However, at the same time, the foreign trade development of Beijing animation industry is faced with some problems and challenges, such as limited influence of animation products, lack of originality, lack of talents, support policy to be optimized and so on. In order to promote the further development of foreign trade in Beijing animation industry, this paper provides some suggestions, such as building animation brand, optimizing talent structure, strengthening intellectual property protection, optimizing industrial support policy and so on.

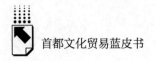

Keywords: Animation Industry; Animation Brand; Intellectual Property; Foreign Cultural Trade

B. 7   Research Report Beijing Cultural Tourism Service Trade

Wang Haiwen, *Lu Chenyan* / 082

Abstract: By sorting out the policies, data and data of the development of Beijing's cultural tourism service trade in 2018, this paper analyses the current situation, problems and Countermeasures of Beijing's cultural tourism service trade. In 2018, Beijing's cultural tourism service trade presents the status quo of continuous consolidation of consumption base, acceleration of formation of cultural tourism spatial pattern, development of cultural tourism deep integration housing, and acceleration of cultural tourism policy coordination. However, while vigorously developing cultural tourism, Beijing still faces the following problems: the lack of well-known brand of cultural tourism, the construction of evaluation system to be improved, the lack of business entities, the inadequacy of industrial chain development and regional synergy effect to be improved. In this regard, this paper puts forward five development countermeasures and suggestions: cultivating innovative talents who are good at using resources, accelerating the establishment of a global tourism statistics system, strengthening the planning and construction of leading enterprises in cultural tourism, improving the synergistic ability of cultural tourism, and perfecting the industrial chain of cultural tourism.

Keywords: Cultural Tourism; Service Trade; Beijing

B. 8   Beijing International Art Trade Development Report

Cheng Xiangbin, *Jiang Nan* / 099

Abstract: In the current era when China significantly promotes cultural cooperation of the "One Belt and One Road", the internationalization of artworks, as a burgeoning field of cultural trade, is embracing rare development opportunities. As the capital of China and the national cultural center, Beijing's art market volume continued to maintain a leading position in 2018. After several years of art market adjustment, the quality of the primary market and the number of collectors further increased, the price of the secondary market tended to be stable, and the market positioning was gradually clear. In 2008, Beijing's art import and export trade volume among the second place in China. During the process of recovery, Beijing should further strengthen the role of capital of art industry in China, under the background of "Internet +" promote art business model innovation, at the same time, relying on Beijing Tianzhu comprehensive bonded zone further provide convenience for the art trade and promote the development and prosperity of the Beijing's art market.

Keywords: Art Market; Art Trade; Cultural Trade

Ⅲ   Special Topics

B. 9   Exploration and Practice of the International Theatre Union
of the Silk Road
—*China Program of "One Belt and One Road" International
Performing Arts Cooperation*   *Wang Hongbo* / 116

Abstract: The introduction of the "one Belt and one Road" initiative has deepened cooperation between China and the countries along the Silk Road in the cultural field. In this context, the Silk Road International Theatre Union was established. It is the first cross-regional and cross-national theatre alliance in the world, providing China's creativity and China's program for the difficult problems in the world stage art field. The Silk Road International Theatre Union is a platform for information exchange, co-production and co-exhibition. It will become a global theatrical Union covering "one Belt and one Road" and an extended area, forming a virtuous circle of International Theater Union operation platform, giving full play to the "engine" role of culture, integrating cultural resources, channels and spectators, and developing deep-seated, diversified and effective communication and cooperation projects, and activating the cultural creativity of the whole society. The establishment of the Silk Road International Theatre Union helped China's performing arts groups to establish a global vision for the first time, opening up their programs in terms of creativity, planning, production and market expansion. It also helped to enhance the appreciation and self-renewal ability of domestic performing arts groups at all levels, absorb and digest various concepts of performing arts and develop various forms. Innovation has a subtle learning and learning effect.

Keywords: The Silk Road; Cultural Trade; International Theatre Union

B. 10   Reflections on China's Cultural Heritage Tourism and
Cross-border Cultural Consumption   *Zhang Xihua* / 126

Abstract: With the deepening of globalization, international tourism becomes more and more convenient. Cultural heritage as one of the core contents of the tourism industry attracts tourists all over the world. The Palace Museum, as China's symbolic Cultural Heritage, embodies Chinese cultural characteristics, builds Chinese cultural identity with intensive historic elements. Nowadays we emphasize the international communication of Chinese culture, most of the efforts are "external", that is, send Chinese culture abroad. However, the "internal drive" has been neglected. If internal and external efforts are dynamically integrated, effective implementation of international communication Chinese culture can be achieved. There are at least five perspectives for the Palace Museum to promote the international cultural communication of Chinese culture. They are digital Museum, foreign language strategy, international cooperation, creative design and educational function, which all work together effectively to promote the overseas dissemination of the Chinese culture. China cultural heritage tourism resources are numerous and attract more and more overseas tourists. But some of the cultural heritage scenic spots are excessively commercialized. The awareness of cultural relics'protection is not strong. Foreign languages are not adequately and properly used. The communication modes are out of date. All these hold back the validity of the intercultural communication of Chinese culture. The valuable experience of the Palace Museum making full use of the internal drive is worth learning for other Cultural Heritage sites to effectively promote the international communication of Chinese culture.

Keywords: Chinese Cultural Heritage; The Palace Museum; Tourism; International Communication of Chinese Culture

B. 11　Ballroom Dance of China "Going Global" New Situation

Zhang Ping, Zheng Xiaoyun / 136

Abstract: This paper mainly discusses how ballroom dance, originated from western countries, gained its place on the world stage after it was introduced to China. What are the outstanding achievements and innovations of Chinese traditional dance practitioners that make China ballroom dance more and more secure in the international arena? What does the import and export trade of ballroom dance cultural products bring to China? What kind of international influence? What contribution has China made to the "going global" of Chinese culture with the help of ballroom dance as an artistic carrier?

Keywords: Ballroom Dance; Cultural Trade; Cultural Exchange

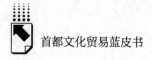

B. 12　Exploring the Innovative Copyright Trade Model
of Chinese Books

—*Take China Educational Publications Import and Export*

Corporation for Instance　　　　　　　　*Lu Chenyan* / 147

Abstract：Book copyright trade is an important part of cultural trade. China's
book copyright trade still has some deficiencies in its development over the
years. As a state-owned enterprise, China Educational Publications Import and
Export Corporation has outstanding achievements in book copyright trade. The
research on its copyright trade mode can enrich the experience of copyright trade in
China to a certain extent, and innovate the traditional publishing form, bringing
more progress. Based on the achievements of China Educational Publications
Import and Export Corporation in type literature and children's book publishing,
this paper analyzes its practical characteristics and successful experiences, and puts
forward the thinking and prospects for China's future book market.

Keywords：Copyright Trade；Book Publication；International Book Fair

B. 13　Research on the Successful Mode of Chinese Original
Mobile Games

—*the Case of Clash of Kings*

Lv Junsong / 160

Abstract：2018 is a turning year for China's game industry, as well as a year of
stable and optimized industrial environment reform. In 2018, China's game industry has
shown the characteristics of slowing down the growth rate of the industry, maintaining
rapid growth of overseas game market, optimizing the structure of Chinese game
users, and good performance of China's secondary mobile game market. Among the
Games independently developed by China, the original mobile game " Clash of

Kings" has attracted a large number of players in the global mobile game market and achieved amazing results. It has become a model of international mobile game trade in China. This paper analyses the internal causes of the success of the "Clash of Kings", including the financial support of the capital market, the business model of in-game purchasing, the insight into the market of mobile game demand and the company's correct issuance strategies. The successful model of "Clash of Kings" has not only brought huge economic benefits to its developer, ELEX, but also brought confidence to other Chinese mobile game companies in international trade, and provided successful experience for the future development of mobile game in China.

Keywords: Mobile Game; Foreign Cultural Trade; Game Industry;

Ⅳ   Policy Reports

Abstract: Film industry in China have continued to make the box-office history statistically, breaking the north American box-office record, The film market is almost the largest in the world. However, more than the half of movies made in 2015 did not release. Because of the high risk of the film industry, the insurance industry has played an important role in the film history of Hollywood.

By researching the references, the value of the insurance industry for the boom of film industry rhas been concluded to six points. There are building a bridge between finance and film, making sure of government production incentives, allocating the risk rationally within other social departments, supervising the filmmaking to lower the risk, training the risk manager of the film production, and controlling the moral risk by subrogation.

In China, there is no special film insurance, and the risk awareness of film industry need to strengthen. we can learn from the experience of the Hollywood and build a win-win situation for film industry and insurance industry.

Keywords: Hollywood; Film Industry; Film Industry Insurance

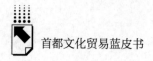

B. 15   The Policy Research on Foreign Trade of Book

Copyright in Beijing   *Sun Junxin*, *Wang Xi* / 191

Abstract: By reviewing the main policies concerning foreign trade in book copyright issued by the state and the capital in recent years, this paper summarizes the key points and current situation of the current policy formulation as follows: strong support from the state policy, positive response from the capital; emphasis on the implementation of the opening-up of foreign cultural services trade; institutional reform to promote efficiency; The reform of municipal state-owned cultural enterprises continues to deepen; cultural enterprises are helped to obtain financial services; cultural consumption of residents is promoted to upgrade; supply of high-quality cultural products is increased; intellectual property system is gradually improved. The analysis of policy characteristics can be summarized as follows: the negative list of foreign investment access is gradually relaxed, the development of cultural trade is multi-channel, the degree of openness is constantly expanding, the integration of culture and technology is developing; the construction of cultural space is emphasized; the cultural trade along the "one belt and one road" continues to deepen; the platform is built on the basis of book exhibitions. Encouragement policy supports cultural enterprises to go abroad. On this basis, this paper puts forward some suggestions: relax the restrictions on the number of private enterprises; support the healthy transformation of the digital publishing industry; vigorously publicize and cultivate the awareness of intellectual property rights; and further promote the two-way opening of the book publishing market in China.

Keywords: Book Copyright; Foreign Cultural Trade; Beijing

B. 16　National Cultural Policy: Guarantee of the Revival

　　of Russian Theater　　　　　　　*Zhang Biange, Bao Nuomin* / 207

Abstract: Russia experienced a difficult period in theater development after the collapse of the Soviet Union, during which theater development declined. Since the late 1990s, Russian government has started attaching importance to theater arts, launching a series of cultural policies and performing deep cultural system reform, which led Russian theater out of plight and achieved national cultural revival. These cultural policies include policies at macro level, that is, national cultural development strategy that elevates theater development to the national level, and also at micro level, under which concrete cultural reform measures at the level of cultural institution are implemented, achieving practical theater system reform. After nearly 30 years of theater reform practice, Russian theater presents a scene of revival and boom: theaters improved their financing mechanism, traditional theaters gained new vitality, various drama festival developed prosperously and international level kept rising. This paper focuses on Russian theater cultural policy, illustrating the key role of these policies in promoting the revival of theaters. Theater not only has cultural function, but also can realize national strategic goal of national spirit cohesion internally and remolding national image externally.

Keywords: Russian Theater; Cultural Policy; National Strategy; Cultural System Reform

B. 17　Research on the Culture Export of Beijing National

　　Key Cultural Export Enterprises　　　*Li Jiashan, Tian Song* / 225

Abstract: As a national political and cultural center, Beijing's proposal for the construction of the "four centers" has pointed out the direction for Beijing's future development. As an important growth point of Beijing's urban economic development, cultural trade has irreplaceable advantages in many areas such as urban upgrading, improving people's livelihood, stimulating consumption, and enhancing international influence. This paper is based on an empirical analysis of the questionnaire survey data of 77 national key cultural export enterprises collected in Beijing and 225 in other regions, and exploring the differences between Beijing and other regions' cultural export enterprises in terms of capital, personnel, export, development potential, and problems. In terms of differences, the development status of Beijing's cultural trade and the management differences of cultural export enterprises are explored. At the same time, corresponding development countermeasures are proposed for the development of "quality improvement and efficiency improvement" of cultural export enterprises in the process of opening up to the outside world.

Keywords: Cultural Export Enterprises; Cultural Trade; Beijing

V Comparison and Reference Reports

B.18 New York: The Breeding Place of Culture and Art

"Research Report of Beijing International Culture Trade (2019)" Group / 254

Abstract: New York, the largest city in the United States, has a huge population and diverse population composition. It is not only the economic center of the United States, but also the cultural center of the United States. New York's publishing industry, performance industry and tourism occupy a unique position, so the free and stable development can not be separated from the establishment of relevant institutions and the support of relevant laws and regulations. New York, the "capital of the world", is an international economic, financial, transportation, art and media center, and is regarded as the representative of urban civilization. In this paper, we will focus on the analysis of the development of culture and art in this free capital.

Keywords: Cultural Trade; New York; Cultural Freedom

B. 19　　Newcastle: the City of Culture on the Tyne Rive

"Research Report of Beijing International Culture Trade (2019)*" Group* / 266

Abstract: Newcastle, as early as the 19th century, Newcastle became famous for its "city of vitality" name, but now it still shows its extraordinary charm to the world with a more positive appearance, and provides its own unique experience for the transformation and development of world culture. Newcastle was once the industrial center of Britain, but the coal industry also caused some serious problems. In the 18th century, Newcastle's environment was polluted and was a typical "coal city". Due to the development of the electronic power industry, coal mines gradually shut down, Newcastle's economy declined, gradually declined, unemployment soared, and citizens lost their sense of belonging. However, after years of wise decision-making by the Newcastle government, the strategy of environmental transformation and cultural rejuvenation has been adopted for many years. The development of cultural tourism center from cultural architecture to the development of cultural tourism center, the construction of art and cultural heritage, the creation of art festivals and the creation of creative industries have carried out a unique and effective way of cultural transformation in Newcastle, under the rendering of good art and culture. It turned perfectly back to the well-deserved cultural city of the Tyne River. Therefore, through the transformation of Newcastle urban culture, it has a strong reference significance for our country. The development of the old city can promote the cultural transformation of the city and take the road of sustainable development by developing the cultural industrialization, increasing the construction of the cultural facilities in the old urban area, protecting the historical elements, promoting the protection of the traditional elements of the urban culture through the market operation mechanism and establishing the new cultural brand belonging to the urban area.

Keywords: Newcastle; Cultural Transformation; Cultural Market

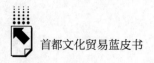

B. 20　Dusseldorf: Cultural Trade Relay

"Research Report of Beijing International Culture Trade（2019）" Group / 275

Abstract: In the process of rebuilding Dusseldorf, an important economic center in Germany, the exhibition economy played a decisive role, and Messe Dusseldorf was the main driver of this economic development. The exhibition industry is important because of its booster and the characteristics of the engine of economic development. Successful holding of an exhibition not only benefits the exhibition itself, but also benefits the exhibitors and visitors. More importantly, it will have a positive impact on the market, economy and society. One of the reasons why Messe Dusseldorf has become a leading company in the industry is its unique business characteristics-regional operation, integrated operation, and classified operation. Each business strategy brings high efficiency to the development of the company. In addition to its own business results, the government's various forms of support for the exhibition industry are also the reasons for the achievements of Messe Düsseldorf. With the development of the times, the exhibition industry is no longer limited to products, buyers and sellers, it will connect more industries and more regions. With the development of multi-industry integration, the exhibition industry has brought many growth points to the German economy, which can be reflected vividly by the data. Messe Dusseldorf and even the successful road of well-known exhibition enterprises in Germany have provided many effective paths for the development of China's exhibition industry.

Keywords: Dusseldorf; Conferences and Exhibitions; Cultural Trade

❖ 皮书起源 ❖

"皮书"起源于十七、十八世纪的英国，主要指官方或社会组织正式发表的重要文件或报告，多以"白皮书"命名。在中国，"皮书"这一概念被社会广泛接受，并被成功运作、发展成为一种全新的出版形态，则源于中国社会科学院社会科学文献出版社。

❖ 皮书定义 ❖

皮书是对中国与世界发展状况和热点问题进行年度监测，以专业的角度、专家的视野和实证研究方法，针对某一领域或区域现状与发展态势展开分析和预测，具备原创性、实证性、专业性、连续性、前沿性、时效性等特点的公开出版物，由一系列权威研究报告组成。

❖ 皮书作者 ❖

皮书系列的作者以中国社会科学院、著名高校、地方社会科学院的研究人员为主，多为国内一流研究机构的权威专家学者，他们的看法和观点代表了学界对中国与世界的现实和未来最高水平的解读与分析。

❖ 皮书荣誉 ❖

皮书系列已成为社会科学文献出版社的著名图书品牌和中国社会科学院的知名学术品牌。2016年，皮书系列正式列入"十三五"国家重点出版规划项目；2013~2019年，重点皮书列入中国社会科学院承担的国家哲学社会科学创新工程项目；2019年，64种院外皮书使用"中国社会科学院创新工程学术出版项目"标识。

中国皮书网

（网址：www.pishu.cn）

发布皮书研创资讯，传播皮书精彩内容
引领皮书出版潮流，打造皮书服务平台

栏目设置

关于皮书：何谓皮书、皮书分类、皮书大事记、皮书荣誉、
　　　　　皮书出版第一人、皮书编辑部

最新资讯：通知公告、新闻动态、媒体聚焦、网站专题、视频直播、下载专区

皮书研创：皮书规范、皮书选题、皮书出版、皮书研究、研创团队

皮书评奖评价：指标体系、皮书评价、皮书评奖

互动专区：皮书说、社科数托邦、皮书微博、留言板

所获荣誉

2008 年、2011 年，中国皮书网均在全
国新闻出版业网站荣誉评选中获得"最具
商业价值网站"称号；

2012 年，获得"出版业网站百强"称号。

网库合一

2014 年，中国皮书网与皮书数据库端
口合一，实现资源共享。

权威报告·一手数据·特色资源

皮书数据库
ANNUAL REPORT(YEARBOOK)
DATABASE

当代中国经济与社会发展高端智库平台

所获荣誉

- 2016年，入选"'十三五'国家重点电子出版物出版规划骨干工程"
- 2015年，荣获"搜索中国正能量 点赞2015""创新中国科技创新奖"
- 2013年，荣获"中国出版政府奖·网络出版物奖"提名奖
- 连续多年荣获中国数字出版博览会"数字出版·优秀品牌"奖

成为会员

通过网址www.pishu.com.cn访问皮书数据库网站或下载皮书数据库APP，进行手机号码验证或邮箱验证即可成为皮书数据库会员。

会员福利

- 已注册用户购书后可免费获赠100元皮书数据库充值卡。刮开充值卡涂层获取充值密码，登录并进入"会员中心"—"在线充值"—"充值卡充值"，充值成功即可购买和查看数据库内容。
- 会员福利最终解释权归社会科学文献出版社所有。

数据库服务热线：400-008-6695
数据库服务QQ：2475522410
数据库服务邮箱：database@ssap.cn
图书销售热线：010-59367070/7028
图书服务QQ：1265056568
图书服务邮箱：duzhe@ssap.cn

社会科学文献出版社 皮书系列
SOCIAL SCIENCES ACADEMIC PRESS (CHINA)

卡号：**169945464387**

密码：

S 基本子库
SUB DATABASE

中国社会发展数据库（下设 12 个子库）

全面整合国内外中国社会发展研究成果，汇聚独家统计数据、深度分析报告，涉及社会、人口、政治、教育、法律等 12 个领域，为了解中国社会发展动态、跟踪社会核心热点、分析社会发展趋势提供一站式资源搜索和数据分析与挖掘服务。

中国经济发展数据库（下设 12 个子库）

基于"皮书系列"中涉及中国经济发展的研究资料构建，内容涵盖宏观经济、农业经济、工业经济、产业经济等 12 个重点经济领域，为实时掌控经济运行态势、把握经济发展规律、洞察经济形势、进行经济决策提供参考和依据。

中国行业发展数据库（下设 17 个子库）

以中国国民经济行业分类为依据，覆盖金融业、旅游、医疗卫生、交通运输、能源矿产等 100 多个行业，跟踪分析国民经济相关行业市场运行状况和政策导向，汇集行业发展前沿资讯，为投资、从业及各种经济决策提供理论基础和实践指导。

中国区域发展数据库（下设 6 个子库）

对中国特定区域内的经济、社会、文化等领域现状与发展情况进行深度分析和预测，研究层级至县及县以下行政区，涉及地区、区域经济体、城市、农村等不同维度。为地方经济社会宏观态势研究、发展经验研究、案例分析提供数据服务。

中国文化传媒数据库（下设 18 个子库）

汇聚文化传媒领域专家观点、热点资讯，梳理国内外中国文化发展相关学术研究成果、一手统计数据，涵盖文化产业、新闻传播、电影娱乐、文学艺术、群众文化等 18 个重点研究领域。为文化传媒研究提供相关数据、研究报告和综合分析服务。

世界经济与国际关系数据库（下设 6 个子库）

立足"皮书系列"世界经济、国际关系相关学术资源，整合世界经济、国际政治、世界文化与科技、全球性问题、国际组织与国际法、区域研究 6 大领域研究成果，为世界经济与国际关系研究提供全方位数据分析，为决策和形势研判提供参考。

法律声明